正念減壓自學全書

MBSR課程・圖解加強版

臺灣首位美國麻大正念中心認證導師
華人正念減壓中心創始人不藏私解惑書

胡君梅 著

推薦

一位正念老師自我修練的軌跡

——王淑軍（正念學習者／輔英科技大學 健康事業管理系 副教授）

在〈師說〉韓愈說：「古之學者必有師。師者，所以傳道授業解惑也。」在領略一門學問的過程中，知識與師承同樣重要；二〇一七年至今，學習正念，已有一段時間，每次的學習都有不同的感受與體驗。一年多年來，跟隨君梅老師（她喜歡學生稱她名字），除了對正念在知識方面的了解，她也引領學習伙伴們在生活中實踐。我體認到，正念是一門終身實踐的學習，需要我們溫柔勤懇的面對自我，不斷在覺察練習中產生專注能力，再將自身體悟反饋至練習，自然得到人生的恬靜與習得的快樂。

從學習、翻譯、教學到自己寫書，這個過程裡可以看到君梅對正念的專注、仔細與執著，書中她以自己的故事與案例，表達出她一路以來，直覺情感的磨潤旅程，這本書，或許就是君梅修行的自傳經驗的部分呈現。書中反映了君梅在實際生活的正念體悟和覺察反思，我們可以觀察到一位正念老師行走的軌跡，慢慢從慣性點滴思悟出的解放與自由。

我特別喜歡君梅在後記中跟正念老師互動的描述，篇篇都有發人省思的對話，其中「別老認為人家或事情是針對你來的」，「不順心時，別覺得那是衝著你來的」，這幾句話十分觸動我，也似乎已在生活中發酵，影響了我的態度。

藉由此序，能夠在此書問世前先睹為快，表達對君梅教導的感謝及抒發自己的感受，至為榮幸。

本書充滿溫柔的心意，並發出愛的邀請

——何素珍（正念學習者／高雄四維文教院 心靈課程講師）

認識作者君梅是緣分，在一次兩日工作坊中感受到知行合一的正念實行者君梅的風範，因為自己

很希望繼續學習，因此主動與君梅聯絡，沒想到君梅慷慨應允，願意為南部人的學習，每週從北部南下，帶給南部朋友很大的福音，就這樣促成了我及南部夥伴們一年多來的正念學習之旅。

這本書深深打動我，閱讀過程中，我感受到作者的一片溫柔心意，作者一開始用問與答的方式讓讀者認識「正念」，接下去的章節，或用圖片或用提問或用生活中的例子，在在都感受到作者盡量用淺顯易懂的說明細心貼近讀者的學習方式。閱讀這本書，已學習過的夥伴、初學者或是還沒有機會學習的讀者，將可以從不同角度獲益。

正念的學習，不保證開心順遂，而是能夠開始學習溫柔地照顧自己，允許自己，接納自己，培養自己內在的一個空間，書中提供了自己練習的方式，經由投身練習，除了自己受益，隨著練習展開深化，自然會擴及周遭的人。這本書，充滿愛的訊息，也是一個愛的邀請。

——張世傑（台北市團體實驗教育 正念覺察學苑主任）

改變世界需要傻子和瘋子

君梅是我在正念教育推廣的「哥兒們」，我們都是從正念的修練中發現生命悅能的人，然後就一路傻傻的推動，希望大家也能一起幸福。

君梅和我在推動正念有三個共同點：一是找回內在的力量，不一定要透過宗教，因為每個人的當下和本心就有圓滿的智慧，透過正念的自我覺察就可以發現。第二是我們都不樹立老師的權威，而是當學員們的朋友。第三就是為了理想先做了再說，她二〇一四年創辦華人正念減壓中心，當正念推廣的開路先鋒，在大家還不知道什麼是正念的當時要生存下去是不容易的，但是她就一路咬牙堅持下去，幾年下來，她的團隊發光發熱，不知道改變多少人的生命。

二〇一七年她更完成ＣＦＭ的正念減壓師資培訓師，成為台灣首位能正式培訓正念減壓課程老師的老師，這是非常了不起的壯舉，她就像是正念的神力女超人也是一個慈愛的傻大姐，一直悍衛著朋友的幸福，接觸過她本人的朋友都能感受她的溫暖。如今這本土的正念大師終於要出書分享她的正念體驗，真是讀者的一大福音，很喜歡書中提到專注而溫柔的安撫躁動的心、真實地活著、非用力追求，這就是正念的幸福心法。

我們都是邊推正念邊玩的夥伴，也是患難相助的好朋友，我辦了五年的全國正念覺察教育工作坊還有正念覺察自學團，她開玩笑說我是瘋子，我就虧她是傻子，然而，改變世界不就需要我們這種不計較利益、跟隨心中熱情的瘋子和傻子嗎？為了自己和眾人的幸福，我們會一路玩下去，玩到天荒地老，玩到這世界充滿愛。

——吳玉璇（四零四科技 副董事長）

正念覺察的能量

因緣際會認識君梅，我們很榮幸邀請君梅為公司董事與一些高階主管上八週正念課，課程中我感受到正念覺察的能量。就像書中所言，我相信並期待正念的課程可轉化自己，讓自己的心更清明更有覺察。後續也期待正念課能成為公司正式課程，讓所有員工受惠。藉此機會感謝君梅對正念的推廣讓ＭＯＸＡ受惠許多。

——曾立明（MOXA心源教育基金會顧問）

練習、練習再練習的正念旅程

在一個偶然的機會下，朋友建議我參加君梅的八週正念課程，於是我踏上了我的正念旅程。

上君梅的課，感受到君梅的活力與能量；她對正念推廣的熱忱與將正念融入生活的功力，讓學員很容易跟著君梅的帶領進入狀況。八週課程中，我第一次在行走靜觀中覺察到力量由腳跟、腳掌傳達到小腿、大腿再引起全身自然協調的律動；也試著在平常走路體驗行走靜觀。經過八週的刻意練習，我感受到自己更容易回到當下，在每一個行住坐臥、飲食呼吸間都可以練習正念。正念練習最棒的是，每一個練習，不管狀態好壞都在訓練自己的正念肌肉。感受到學習正念最重要的是練習、練習再練習，在練習中覺察，光說不練是無效的。

本書對許多同學上課容易混淆卻很重要的原則如非評價、接納、非用力追求等有深入的解釋與詳細的舉例說明，相信對大家會很有幫助。

【Part 6】正念的運用中，[真實故事]與[Box]都是很難得的精采分享。佳蓉的故事讓人心疼，敬佩她的勇敢，也感謝她讓我們看到正念安在力量的展現。

君梅將正念的源頭——四聖諦、安那般那念、四念處加入本書，真是用心良苦。如果我們能拋開宗教的藩籬，就有機會從佛教傳統中接受到更多正念的寶貴資訊。

寫這篇文字時，心源教育基金會正計畫與君梅、佩玲合作將正念課導入國小校園與大學課程。此時我不禁要說能遇到君梅真是太幸運了，也藉此機會感謝君梅的教導與對正念的推廣。

——游懿群（台灣癌症基金會癌友關懷教育中心 主任）

這麼好的課程怎能錯過！

第一次聽到正念減壓，還沒了解清楚什麼是正念？直覺上，一定是好東西，且非常適合癌友及家屬，因此更迫切想要引進「台灣癌症基金會」為癌友服務！！

感謝佳蓉引介了君梅讓我認識，與君梅似乎一見如故且相談甚歡，讓我真正認識了正念減壓，便確定了服務的起點，果然，減壓課程一開馬上爆滿，更聽到癌友喜出望外地說：能有這麼好的課程可以學習，這樣的機會怎能錯過！聽到癌友這麼說，心裡覺得暖暖的。

八週的正念減壓課程，看到癌友不缺席的堅持，生命力的展現就是為了幫助自己活得更好，求生是人的本能、學習是對自己負責的態度，生活的重建與調適對罹癌後的病友更是重要的學習功課，他們不放棄，我們沒理由不提供這麼好的「正念減壓課程」！

最適合華人的正念減壓工具書

——葉北辰（基隆長庚醫院情人湖院區癌症中心 諮商心理師）

初次遇見本書作者胡君梅老師，是在一個正念減壓的講座當中，當時的我已經是執業中的諮商心理師，在教科書和期刊論文中多次讀過正念減壓的相關資訊，期待可以聽到一點新的東西。沒想到君梅老師帶了一個呼吸靜觀的練習，讓我驚喜地發現，原來這麼簡單的身體覺察就可以引導自己進入「活在當下」的狀態。後續更深入地學習正念減壓，並透過資深醫師與醫院管理部的協助，邀請君梅老師將正式的八週課程帶進基隆長庚醫院的癌症中心，並持續進行每月一次的正念減壓講座，無論是困擾於癌症的病人，或是處於工作壓力的醫護人員，都表示課後受惠良多。

有著宗教所與心理諮商所雙碩士的訓練，以及長時間沉浸於正念減壓的學思歷程，君梅老師特別能夠將正念減壓的精髓用符合華語文化的方式表達出來，並且發展出許多本土化的形容或演練，相較於許多正念減壓相關的外文翻譯書籍，《正念減壓自學全書》的問世實在是社會大眾一窺正念減壓奧祕的最好管道。相信本書對於想要了解的初學讀者或是已有基礎想要更深化的進階讀者來說，都會是一本相當實用的正念工具書。

目錄

PART 1 正念是善待、探索、平衡自己 019

PART 2 正念練習的七大原則

PART 3

練習身體的覺察力

PART 4

成為自己的主人

覺察情緒與想法的正念練習 173

PART 5 融入日常生活的正念練習

PART 6

正念的運用 277

PART 7 聊聊當代正念的源頭與發展 347

前言

希望本書成為陪伴您日後持續練習的夥伴

這本書集結了這些年來我在正念領域的學習心得以及學員的分享、討論與提問，希望是一本實用的工具書，在您無法親自參與八週正念減壓課程之前，有管道與資料可以自行練習；而在您有機會親自上過八週正念減壓課程或短天期密集工作坊後，能成為陪伴您日後持續練習的夥伴。因此我盡可能地知無不言、言無不盡，是真的完全沒有任何藏私。

這是一本說大不大、說小不小的書，總共有八大部分。為了讓大家不迷路，在此先提綱挈領。

【PART 1】說明為何要學習正念、正念是什麼、正念減壓又是什麼。

【PART 2】討論正念練習的七大基礎原則，許多練習正念的夥伴經常在這裡卡住，因此在落實正念於日常生活時也容易卡住，好像概念都很好，但就是做不到。因此，對這些原則有清晰的了解，練習起來會更有方向感。真正落實這些原則後，會發現這些原則可應用的範圍其實相當廣。

【PART 3】身體覺察是正念練習的開始，也一路貫穿做為覺察的基底。本部討論並分享各種身體的練習，培育穩住自己的能力，此多屬於正式練習。

【PART 4】培育出若干穩住自己的能力後，再進入不受時空限制的情緒與想法，會比較能不被情緒或想法綁架。本部主要探討如何覺察情緒與想法，以及如何把正念帶入溝通之中。

【PART 5】正念不是只在某種特定時空才進行的練習，而是時時刻刻的覺察，能充分融入日常生活，不受環境與時空的限制。本部討論並分享幾個日常生活中很實用的練習。

【PART 6】既然正念可以融入時時刻刻的生活，更可以應用於各個領域，本部將分享正念在醫療、企業／機構與家庭的運用。

【PART 7】當代正念的發源有其淵源，本部一開始討論此淵源與主要流派。接著討論當代正念普及化之後的若干重要思辨，尤其是與正念相關的流行觀點。當代正念訓練起源於傳統正念，最後三篇文章將探討對我幫助很大的經典文獻。

【後記】我的學習來自許多老師，本部將分享一些重要的老師並記錄他們對我的影響。實際上正念老師不會僅止於文中所述，認真地看待，生活中的時時刻刻都是學習，也都是正念老師。

這本書從【Part 2】到【Part 5】都是高操作性的，如果只是看看其實沒太大意思，猶如您不會因為看到菜單就足以填飽肚子，唯有持續的實作才能實際體會正念的益處。因此如果可以的話，建議您依照自己的生活節奏，每週在不同的【Part】裡汲取不同單元來做練習，慢慢來，正念練習不需要急也沒必要趕，畢竟這沒有要做給誰看，有沒有打卡都沒關係。練習，是滿個人的事情。然後，可以某項練習進行一段時間後，再換到下一個練習。當然您也可以整體閱讀後，再規畫適合自己的練習進度。但是如果您正在上正念減壓的課程，就請依照課堂所指定的進度練習，而這裡的練習敘述可以做為參考，但不建議在心中不斷地分析比較帶領的差異，汲取您需要的養分反而更重要。

有關正規標準八週正念減壓課程在家裡的練習內容，請參閱【Part 1】中〈什麼是正念減壓〉一文。在正念減壓的課程中，每天的練習時間是45～60分鐘。如果您真的很忙碌（不是忙於用手機或看影片喔），每天只有一點點的空檔，也許可以運用下表為自己規畫練習進度。

祝福您在練習中獲益！

君梅　2018.03.23

撰寫於天藍樹綠的台北文山

■練習進度計畫表

	【Part2】 正念練習的七大基礎原則	【Part3】 身體覺察的各項練習	【Part4】 情緒、想法與溝通的覺察練習	【Part5】 日常生活的覺察練習
第一週				
第二週				
第三週				
第四週				
第五週				
第六週				
第七週				
第八週				
第九週				
第十週				

（本表若空間不夠，歡迎自行加印與運用）

PART 1

正念是善待、探索、平衡自己

正念減壓課程從一九七九年發展至今，三十多年來累積三千多份研究顯示正念訓練的多元效益，包括：減輕壓力、增加情緒調節能力、增加自我效能、提升免疫力等。我也是無數受益者之一，正念減壓課程全面、溫柔、深層地轉化了我自己，同時也轉化了我與先生的關係、與孩子們的關係、與工作的關係、與周圍一切的關係……

01 正念，清除心中垃圾

每天我們吃三餐，食物給我們能量與養分，但也必然製造垃圾，因此我們每天需要上多次小號與至少一次的大號。如果一天沒上廁所還好，一週沒上就算便祕，一個月沒上是會危及生命的。身體每天會製造垃圾，心裡呢？成長過程中，每個人都累積了不少的無形心理垃圾，長期未被正視或妥善處理。經常會產生心理垃圾的狀況，例如「比較」：父母或親戚在兄弟姊妹間的比較，老師在同學間的比較，老闆在同事間的比較等等。很多時候根本不須他人發動，自己就可以暗自不停地跟別人比較。當被比下去時，常會產生不如人、自卑、不平、生氣、委屈、自憐、孤獨的心理垃圾。當比之優越時，很可能衍生自大、驕傲、過度自信、沒安全感等心理垃圾。又例如「期待」，不論是父母、師長或自己對自己的種種有形或無形的期待，也很容易產生許多心理垃圾。達成期待固然可喜，但接下來目標也許越設越高，高到超乎自己的承受範圍卻還硬撐著，衍生出壓力、痛苦、失衡的內在垃圾。當期待落空，失望、失落、信心喪失、落寞等心理垃圾隨即浮現。

從小到大，無論家庭環境、學校生活、職場工作等，生活的點點滴滴幾乎隨時都可以產生各式各樣的心理垃圾。這些心理垃圾之間會交互作用，彼此放大，僵化固著，也影響著身體的健康。如果我們沒有適時覺察，即使外表看起來積極、正面、向上、貼心、溫柔，那些常年堆積而未處理的心理垃圾也會淹沒或吞蝕我們。因為心理垃圾無關乎外在表現，而是一個人內在深層的真實樣貌，通常是一個人獨處時才容易顯現。**心理垃圾最完美的處理就是昇華，成為一種提升自我的原動力，但如果沒有妥善處理，提升後原始垃圾還是存在。**例如自卑可以是奮鬥的驅動力，然而有些人辛苦奮鬥獲得成功後，內心深處還是自卑或者轉化為自大。心理垃圾的浮現雖然可以帶來成長，確實也讓人痛苦，因此大多數人都避之唯恐不及，直到，無處可逃。麻煩的是，現代二十四小時的網路生活，可以輕易讓心理垃圾完全沒機會顯現，持續壓著或掩埋著，假裝不存在。

正念訓練，每一次的練習，都是淨心的環保工程，幫助我們溫柔地允許任何心理垃圾的浮現，與其同在，不急著殲滅掩埋，也不急著強化擴大，允許其出現、停留與消失。隨著練習的持續，不須特別處理，心理垃圾會漸漸自動獲得清理。為什麼？答案在練習裡，需要練習才能體會與啟動內在的清靜功能。練習一開始比較多是清理多年囤積的垃圾，隨著練習進展，覺察力的提升，也許在垃圾剛形成之初就能覺察到，進而適當處理。正念淨心，和緩地洗滌與處理內在垃圾，或許還有機會處理到深度積壓的垃圾，沒有激情，不灑狗血，不打雞血，不需揭露個人隱私，是溫和、安全、穩當的方法。垃圾清掉了，才有空間放有用的東西。

02 正念，專注而溫柔地安撫躁動的心

一般而言，當我們遇到事情時，尤其是棘手、困難、複雜又強烈的衝擊時，擔憂、害怕、恐懼、焦慮是常見的內在反應。也許別人或我們會告訴自己要「冷靜」，但發現並不容易，越叫自己冷靜，心經常越慌張。

在日常生活中，我們曾幾何時訓練過這顆心發展出平靜的能力？我們總是慣性地餵塞這顆心更多更多的刺激，尤其在商業模式下的推波助瀾，大數據計算出你有興趣的東西，透過二十四小時的網路時不時地跳出來刺激一下。物聯網的世界，一切東西沒有國界，大量製造（品質好壞又是另一回事）、大量銷售、大量消費（也大量製造垃圾），隨時都有吸引人的促銷活動或免費有趣的訊息。這顆心早已習慣躁動與外來刺激，但在重要時間或困難時刻，我們卻又希望它能安靜穩定。

這有點像我們要孩子專心讀書，但從來沒教過他如何專心，彷彿專心、靜心這些狀態都是渾然天成且本來就應該要有的能力。但事實不然，尤其在這個超多外來免費或低價刺激的年代，孩子要專心，其實比我們或祖父輩要難上許多。除非，平常就有特別訓練。同理，這顆心本來就喜歡追逐新鮮好奇，再加上精心設計的外來刺激與接連不斷的欲望，心要能安靜下來真的不容易。

正念的練習是靜觀的練習，當我們溫柔地覺察呼吸、領受身體感覺變化之時，這顆心開始被溫和地帶回身體裡，不知不覺中已經在訓練如何安頓這顆躁動的心。

心，於是開始知道如何「回家」，回到身體這個家。透過持續地練習，回家的道路會越來越清晰、便捷，於是隨時想回家就可以回家，而不會處於有家歸不得的懊惱或不安。這顆心漸進地被訓練為可動可靜、柔軟而有彈性，靜心、專注的能力漸漸由內在發展出來，不假外求。事實上，這些能力根本也無法外求，除了自己好好鍛鍊，不然從哪兒可以獲得呢？

03

正念，建立好的連結

幸福感的重要泉源

人是群居動物，在群體生活中，我們彼此間相互連結與牽動。

從小，第一個連結的族群為家人，與家人的連結品質大大地影響了一輩子的身心健康，心理學中很有名的依附理論就是講這部分。優良的家庭連結品質，給我們帶來幸福、穩定、安全、意義，讓我們願意吃到什麼好東西都想買一份回家分享，讓我們願意承受甜蜜的負荷，為家人付出，家人也為我們付出。然而，不良的家庭連結品質是很大的痛苦根源，不滿、怨懟、委屈、害怕、憤怒等強烈負面情緒再三橫掃心頭，直到學會麻木，斬斷對連結的期待，或是持續活在痛苦循環中。麻煩的是，從小不良的家庭連結所帶來的影響難以估量，甚至一代傳一代。在家庭結構裡，切斷連結（關係）是最嚴厲的懲罰，可見連結對家庭成員的重要性。

在學校，同學之間以及師生間良好的連結，讓我們以身為班級的一份子或學校的一份子為榮，讓我們願意在活動中爭取共同榮譽，樂於學習，一起成長，給彼此關愛，也接受彼此的情緒起伏。然而，校園中不好的連結讓人感到格外孤立、不平、焦慮、恐懼或擔憂；其中最嚴重的壞連結就是校園霸凌，甚至會剝奪青春年少的生命。

在工作中，同事間、與上司或公司間良好的連結，讓我們感到受重視、相互扶持、有發展性，讓我們願意少計較多付出，共同為美好願景打拚。相反地，不好的連結使人覺得工作只是為五斗米折腰，低成就感、低歸屬感，上班只想著下班、抱怨主管、批評同事……

良好的連結，帶來歸屬感，也是讓人活出意義的原動力。一個人跟周圍的人，如果沒有連結或大多是不良的連結，意義感消失，就沒什麼好在乎的了，許多匪夷所思或駭人聽聞的事情都做得出來，因為他其實已經活在另一個世界了。這也是為何當親愛的人過世時，是那麼令人難以承受，感覺上整個連結徹底且永恆地斷掉了（雖然實際上未必如此，但情感連結是不受時空限制的）。心理學的研究顯示，好的連結比壞的連結好，壞的連結比完全沒有連結好。此係何以許多人吵吵鬧鬧一輩子，都還分不開。

正念訓練用溫柔善巧的方式建立起好的連結。首先是跟自己身體的連結，大多數人跟自己的想法或情緒有比較多的連結，但跟自己的身體是經常失聯的。慣性地忽略身體所有的訊息，直到身體被操到受不了或垮掉。正念訓練透過呼吸覺察、身體掃描等多元方式，先建立起覺察自己身體的能力，亦即與身體連結，之後再慢慢地擴展到與想法、情緒、人際溝通等更寬廣的連結。

連結，讓我們能看到或感知，脫離無感、麻木或冷漠。一旦能真正地與自己連結，聆聽並關照身體的訊息，便能更加妥善地照顧自己。和諧的自我身心連結，啟動嶄新的視野來看待周圍的人事物，好的連結讓歸屬感和意義感油然而生，甚至失去親人那種完全斷裂的傷痛，都可以逐漸獲得修復。這也是何以研究顯示，把正念帶入校園或職場時能創造出一種友善的氛圍。人都需要歸屬感，人都需要好的連結，透過持續地練習，正念能訓練並創造出一種較純粹且低雜質的相互連結。

04 什麼是正念？

正念（mindfulness），很多人望文生義，認為是正確的想法或正向積極的思考。我常喜歡開玩笑地說，因為這美麗的誤解讓人們來上課，來了之後發現到的卻是一個更寬廣遼闊、豐沛自在的世界。正念減壓訓練課程的創始人卡巴金博士，對正念所下的操作型定義是：「時時刻刻非評價的覺察，需要刻意練習。」很簡短的一段話，已經包含了四個關鍵：

(1)這定義開宗明義地指出，正念就是練習「覺察」（awareness）。
(2)正念覺察的核心重點是「非評價」（non-judgement）。
(3)正念覺察的練習時機是「時時刻刻」（moment-to-moment）。
(4)保持正念覺察能力是需要「刻意練習」（practice on purpose）。

覺察，不發生在過去，因為過去的已經過去了，無法覺察。覺察，無法發生在未來，因為未來的還沒發生。覺察，只邂逅於當下，也就是此時此地所呈現的一切，此亦吻合定義中的「時時刻刻」，亦即一瞬間接著一瞬間的覺察，每個瞬間都只存在於當下。

非評價，其實是另一個很深入的議題與修練，通常我不會在一開始就進入非評價的討論，但會以另一個比較簡單的角度切入。一般而言，當我們進入某種對人事物的評價時，不知不覺中這顆心大多也跟著進入某種偏好、嫌惡或倚重。如果心是個天平，這時候的天平已經偏了。從這個角度看，非評價就是即便有各種想法思緒，仍能維持心的不偏不倚。

因此，整合全句意思即為：對當下所呈現的一切，時時刻刻保持不帶評價與不偏不倚的覺察，需要刻意練習。

什麼是覺察？

所謂的「覺察」，就是個人的內在亮度。想像我們要進入一個伸手不見五指的暗室拿東西，此時最需要的東西是什麼？「燈」、「蠟燭」、「手電筒」，只要會亮的東西都好，且亮燈的光線越清晰、越穩定，我們找東西就越容易。覺察也是一樣的道理，當覺察越練越亮，我們就比較能分辨與做到：什麼該提起，什麼要放下，什麼要睜開眼看清楚，什麼只要睜一隻眼閉一隻眼就好……**越穩定與清晰的覺察，就越有機會做出明智的選擇。而生命所呈現的樣貌，不正來自於從小到大無數的選擇嗎？**

覺察一般都會有對象，通常最顯著也最容易關注的覺察對象是想法、情緒或行為，尤其是想法幾乎是覺察最常見的對象，例如：分析、說明、解釋、抽絲剝繭、講道理等都是想法層面的運作。很熟悉對吧！尤其當心裡不舒服時，要覺察心裡的不悅是很容易的，然後順著這條路徑我們很容易鑽牛角尖，一直問為什麼會這樣、為什麼會那樣、為什麼、為什麼、為什麼……鑽研「為什麼」不是不好，但這常涉及記憶、詮釋、情緒與期待等，很多想法有時候真的是虛實難辨、真假難分。更尷尬的是，我們經常在資訊不充分的情況下，就振振有辭地驟下結論，不論是對自己或對他人。因此，當覺察的重心都只放在想法時，經常會出現「是啊，我有覺察，然後呢？問題根本不是我能改變的啊！」分析了老半天，除了歸納出這個結論，老實說，沒有太多實質的幫助。那麼，到底該怎麼覺察才能真正有幫助呢？

正念覺察的路徑

正念覺察訓練最特別之處在於從身體覺察入手，而非從想法或情緒。其實所有心裡的感受或想法，身體都會有反應或相對應的呈現，例如不高興時胃不舒服、緊張時手心冒汗、難過時胸口悶痛、開心時手腳輕盈等等。這些身體反應的速度，相對於想法或情緒的反應，都還快上許多。但讓人疑惑的是，我們卻又經常感覺不到，其實這不代表身體沒反應，可能只是我們尚未開發覺察身體的潛能。其實，身體的反應既直接又清晰，痛就是痛，痠就是痠，不會痛感覺成痠，痠感覺成癢，但心就常會如此。因此身體是很誠實可靠的，不會亂編故事，即使是心裡不想或不願意面對的，身體也會如實地反映顯現出來。

身體還有個很棒的特質，就是這個身體就只能存在於現在，無法留在過去，也沒辦法先到未來，身體永遠只有當下。相對地，思緒不受時間與空間的限制，經常停留在過去、未來或自創的想像，很難真正停留在當下。一旦陷落於想法或情緒，又常常會偏頗、失焦、太過自以為是或過度自責。因此，如果要訓練把心安住在當下，卻以想法或情緒當作覺察對象，穩定度與可信賴度就不夠了。以身體做為覺察對象還有一個很大的好處，就是隨身攜帶、不假外求，不須仰賴任何人、事、物，隨時隨地都可以練習，而且不花分文。

因此在正念課程中，我們大量訓練對身體的覺察，包括動態的身體覺察與靜態的身體覺察，不論是坐著、站著、走著或躺著的身體，都是練習覺察的對象。身體覺察是開始、是歷程，也是終點，一路貫穿。當身體的覺察力稍微熟練後，再加入情緒與想法的覺察，才不會被天馬行空的思緒給兜著轉，才能從自己內在培育出安穩與自在的力量，不向外尋求救贖，也就不容易被騙、受傷或失望。下圖顯示正念覺察練習路徑的梗要。

正念＝覺察

←（練習途徑）

身體覺察→情緒與想法的覺察→擴展至一切的覺察

正念，不保證開心順遂，卻能溫柔地照顧自己

正念著重在此時此刻的覺察，既然當下是現在進行式，就無法保證必定是舒服或愉悅。有時候的當下是不開心、生氣、難過、沮喪、令人難以承受的，這是生命的真實。差別在於，正念的覺察

練習讓我們在面對這些不舒服時，一點一點地學習溫柔、同在、趨近、轉化，而不急著檢討、壓抑、閃躲、開戰或昇華。正念訓練，不特別擁抱正向愉悅，也不用力排擠負向不悅，而是在溫和探索中，慢慢練習把自己的心量打開。持續打開，直到在覺察中，能自然不勉強地承接與涵容所有正向／負向／不正不負的自己、美好的／醜陋的／不美不醜的自己、明智的／愚蠢的／不智不蠢的自己，真真實實地活著。在這過程中，持續練習對自己溫柔、友善、慈愛，我們於是漸漸學會好好照顧自己。這是很扎實的愛，不是掏空自己照亮他人犧牲式的愛。這兩種愛都好，前者適合一般人，後者是偉人行徑，我喜歡當一般人。

不偏不倚是什麼意思？

正念的定義中有提到非評價與不偏不倚，有關非評價在【Part 2】會有專文說明，這裡簡要說明一下什麼是不偏不倚。

老實說，學了正念之後我才意識到，原來自己這顆心有多麼容易串連式地東想西想，甚至越想越遠、越想越偏，都還覺得「沒錯，就是這樣！」簡單舉幾個例子：被主管唸，迅速連結起對主管的新仇舊恨。跟老公吵架，很快質疑當初怎麼會眼睛矇屎而嫁給他；小孩講不聽話又回嘴，覺得孩子的未來堪慮。欣賞著帥哥美女，開始想入非非……這些例子多得不勝枚舉，幾乎時時刻刻都發生在生活中，可謂是「時時刻刻的偏頗」。像這樣想法很快地越跑越遠的狀態，心，狂奔穿梭於過去、現在、未來與想像之間，早就嚴重偏頗不正了。

不偏不倚，意味著不一直遙想過往、也不滿腦子充斥著未來或想像，不論是想像美好或悲慘，不編故事也不加油添醋；心，穩穩地安住於當下，充分地覺察與看清當下的真實。

總的來說，正念是不偏不倚地覺察當下正發生的一切，一種人在心在、身心合一的訓練，更是一種全方位自我照顧的訓練。**正念練習讓我們視而能見、聽而能聞、食而知其味，真正地活著，有意義地活著**。正念練習，不單純只關照「心」（想法、情緒等），同時也關照到「身」。如上所述，身體的覺察是很重要的入門，也是正念練習持續實踐的基礎。此外，正念雖然強調照顧好自己，也會關心自身之外的廣大社會，畢竟這世界的構成是相互依存與彼此連結的。正念學習好好照顧自己，水到渠成時自然滋養他人。

05

正念，身心合一的訓練

提高快樂與健康指數

還記得小時候我一直有個很大的困擾，那就是讀書的時候好想玩，玩的時候又不放心，總會想到書還沒讀。開始上班後，工作時很想去度假，好不容易等到放假又不免地想到工作。此現象在我學習正念多年後，才體悟到這是一種「身心分開」——人在A處，心在B、C、D、E、F、G……處。在心理諮商研究所時，讀到許多心理疾病，焦慮症擔憂未來，抑鬱症反芻過去，思覺失調症活在另一個世界，雖然各種心理疾病有其病理學、遺傳學、心理、社會、環境上的複雜形成原因，但其共同的特徵都是身心嚴重的分離。

身心失聯，讓我們總是忽視身體的警訊

這些年來，我跟許多有生理疾病的朋友一起工作，在把正念帶給他們的同時，發現到他們在生病前或長或短的時間內，幾乎都承受高度壓力，有些人已經慣性地承受壓力，甚至於不知道自己壓力很大。通常是一整個忽略身體的訊息，只專注在心裡想要或覺得該做的事情上，身心長期高度緊繃，到了某個臨界點就生病了。學習正念讓我開始學習聆聽身體的訊息，這才發現原來身體一直很盡責，隨時不斷地發送訊息。一開始也許只是睡不好，到後來需要吃安眠藥。一開始也許只是腸胃

不舒服，到後來變成胃潰瘍或腸躁症。一開始也許有點頭痛，但長期累積出高血壓。視而不見、聽而不聞的慣性讓我們生病。但許多人即使生病了，因沒能意識到身心的關連，可能都還是繼續我行我素，讓自己（與家人）長期受苦。

原來，當身與心長期分離失聯時，不但不快樂也很容易生病，不論是生理上或心理上的疾病。哈佛大學教授基林沃司（Killingworth）長期研究人類怎麼樣才會快樂，他在二〇一〇年發表於《Science》（科學）期刊的研究，探討分心與快樂的關係。分心就是東想西想，心忽焉在此、倏而在彼，其實也就是身心分離的狀態。在真實的日常生活中，我們幾乎做什麼都分心，依此研究顯示，平均而言，整體人在心不在身心分離的比例高達四七%。他用六十五萬筆的樣本數證實「快樂，來自於專注於時時刻刻的經驗」，因此他論文的名稱直接就是〈飄移不定的心是不快樂的心〉（A wondering mind is an unhappy mind）。

正念讓身心重新整合，找回快樂的自己

正念的練習，訓練我們時時刻刻不偏不倚的覺察，經常問自己：「心在哪裡？」如果發現到心已經離開了當下這身體正在做的事情，就溫柔地把心再帶回這個當下，不論是走路、飲食、靜坐、工作或洗澡……隨時培養人在心在的習慣。從基林沃司教授的研究來看，練習正念真是一大福音，因為練習得越多，快樂指數自然越高。

人在心在，身與心溫柔地整合在一起，從身心健康的角度看，減少身心分離的機率，健康的程度自然也會有所提升。這是從自身的體驗出發，實際上也有扎實的科學研究。從二〇〇三年理查・戴維森（Richard J. Davidson）發現正念練習會增加流行性感冒疫苗的抗體[1]，到二〇〇九年艾莉莎・艾佩兒（Elissa Epel）等人[2]發現正念訓練可以增加端粒的長度，減緩細胞老化的速度（端粒的長度與細胞的老化息息相關，越短老化速度越快）。這裡只是舉出兩個頗具代表性的經典研究，更多、更多的科學實證研究文獻上網就能找到，不過大多數是英文的。話又說回來，在沒有科學研究的時代，正念就流傳著了。因此除非您需要做研究，否則實際的練習，才是轉化生命與活出科研的關鍵，得知再多效益，還不如親身體驗。

1 論文篇名："Alterations in brain and immune function produced by mindfulness meditation"。
2 論文篇名："Can meditation slow rate of cellular aging? Cognitive stress, mindfulness, and telomeres"。

06 正念，更真實地活著

在我學正念之前，常希望自己隨時都是正向、積極、樂觀、向上的，事實上我幾乎也一直如此過活，因此從小到大的朋友大多認為我是陽光燦爛的，通常也是。然而在這樣的自我認同下，不知不覺中我會忽略或打包收藏不正向、不積極、不樂觀、不高尚、緊張、焦慮、恐懼、悲傷、憤怒的自己，彷彿只允許自己呈現某種樣子，無形中不用他人動手，自己其實就先排擠自己了。外表樂觀積極，內在卻多愁善感，常有「前不見古人，後不見來者；念天地之悠悠，獨愴然而涕下」的感嘆。不是故意要裝成這樣子，天生如此，積極樂觀的／消極悲觀的，兩面都是真實的我，卻如此不同，自己也困惑。學習正念多年後，我才領悟到，僅僅是很希望自己總是陽光燦爛的想法或期待，就足以讓自己受苦，尤其是狀況不好的時候。**在這些本身已經頗為耗能的時刻，我卻花更多的能量來讓自己的脆弱不被看到，而不是把能量拿來好好關照自己**。這其實是滿辛苦的，但麻煩的是這種苦講不出來，別人常看不到或聽不懂，因此想傾訴都不知從何開口。

正念，讓我學習好好照顧自己，成為更真實的自己。這樣的關照不是消費式的商業寵愛，而是讓這顆心不論處在何種狀況下都有安頓之所：狂亂時有安全的避風港、翱翔時有無垠的天空、漫步或衝刺時有承接的大地。天空、大地、避風港不是等機運或他人給予，而是自己可以訓練與製造的。訓練的方法有很多種，有人在好的宗教裡找到，有人在各種自我修練體系中體會，我則是在正念練習中邂逅。

07 什麼是正念減壓？

正念減壓（MBSR, Mindfulness-Based Stress Reduction），這是一套以正念為基礎的訓練課程，一九七九年由美國麻州大學醫學院前醫學教授喬．卡巴金（Jon Kabat-Zinn）博士所創，卡巴金博士亦創立了麻大正念中心（CFM），故此為正念減壓課程的發源地。麻大正念中心歷經三任執行長，從一九七九至二〇〇〇年的卡巴金博士、二〇〇〇至二〇一八年的薩奇博士、二〇一八年由賈森博士接任，時至今日該中心仍執全球當代正念課程和正念減壓師資培訓之牛耳。正念減壓課程讓正念訓練規格化、平民化、科學化、普及化。從一九七九年至今，三十多年來累積三千多份研究顯示正念訓練的多元效益，包括：減輕壓力、增加情緒調節能力、增加自我效能、提升免疫力等等。

我也是無數受益者之一，從二〇一〇年至今，我持續參加CFM各項培訓，從正念減壓課程的學習者、合格老師、認證老師，到合格師資培訓師，不斷地培訓與持續的進修、實踐和分享。這歷程全面、溫柔、深層地轉化了我自己，同時也轉化了我與先生的關係、與孩子們的關係、與工作的關係、與周圍一切的關係。**正念減壓訓練第一個受益人是自己，隨著練習的開展與深化，自能擴及他人。**

正念減壓課程學什麼？

正念減壓課程，是有一套具有國際標準規格，但實施過程亦涵容若干彈性的訓練。整個課程為期八週，每週上課一次，每次平均二．五小時。在第一堂正式開始之前有預備課程，讓大家熟悉環境、時間、課程與彼此。在第六堂課與第七堂課中間，安排一整天的培訓稱為一日靜觀。每堂課程都有該堂的目標與學習重點，課程環環相扣。整體而言，正念減壓課程的目的是：

(1)**系統性地培育覺察能力**，包括：對靜態身體的覺察、對動態身體的覺察、對想法的覺察、對情緒的覺察、對人際溝通的覺察，由粗至細、由狹至廣、由淺至深地漸層開展生活時時刻刻的覺察。

(2)**當我們有覺察能力後，比較能清晰看到生活中點點滴滴的慣性反應。**這些慣性反應成為各種習慣，左右了我們的生活，形塑當下活著的樣貌，不論是喜歡的或不喜歡、有益的或有害的。

(3)**透過不斷地練習，我們學習把正念覺察帶入日常生活中，在覺察中看到更多不同的可能與選擇。**經由一次又一次由內自主啟發的明智選擇，我們開始能從慣性反應中不太費勁地自然掙脫，尤其是對自己有害的慣性。慢慢培育出以有覺察回應為底蘊的生活方式，降低因慣性所帶來有形或無形的危害，促進自己身心的健康、療癒與成長。

(4)**正念減壓課程是一套優良的自我照顧訓練**，可以增進自我認識，有效減輕壓力，增加情緒調節力，訓練既專注又放鬆的能力，提升免疫力等。有關正念減壓課程的科學效益說明與佐證相當豐富，本書就不再多作討論了。

八週正念減壓的課程內容相當豐富，幾乎都是練習實作，不講理論、不討論形而上的概念或追溯既往、也不涉及個人隱私，只著重於實實在在的經驗與體驗。在課堂練習後會有交流討論，主要是針對練習過程中個人的體驗、發現、困難或疑惑，帶領者將提供進一步的協助，尤其是協助學員更充分地與當下的經驗同在。每次課堂結束後，還會有在家練習作業，讓學員練習將正念落實於日常生活中。

正念練習分成正式練習和非正式練習。正式練習，指的是與自己單純同在的練習，進行的方式會需要挪出一些單獨的時間，找到一個不受干擾的空間，跟著四十五分鐘的音檔練習。我常分享這是一段與自己約會的時間，沒人打擾，就與自己同在。非正式的練習，大概是當代正念練習中最有趣、豐富與自在的層面，舉凡發呆、發火、呼吸、吃東西、喝水、胡思亂想、走路、打掃、倒垃圾、洗碗、沖澡、上廁所、騎車、坐車、開車、洗車、吵架、運動、開會、上班、上學……什麼狀況都可以練習，時時刻刻都可以正念覺察，完全不受時間與空間的限制，因此我常跟大夥兒開玩笑，正念恐怕是全世界投資報酬率最高的學習了。當把正念帶入時時刻刻的生活後，一成不變的生活漸漸變得多采而立體，獲得愉悅的經驗更開心，面臨不愉悅的狀況則更有能力調節與放下。

那麼，正念減壓課程的培訓內容有哪些呢？

下文摘要並改編自麻州大學醫學院正念中心所發布的「二〇一七年正念減壓授權教案指引」

（*Mindfulness-Based Stress Reduction (MBSR) Authorized Curriculum Guide* ,2017）。之所以需要「改編」主要是為了以更簡潔的方式呈現。實務上對於課程重點的傳授，每位老師會有當下的選擇，因此這些課程大綱是授課的依據，但仍允許少量因時因地的需要而調整。例如在華人正念減壓中心，我們會製作一本學習手冊給每位學員，當年我在CFM上課也有手冊，但許多正念老師的受訓經驗是提供單張資料。

此外，《正念療癒力》第二章闡述了正念練習的七大基礎原則，是一般正念課程中不太會關注的部分，甚至連當年我在美國上課的老師也沒有提到。然而，翻譯正念書籍與實踐的經驗讓我深刻體會這些原則的重要性，實際上在其他的西文文獻常可見到這些原則的闡述或運用。因此在華人正念減壓中心，我們頗重視這正念練習的七大基礎原則（請參閱本書【Part 2】）。我們的做法是邀請學員每星期閱讀一個原則，在練習與生活中自己體會和運用。

坦露，總承擔著被批評的風險（這部分我確實也經驗老到），然而允許適度彈性正凸顯本課程是有機鮮活的。**在華人正念減壓中心，所有的微幅調整都是建構在促進與鞏固正念練習，除此之外無他，沒有宗教式的觀想，沒有加入更多心理探索式的活動，一切奠定在對當下時時刻刻的覺察。**因此，下面的課程大綱中有比較多的附註，以分享我在臺灣教學中因應時地環境不同而做的微幅調整。然而不是每個附註都是這樣的性質，有些仍是標準教案中的說明，讀者可以輕易辨識。需說明的是，雖然這些課程大綱看起來很簡單，但實際操作起來真的是另一回事。因此這大綱可供自習，若以此為教學依據就實在太單薄了。因此如果您希望教導正念減壓課程，誠懇的建議是接受完整的、正規的師資培訓，才是比較安全、穩當、負責的態度和做法。

正念減壓課程大綱

預備課程[3]

(A)課程目標

- 說明正念／正念減壓是什麼與不是什麼
- 在信任與非評價的氛圍下，讓學員簡單體驗正念練習
- 介紹課程結構
- 讓學員知道未來在團體中大家會如何互動，以利學員自行判斷本課程是否適合自己
- 與每一位學員進行簡短的個別會談
- 取得學員參與課程與完成練習作業的承諾，包含八週課程與一日靜觀，每天45～60分鐘的練習
- 參與課程的好處[4]與風險[5]，上課注意事項
- 若有問卷可於此時填寫

(B)正式練習

- 短時間的瑜伽伸展
- 短時間的觀呼吸靜坐

(C)非正式練習[6]

- 假如有會談之間的空檔，可以邀請學員短暫地覺察周圍的環境、身體的感覺、不耐煩、無聊或興奮的感覺等

第一堂課

(A)課程理念／主題

- 不論你現在面臨什麼問題，從我們的角度看，在你身上好的地方比不好的多很多，挑戰與困難都是可以處理的
- 當下，是唯一真正活著、學習、成長與轉化的時刻
- 建構團體信任與凝聚力

(B)正式練習[7]

- 身體掃描
- 瑜伽伸展

(C)非正式練習[8]

- 飲食靜觀

(D)在家練習[9]

- 身體掃描，每週至少六次
- 九點連線遊戲
- 飲食靜觀

第二堂課

(A) 課程理念／主題

• 覺察對壓力的自動化慣性反應

• 覺察如何知覺或看待人、事、物、病症、壓力等，影響很大

• 問題不在壓力本身，而在於你如何處理，後者左右了身心整體的狀況

(B) 正式練習

• 短時間靜坐

• 簡單地立式瑜伽伸展（可選擇）

• 身體掃描10

---

3 麻州大學醫學院正念中心的資源比較多，通常一季會在不同時段同步開設兩三梯次的八週正念減壓課程，此預備課程(orientation)通常在課程正式開始前一個多月舉辦，基本上是說明會的性質，學員尚未決定是否參加課程。但在臺灣，我從起步至今均獨立作業，未附屬於任何醫院、學校、宗教團體或單位，人員和場地的資源均不足，操作上通常一次僅開一班，因此這樣的預備課程就列為正式課程的一部分，也就是學員都已經確定可以參加正式課程前的暖身。

4 正念減壓課程的益處：更全面處理問題的能力、具科學實證、能更妥善地照顧自己……但這些都還是得靠持續練習的積累。

5 正念減壓課程的風險：練習覺察後一切都可能變得更加敏銳，包括身體上的、情緒上的、人際互動上等等。因此，初期想法或情緒的波動可能更大，若有這方面困擾應及時與帶課老師討論或尋求協助。對於有下列症狀的朋友可能需要多談談，但未必需構成排除上課的要件：成癮、未治療的精神病、急性憂鬱、自殺意念、創傷壓力症候群、社群焦慮、最近有重大失落情緒問題等。

6 在華人正念減壓中心，我們在這堂課進行學員簡短的自我介紹，以節省第一堂課的時間。

7 有關正念減壓課程的所有練習，都可以在後面的文章找到練習方法，也可以在「華人正念減壓中心」官網的「分享專區／《正念減壓自學全書》音檔」找到免費練習音檔（請掃描下面QR CODE）。

8 我在每一堂課結束時，會進行簡短且無討論的慈心靜觀練習。

9 課後作業中，我會邀請學員回家自行閱讀〈非評價〉一文。

10 目前在市面上流通的身體掃描練習音檔，罕見觀想呼吸帶入某個身體部位的練習。帶入呼吸的身體掃描練習，是二〇一〇年我在美學習時從卡巴金博士早期的練習音檔中找到的練習方式。老實說比較困難，但感覺更深層，因此，在第二堂課的身體掃描我通常會提供這個練習。但也提醒學員可以自行選擇，如果覺得太困難，就單純覺察身體各個部位就好，不須帶入呼吸的觀想，但如果覺得做得來就試試囉。保持好奇開放的態度比緊握教條重要。如果看完這段說明讓您一頭霧水或者跟您的學習經驗不同，那麼，就放下吧，不清楚這段依然可以繼續前行的。

《正念減壓自學全書》練習音檔

• 觀呼吸靜坐（介紹坐的方法）

(C)非正式練習[11]

• 課堂討論時，不論是大團體或小團體，帶著正念地聆聽與說話

(D)在家練習[12]

• 身體掃描，每週至少六次
• 10～15分鐘靜坐（覺察呼吸），每天一次
• 填寫「愉悅事件紀錄表」，每天一則
• 選擇一項日常活動帶入正念覺察：刷牙、倒垃圾、洗澡等

第三堂課

(A)課程理念／主題

• 覺察並討論練習中的挑戰與發現
• 體驗與當下同在的愉悅和力量
• 覺察並探究練習過程中的身心反應

(B)正式練習

• 躺式瑜伽
• 靜坐
• 行走靜觀

(C)非正式練習

• 課堂討論時，不論是大團體或小團體，帶著地正念覺察聆聽與說話

(D)在家練習[13][14]

• 身體掃描與躺式瑜伽交互練習，每週至少六次
• 15～20分鐘靜坐（呼吸覺察），每天一次
• 填寫「不愉悅事件記錄表」，每天一則

第四堂課

(A)課程理念／主題

• 覺察知覺與習慣如何影響我們的經驗與生活
• 將好奇與開放帶入日常生活，培育更具彈性的專注力
• 覺察並檢視對壓力的自動化慣性反應（請參閱《正念療癒力》第294頁）

(B)正式練習

• 立式瑜伽
• 靜坐

(C)非正式練習

- 課堂討論時，不論是大團體或小團體，帶著正念地聆聽與說話

(D)在家練習[15][16]

- 身體掃描與立式瑜伽交錯練習，每週至少六次
- 20分鐘靜坐（覺察呼吸、身體感覺）
- 覺察對壓力的慣性自動化的反應，不須試圖改變
- 特別覺察當感到卡住、堵住、困住、麻木，或者很想一刀兩斷時的身心反應

第五堂課

(A)課程理念／主題

- 覺察困住或卡住時的自動化反應模式，例如：戰鬥、逃跑、呆住；或者麻木、否認、消極性攻擊、壓抑、物質依賴（如藥物、酒精、食物等）或有自殺意念等。這些在當時確曾有其用處，但現在可能會限制或毀滅自己
- 觀察若把注意力與關愛帶入自動化慣性反應，會產生何種影響
- 覺察面對問題的處理方式：問題導向、情緒導向、意義導向

11 上課時，我會加上各種姿勢下的「呼吸覺察」的體驗，一方面是提升對呼吸的覺察能力，另一方面也好玩有趣。

12 課後作業會有閱讀〈接納〉一文。

13 課後作業會有閱讀〈信任〉一文。

14 因為非正式練習經常是不須額外挪出時間與空間，只須不斷提醒自己就可以進行的練習，因此課程安排上，我會把前面幾週的非正式練習累加起來列入本週練習，例如飲食靜觀、呼吸覺察等，以幫助學員能養成在生活中時時保持覺察。

15 課後作業會有閱讀〈耐心〉一文。

16 大多數人容易在不知不覺中被不愉悅經驗綁架，而不愉悅經驗的累積也很容易轉換或構成壓力事件，因此我會邀請學員多寫一週的「不愉悅經驗紀錄表」，以提升對不愉悅經驗的覺察和處理能力。

- 開展對壓力有覺察地回應能力，學習稍微暫停，退後一步看得更清晰
- 覺察並檢視對壓力有覺察地回應（請參閱《正念療癒力》第314頁）
- 對於挑戰或壓力能更有效地面對、處理與復原

(B)正式練習

- 立式瑜伽
- 靜坐（呼吸覺察、身體覺察、聲音覺察、想法覺察、開放的覺察）

(C)非正式練習

- 課堂討論時，不論是大團體或小團體，帶著正念聆聽與說話

(D)在家練習[17]

- 靜坐與立式瑜伽、身體掃描或躺式瑜伽交錯進行（例如第一天靜坐、第二天立式瑜伽、第三天靜坐、第四天身體掃描等）
- 填寫「溝通困難紀錄表」
- 在慣性反應下帶入覺察，探索不同的回應可能。以呼吸幫助留意慣性，有覺察地稍微慢下來，以做明智的選擇

第六堂課

(A)課程理念／主題

- 擴增內在資源，發展有益健康的態度和行為
- 學習將正念覺察運用人際溝通時，尤其是在溝通困難的狀況
- 人際正念（Interpersonal mindfulness），就是在關係中保持覺察與平衡，尤其是在急性或長期壓力下、面對別人強大的期待時、以往情緒表達／抑制的慣性浮現時
- 在覺察中，培育自己在困難人際互動時，能更有彈性與復原力

(B)正式練習

- 立式瑜伽
- 靜坐

(C)非正式練習

正念溝通

(D)在家練習[18]

- 交錯練習靜坐、立式瑜伽、身體掃描、躺式瑜伽
- 將正念帶入時時刻刻的生活

• 將正念帶入人際溝通

一日靜觀

(A) 課程理念／主題

• 培育時時刻刻與當下同在的能力

• 培育對任何經驗保持開放，不論是被視為愉悅、不愉悅或中性的經驗

• 增強並鞏固正念於日常生活的運用

(B) 正式練習

• 瑜伽伸展

• 靜坐

• 身體掃描

• 行走靜觀

• 山或湖的靜觀[19]

• 慈心靜觀

(C) 非正式練習

• 飲食靜觀

• 保持一瞬間接著一瞬間的覺察

第七堂課

(A) 課程理念／主題

• 學習對生活中時時刻刻的變化有更多的覺察與適應

• 學習經常自問：「當下／今天，什麼是重要的？」「當下我要如何照顧好自己呢？」

• 覺察並關照自己的生活模式，哪些是自我滋養且適應良好的？哪些是自我限制又適應不良的？

17 課後作業會有閱讀〈非用力追求〉一文。

18 課後作業會有閱讀〈放下〉一文。

19 臺灣多山因此我個人偏好山的靜觀，當年我的老師剛好也是帶領山的靜觀。有關山或湖的靜觀的描述，可參閱《當下，繁花盛開》（繁體版書名），簡體版譯本書名是《正念：此刻是一枝花》。

(B)**正式練習**

- 靜坐
- 瑜伽伸展

(C)**非正式練習**[20][21]

- 課堂討論時，不論是大團體或小團體，帶著正念地聆聽與說話

(D)**在家練習**

- 本週在不使用音檔下自主組合45分鐘的練習，例如15分鐘伸展、15分鐘靜坐、15分鐘身體掃描
- 日常生活時時刻刻的覺察與覺醒

第八堂課

(A)**課程理念／主題**

- 探詢與澄清學員的疑惑
- 探討、分享與回顧在這段時間的學習
- 歡迎學員對課程與老師的任何反饋，開放真誠評估這段學習經驗
- 保持這段時間的學習動能與紀律
- 後續或周邊資源介紹

(B)**正式練習**

- 身體掃描
- 瑜伽伸展
- 靜坐

(C)**非正式練習**

- 課堂討論時，不論是大團體或小團體，帶著正念地聆聽與說話

(D)**在家練習**

- 如果願意的話可以繼續跟著音檔練習
- 保持日常生活時時刻刻的覺察

20 課後作業會有閱讀〈初心〉一文。

21 這堂課有時候會做交換座位的練習，但非必要。

本書與正念減壓的關係

老實說，正念減壓課程在團體中的豐富性，真的不是文字所能形容，也不是所有練習加起來就等於是正念減壓。文字無法完整呈現八週的課堂中，學員與帶領者的有機互動以及學員之間的相互提攜，更無法呈現每一堂課甚至每一梯次都截然不同的團體動力或討論內容。因此本書的名字叫做《正念減壓自學全書》我其實覺得有些不好意思，只是書名的訂定總是困難且需要多方考量的。原本我想的是《念正心開，開心正念》，有種山水映照的美感。透過個人經驗的分享，希望傳遞學習正念是「心開」進而「開心」的歷程，不過，開會後沒被採用。然而，在我的內心深處，確實也希望這是一本可以經常陪伴您的實用工具書，畢竟不是每個人都有機緣能上八週課程，但至少透過文字傳遞與音檔練習，還是可以自行練習的。但是，話又說回來，如果有機會上八週正念減壓課程（MBSR），如果帶課老師有關當代正念的培訓是充分的，還是鼓勵您親自體會。在這本書中，我極盡所能地將正念減壓課程中的各項練習清楚陳述，如果有任何錯誤那是我個人需要承擔的，而不是這個訓練課程的問題。本書與正念減壓的關係，也許下圖比較容易說明。至於哪些是交集之內與之外，請於書內分曉。

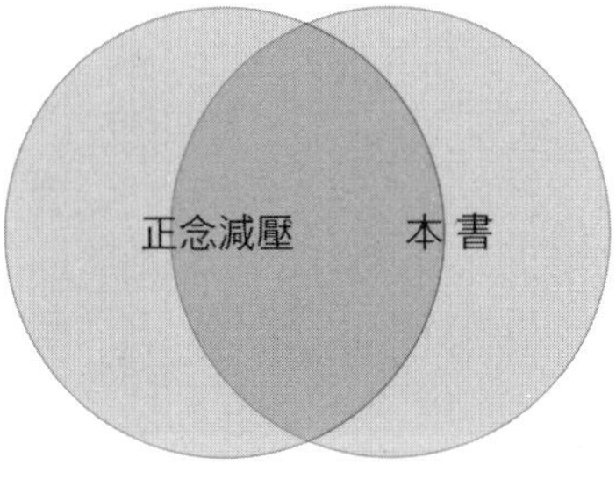

08 正念練習沒有終點

當代正念練習幾乎不強調對「終點境界」的追求，主要是這很容易導致心總是寄望未來而忽略或輕視當下。然而，認真地看，未來，其實是由無數的當下所組成。正念練習覺察，覺察會越練習越清晰和穩定，覺察的範圍與深度也會隨著練習而擴大與穿透；但覺察沒有所謂的終點，覺察的終點就是生命的終點，於是在持續溫柔地覺察練習中永遠會有新發現。

溫柔地面對一切，分分秒秒都十分有意思

在正念減壓課堂中，透過各項練習的實際操作，我們比較容易把握到練習的梗要。因此每次課程結束都會有在家練習作業，回家後能自行操作才能大量運用到日常生活。在家練習分成正式練習與非正式練習。非正式練習是指時時刻刻都可以做的練習，沒有時間與空間的區別，生活中的點點滴滴都可以拿來練習。正式練習是每天挪出一些時間單獨與自己同在，做些動態或靜態的練習，大量觀察與發現練習過程中的自己，有時候會遇見平和喜悅的自己，有時候會邂逅煩躁狂亂的自己。**不論遇到何種樣貌的自己，很重要的是觀察我們用怎樣的心來面對**。如果這顆心好嚴格，只允許某種美好小框架而硬要把自己塞入，例如限定只有練習時感覺到祥和寧靜才叫做「做得對」或「練得

好」，那麼練習肯定會成為苦差事。畢竟，在我們學會對自己溫柔之前，內在確實堆積了不少的垃圾，很少人一般的真實狀態是祥和寧靜的。然而，如果這顆心能溫柔一點，允許以好奇開放的態度來觀察和體會練習的過程，就會發現每天、每次，甚至每分、每秒都不一樣，非常有意思。於是，我們學會對自己好奇，不論發生什麼事情，都能觀察、探索、發現、照顧自我，不壓抑、不閃躲、不假裝沒事，如其所是地承接所浮現的一切。假以時日，正念練習自然會帶來更多的平衡、喜悅與自由，也更能運用到周圍的一切人、事、物。

正念練習沒有標準答案，也不需要評分

除了回家可以繼續自行練習，正念減壓訓練還有一個特色就是操作與互動並重。

操作學習，是指常見的各項練習，例如身體掃描、正念瑜伽、靜坐等。這些練習幫助我們把四處飄移遊蕩的心，溫柔地安住於當下，充分且不費力地覺察當下的真實樣貌，包括身體的、想法的、情緒的、周圍一切環境的。這部分的學習讓忙碌的現代人可以稍微有點停歇，感覺真正活著的自己，而不只是受慣性或欲望支配的存在，不論這欲望是想要或不想要任何的人、事、物或狀態。這是正念訓練中的顯性學習，對成員或帶領者都有一套清晰可辨的操作方式。

互動學習，主要是帶領者對成員分享或疑惑的回應與探詢（Inquiry）。帶領者對成員提問或分享的回應，將大幅影響成員的學習視野、方向、態度、做法，甚至對自己的信心，以及日後將正念運用在日常生活的程度。透過層層開展的對談，映照成員的提問，協助成員更充分地看到自己，而

不是看到權威或崇拜。帶領者不能太受過往經驗或學習的框限，也不能跑太遠或原地打轉，需要恰如其分地用自己的同在引導成員，而不只是用大腦的分析、解釋或說明來應對，尤其需要小心喜為人師、自以為是、既有專業知識所帶來的種種慣性。這有點像心法，沒固定樣貌或招式，每次的探詢都因人、因時、因地而異，對甲的引導也許完全不適合乙。

操作層面以文字尚易呈現，探詢的有機互動就難以顯示了，只能用問答的形式呈現。因此在接下來的幾篇文章，有少量常見問題釋疑分享。但要小心的是，不要將這些分享視為標準答案或標準應對方式，這裡所提的只是原則上的觀點彙整，方便讀者自學使用。**重點不在這些答案，而在我們如何看待每一個自己所遇到的問題。有趣的是，放下對標準答案或武功祕笈的追尋，本身就是正念練習的一部分喔。**

接下來的練習，讀者可以依照自己的步調開展。如果沒步調的話，可以依照本部〈什麼是正念減壓〉一文中每一堂課的練習次序。或者，簡單地就每星期練習本書所介紹的一個或兩個項目，不用趕，這樣可以讓每個項目都有平等的機會，溫柔地進入到自己生活裡。每週給日常生活不同的素材，再觀察這麼做之後產生什麼影響。做這些練習沒有要跟誰交代，也不須評分，就只是為了促進自己的平衡、喜悅、健康、自在。不管你做什麼工作，不管你有何種社經地位，你不需要平衡、喜悅、健康、自在嗎？全世界已經有無數的人從這個安全無害的方法中獲益，何不給自己一個機會呢？光說不練沒什麼用，那麼，就一起來練習吧。

PART

2

正念練習的七大原則

七大原則是：非評價、接納、信任、耐心、非用力追求、放下、初心。

這七大原則非常有意思，實踐多年後，我發現這根本就是生活原則、正念教學準則、家庭教養準則、夫妻互動原則、交友原則、工作原則……在正念減壓課程中，我會邀請學員每週閱讀一個原則。透過簡短文章閱讀，再加上課堂的學習、體驗與提點，讓這些原則放在心上，落實在生活上。

自我療癒之路的基本態度

本篇主要闡述正念練習的基礎七大原則。開展出這些原則的是正念減壓課程創始人卡巴金博士，在其經典巨著《正念療癒力》一書裡的第二章有完整翔實的描述。這七大原則是：非評價、接納、信任、耐心、非用力追求、放下、初心。這七大原則非常有意思，**實踐多年後，我發現這不只是正念練習的七大原則，根本就是生活原則、正念教學準則、家庭教養準則、夫妻互動原則、交友原則、工作原則**……目前在我小小的生活領域中，還沒有找不到不適用的領域。

近年來，在卡巴金博士的演講中，多增加了兩個原則——「感謝（gratitude）」與「慷慨（generosity）」，這真的很好，尤其在這看來越來越自我的時代。只是我覺得這兩個原則本來就蘊含在七大原則裡，如果經常落實這七大原則，也就不著痕跡地同步實踐了。另一個沒強調九大原則的原因，是因為感謝與慷慨在臺灣早就幾乎全面落實。過去數十年來，經由無數人前仆後繼地大力投入與宣導，尤其是許多宗教團體、社福團體與教育機構。臺灣這小小彈丸之地，整個社會大致的底蘊正是感謝與慷慨，從每次的賑災物資與金錢捐贈、市井小民隨處可見的人情味可見一斑，可說是臺灣的特質與驕傲。

正念練習的七大原則，我喜歡放在心底慢慢參想，慢慢體悟。剛開始一定會遇到困難——「這樣算非評價嗎？」「接納是什麼都可以嗎？」「在職場與求學中怎麼可能不用力追求？」「放下，老掉牙了！」在這樣的時刻，我不須急著用大腦尋覓任何標準答案，而是放在心裡一點一滴地從生活與工作中感受、嘗試與實踐。

在正念減壓課程中，我會邀請學員每週閱讀一個原則。透過簡短文章閱讀，再加上課堂的學習、體驗與提點，讓這些原則放在心上，落實在生活上。因此如果願意的話，建議您也可以如法炮製，一個禮拜實踐一個原則，就放在心中時不時地拿出來反芻品味一下，很有趣地。過程中做到什麼程度不是重點，尤其不須花力氣思辨到底有沒有做到的可能，只需要持續往這方向邁進即可。

正念練習，或者說療癒之路，是有方向而沒目標的，不能太急功近利，也不要太嚴格敦促自己。療癒之路第一個需要溫柔對待的對象，就是自己。如同琴弦，太緊亦斷，太鬆不能成聲，在覺察中探索適合自己的鬆緊是最重要的。

以下我試著用一句話，點出七大原則的重點，後續各篇再詳細討論。

(1)非評價（non-judging）：時時觀察心念中的偏頗或好惡，不受其牽制與左右。
(2)接納（acceptance）：承認並允許人、事、物當下所呈現的樣貌。
(3)信任（trust）：安然與自己同在。
(4)耐心（patience）：允許人、事、物以其自身的速度發展。
(5)非用力追求（non-striving）：維持身與心的平衡。
(6)放下（letting go／letting be）：允許人、事、物的消逝或變化。
(7)初心（beginner's mind）：保持常態性的好奇與開放。

01

跨越好惡的牽制與漩渦
非評價的練習

非評價：時時觀察心念中的偏頗或好惡，不受其牽制與左右

這七個原則中最難的大概就是非評價了（non-judging）。非評價很容易被誤解為不評價（no-judgement），但非評價與不評價是不一樣的。我以下面的例子說明其中的差異。

當我們接觸到任何人事物時，心中其實幾乎同步對其產生各種想法。小華去超市買橘子，看到爛掉的橘子也在其中，心裡浮現的想法：

這橘子爛掉了啊！
看來要小心檢查一下還有沒有爛掉的，
爛掉的橘子怎麼還放在這裡賣啊?!
這家超市品管似乎不太好，
以後不要來這家好了，
應該放網路上讓大家留意一下，於是拍下爛橘子，上傳網路社群。

上述小華想法的演變與後續發展：

(1) 這橘子爛掉了啊（單純事實發現）！

(2)看來要小心檢查一下還有沒有爛掉的（從觀察學到的教訓），
(3)爛掉的橘子怎麼還放在這裡賣啊（偏負面的想法與情緒滲入）?!
(4)這家超市品管不好（第一個負面評價出現），
(5)以後不要來這家好了（第一個負評價引發第二個負評價以及關於行動的想法），
(6)應該放網路上讓大家留意一下，於是照相把爛橘子貼上網路社群（評價所引發的行動）。
(7)店經理輾轉看到小華貼出的訊息，很生氣，找出當天值班的工讀生罵一頓加小懲罰。
(8)工讀生雖然知錯，但心裡的不爽還沒消解，回家後被媽媽嘮叨兩句就吵起來。
(9)媽媽覺得很委屈，孩子長大都變了，口氣好衝但又搞不清楚發生什麼事。
(10)媽媽完全不知兒子被罵的事，打電話跟朋友訴苦兒子越來越難教，小華在電話那頭安慰著。

這歷程看起來都很正常，情緒感受(3)帶來評價(4)，接著引發(5)~(10)的後續評價與行動，像骨牌般地一個推倒一個，雖然可能在不同時空與地點。

非評價≠不評價。不評價，指的是不給評價，也就是當發現自己正在評價（(4)這家超市品管不好）時，需要趕緊打消這個念頭，因為自己正在評價，不符合正念練習的原則。但實際上這是不可能的，任何在腦袋裡壓抑不准出現的一切，最終很難不導致後續更大的爆發或紊亂，這是人的基本特質之一。

非評價，不是不做評價，而是很清楚看到自己正在評價（(4)這家超市品管不好）。**如此一來，對於評價所引發的行為或想法，會多一分覺察，少一分慣性行為，多一分有覺察地回應。**例如在想法5與行動6時，小華如果選擇直接跟值班人員反應，提醒他們留意，也許就不會引發7~10的後續影響。同樣出於善意，但不會在無意間激起其他不必要的漣漪。

換言之，評價或判斷本身是無可避免，也不須刻意抑制，畢竟這也是人類的重要能力。其實，從小到大我們都是在各種評價中度過，學校什麼都打分數，全都是評價。老師據實的評價通常不會造成傷害，會造成傷害的是老師毫無覺察地依據評價來決定多愛學生，例如分數高的就備受寵愛，分數低的就慘遭長期歧視。

此外，不覺察評價將導致更多評價。覺察評價會驚訝地發現自己怎麼有這麼多的評價，然後才可能稍微停下來，覺察呼吸，將思緒再帶回當下，不讓評價把思緒越帶越遠。

評價涉及好惡，好惡影響行為，只有觀察到心中各種評價的浮現或交互作用，時時覺察心念中的偏頗或好惡，才能終止不良的骨牌效應，跨越好惡牽制所造成的漩渦，此可廣泛地運用到與自己的關係、與孩子／伴侶／親人的關係、與同學／朋友／同事的關係等。

非評價的修練有效地提醒我們，不要只根據慣性的好惡、過往的經驗或既有的知識來做評斷，而要能清明地看到當下所呈現的真實樣貌與整體脈絡，不論喜歡或熟悉與否。其實正念練習越久，評價會更快速與直接，這是一種身心清澈之後的判斷力。少了評價所引發更多的情緒或想法，省去了東纏西繞的思索，看待問題或事理的穿透性與精準度自然提高，但這樣的精準度又不會造成過度壓迫或咄咄逼人。**這般清晰觀察評價，又不被評價操控的能力，在正念練習裡就是非評價。**

02 接納的練習

柔以化剛

接納：承認並允許人、事、物當下所呈現的樣貌

正念練習的七大原則中，除了非評價，第二難理解的大概就是「接納」了。

許多人以為接納是不好的，因為接納就是安於現狀，感覺上有種消極、被動、不改變、不求進取、無作為、棄守立場與原則，甚至是爛好人的味道。唯有不接納或不接受才能帶來改變。

然而，接納與不接納的影響恐怕比這單純的二分法複雜。以減重為例，一般人總認為是因為不接受自己的重量才會努力減重。但真實的弔詭是，很多人的經驗反而是越減越重。不接受罹患癌症，努力對抗，卻導致另一種過度警戒的身心緊繃；不接受孩子的樣子，用力教導或教訓，沒想到孩子卻越離越遠，或者一有機會就遠走高飛。

冷靜地看，不接納／不接受帶來的行動，經常引發內在或外在的消極冷漠或頑強對抗。原來出於不接納所啟動的調整、改變或修正，不論是對己對人或對事對物，底層經常隱藏了對抗、對立、不喜歡、厭惡、憎恨、敵意、疏離等負面情緒，此等情緒進而誘發更多煩惱。

舉個例子說明，失眠，是很多人都有的經驗與痛苦，尤其如果隔天有重要事情，那更是令人焦躁。多數人在這樣的情況下會升起很多的擔心、煩惱、後悔，甚至生氣。因為無法接受失眠，於是花更多力氣想更多方法好讓自己睡著。但，這樣的用力經常只是讓煩惱更多，對於睡眠一點兒幫助都沒有，只會讓身心更疲憊。平心而論，失眠，是一回事。失眠＋煩惱，其實是另一回事，而此煩惱主要即來自於不接納自己失眠這件事情。亦即[1]：

失眠 × 抗拒 × 煩惱 × 擔憂＝很痛苦的失眠

（真實的狀態 × 不接納＝引發連鎖反應，導致比真實狀態更加倍強烈的痛苦）

如果沒有因為不接納失眠所引發的抗拒／煩惱／擔憂，失眠充其量就是失眠，亦即：

失眠＝失眠

（真實的狀態＝真實狀態本身的痛苦）

不接納，意味著心一直牽掛著想像中更好的未來，或牽掛著對過去的懊悔／緬懷，很容易無效的事情做太多或全然停滯。如實接納，心比較願意回到此時此地，領受當下真實的變化。**當下，是唯一可以真正活著與改變的時間點，因此，與一般概念相反的是，「接納」其實才更有機會帶來轉變。**然而，接納不等於沒有立場，也不等於贊同一切的作為。面對不良或犯罪行為，接納，表示承認與接受當下已經存在的樣貌，但不表示該犯罪行為不須接受應有的法律制裁。

正念中的接納，不是一種烏托邦式的想像或宣示，也不是自我暗示或催眠，而是在覺察中不斷地同在與承接，持續溫柔地把心帶回當下並觀察當下變化，沉穩而不躁進的修練。就像在進行正念瑜伽練習時，我引導大夥兒把注意力放在此刻的身體變化，以身體當下能做到的程度，而不是意念希望身體做到的程度，做為參照基準以嘗試可以伸展的程度、幅度與時間長度。換言之，在這過程中，練習全然地接納這個身體，接納這身體當下能做到的程度。心中沒有設立一個固定標準，來逼迫身體苦苦追求或過度勉強。在覺察中，允許身體溫和嘗試不同姿勢與伸展的幅度。有趣的是，過程中很多人發現這樣的練習方式，原本做不到的動作反而更容易安全達成。有些夥伴認為這樣的做法好像不適用於運動員的訓練。然而沒有覺察、不接納自己當下的限制、過度用意志力主導，這些反而才是運動傷害的主因。

經由一次次各項的正念練習，我們將慢慢體會，真正的接納，從全面地接納自己開始。修練接納的過程中，強烈的情緒性對抗得以消融，老想改變自己或他人的想法以及所衍生的抗拒得以暫歇，內心底層的拉扯得以減緩，無謂的能量蒸發得以減少，原本強烈晃動的心，得以安歇。漸漸地，心越來越柔軟、平衡、不僵硬，思緒越來越清澈明朗，行動才能更加明智與有效。

在練習中，從允許接納自己開始，不論是正向的、負向的、陽光的、陰暗的、愉悅的、抑鬱的自己，允許一切如其所是地存在、同在與承接。療癒，不就是從這裡開始的嗎？

1 這公式的靈感來自於《心靈遊戲》（*I an here now*）一書中有一個簡潔易懂卻極具啟發的公式：

痛苦×抗拒＝受苦

痛苦＝痛苦

03

你可以再靠近自己一些
信任的練習

信任：安然與自己同在

信任自己跟自戀、自大或自盲不同，信任自己是指在覺察中，平衡而非失衡地持續探索、發現與開展自己。然而，信任自己可能是很多人相對不熟悉的狀態。我們比較熟悉的可能是信任他人，而信任他人最淋漓盡致的呈現就是聽話，聽別人的話，不論這個別人是所謂的專家、父母、師長、宗教人士、老闆、權威、社群、媒體等。獨獨就少了好好聽聽自己的話，好好地在沒有人讚賞與認同下，還能與自己安然同在。因此對很多人而言，信任自己其實是很陌生的。

當我們不信任自己時，無形中一定會耗損很多能量來讓自己有安全感、有確定感、有滿足感，也需要消耗能量來證明自己。例如，有些人可能會什麼都要經過權威說對道好才覺得安全可靠，有些人總需要外在讚美才覺得自己夠好，有些人需要用薪水來決定自己的價值，有些人需要把自己建構為權威才覺得滿足。大部分人總是覺得自己不夠好，總是馬不停蹄地追逐與尋覓更好的自己，腦袋裡海馬迴儲存的負面記憶可能比正面記憶多很多。

相反地，有些人在某個領域累積了成功經驗，尤其是外在的高度肯定，於是變得非常信任自己。有時候甚至會信任到聽不進去不同的聲音，或者對於其實不是那麼熟悉的領域，也產生那種「想當然耳我懂」的推論。這種信任自己很容易演化為自大、自戀與無知，給自己也給他人帶來痛苦。

仔細想想，從小到大我們是如何培養出對自己的信任呢？坦白講，幾乎都是來自外在肯定，例如被讚美、受表揚、考好成績、加薪、升遷等等。這些肯定全部來自他人的評價，於是我們對自己的認同也跟著上上下下。順境時覺得自己很棒，逆境時感到一無是處。若處於沒人表揚、沒人肯定、沒人讚美的狀態時，經常就會覺得茫然，不知道人生目的何在。

在正念靜觀練習中，我們得以逐漸發展出一種由內而生的自我信任。身體掃描、瑜伽伸展、靜坐等練習，有助於了解自己的身體訊息與心理狀態，甚至明白身心如何交互作用。這不須任何人給予肯定，別人甚至可能也不知道自己經歷這些過程。

在呼吸覺察、行走靜觀、飲食靜觀與生活靜觀的練習中，體會到單純活著，沒人表揚也能感到踏實的經驗，也學習如何在混亂中穩住自己。

在正念溝通的練習中，不須額外特別做什麼，就可以被聽到或聽懂，領受人與人之間單純互動的喜悅。

一步一步的覺察練習，一點一滴地累積信任自己的基礎。也因為信任自己，願意嘗試更多的練習，願意在生活中適度地挑戰自己，承擔些風險，擴大舒適圈。

正念的練習幫助我們溫和地沉靜下來，與自己同在，暫停對自己過多負向或正向的評價，接納自己的陽光面與陰暗面、健康面與生病面，照顧好自己也信任自己。畢竟，我們永遠無法成為另一個人，只能成為更真實的自己，這底層最重要的修練，就是信任自己。這種信任，不是建構在過往的成功經驗或他人的肯定，而是建立在當下時時刻刻的覺察，或者說，覺醒。

04 像棉花般溫柔的禮物
耐心的練習

耐心：允許人、事、物以其自身的速度發展

這幾十年隨著無線網路的普及，智慧型手機的出現，互聯網／物聯網的興盛，自媒體的崛起，科技翻新的迅速越來越快，世界也跟著越轉越快。接下來的大數據、ＡＩ人工智慧、虛擬影像、工業4.0等持續推波助瀾地創造飆速的時代。「越快越好」，不知不覺中幾乎已經成為一種信仰。

什麼東西都要快，許多人連講話都隨時掛著「快」這個字，對孩子尤其如此，「快吃」、「快做功課」、「快去洗澡」、「快別玩了」。我們總是被下一件事情追趕著，神經長期緊繃。生命，彷彿只是為了下一刻而存在，許多美好如浮雲般快速略過。這是比較詩意的描述，更寫實的呈現可能是內心經常感到焦慮或急躁，如果沒有適度覺察與調整，長期累積下來，自律神經容易失調，人際關係可能越來越緊繃，自己也越來越不快樂。

英文裡，耐心與病人都是同一個字：patient，這是非常耐人尋味的，好像在提醒我們，生病了就要有耐心。然而，為何生病時才培養耐心呢？如果我們從現在就開始培養耐心，是否比較不會生病呢？耐心為何與疾病有關？原來，當我們沒有耐心時，心是急的。急的心通常也是躁動不安的，因此我們總是把「急躁」放在一起，這是中文的智慧。**心急躁地想前往未來的某個點或某個狀態，然而身體卻只能活在現在，因此不知不覺中身與心是分開的，處於一種身心分離的現象，長此以**

往，自然構成許多疾病的共同基礎。

因此在進行耐心的修練時，我們隨時提醒自己，每個人、事、物都需要時間，而且需要的時間都不盡相同，允許適當的時間與空間是必要的。即使是相同的人在不同的事情上，都需要不同的時間。同時也提醒自己：人在哪裡，心就在那裡，人在心在。透過各項正念練習，心，漸漸能經常性地安住於當下，而不只是一味寄望於所謂更美好的未來。

耐心，經常會跟忍耐或忍受混淆，這其中其實有不同的意涵。忍耐或忍受，隱含了一種不想要卻不得不然的緊繃，儘管外表未必顯現，但內在確實有股對峙或對抗的氛圍。心裡面空間不夠，卻又需要塞進更多東西，因此是活吞硬擠的。耐心的狀態就不一樣了，**耐心是一種允許與尊重，允許與心裡期待相左，尊重不一樣的時間需求，心理空間較為寬闊，足以涵容不如預期的人、事、物。**

我經常跟課程夥伴說，正念練習需要耐心，但不用忍耐。耐心，讓我們溫柔地給自己足夠的時間與空間，用自己能接受的速度持續探索；對他人也是如此。如此一來，正念會越練越有趣，因為經常有不同的發現。帶著忍耐練習，心底總有一種對抗，那是很辛苦的，身體也不得放鬆，越練越緊繃，越練越苦。滿腦子只想著「何時完成」、「怎麼還不趕快停」、「為什麼我都做不到」等，完全不會有餘力來探索當下的樣貌。

帶著耐心練習，心著眼在當下，是好奇、開放與平衡的，能夠覺察身體的各種變化。

帶著忍耐練習，心側重在未來，是僵硬、壅塞與不平的，大多在重複的想法間纏繞。

耐心的修練，提醒我們不論對別人或對自己，也許不用一次到位，也別強求一次到位；更重要的是不用跟別人比較，也不須跟過去的自己比較。雖然比較可以帶動進步，但過多的比較，注意力老在別人身上，內在肯定會嚴重失衡且動盪不安。因此耐心的修練有助於維持內在的動態平衡。

其實，很多時候的急，未必真的事情有多緊急，多半是出於慣性使然。在這樣的時刻，把覺察帶進身體，領受當下身體各處的感覺，一定會有某些部位覺得特別緊繃；領受此時的呼吸，多半也是短促的。刻意稍微停一下，花一點時間照顧身體，緊繃的部位也許可以藉由有覺察的正念伸展獲得舒緩，或者進行幾個帶入覺察的深呼吸，讓自己有更多氧氣滋潤，也吐出更多不需要的二氧化碳。在關照好身體之後，可以問問自己：「真的有必要這麼急嗎？如果慢一點會怎樣呢？」畢竟，對別人沒有耐性，通常也是對自己沒耐性的映照。所以，先把耐性這個像棉花般溫柔的禮物，送給自己吧。

05 身心平衡地達成目標 非用力追求的練習

非用力追求：維持身與心的平衡

許多老師或主管不太容易理解非用力追求（non-striving），因為在工作中鼓勵用力追求是常見也是必要的做法。用力追求（striving）這字詞裡蘊含了兩個意思，一個是很用力，一個是追求某個目標。許多人用力追求某個目標時，滿腦子都是所欲達成的目標，除了目標之外，什麼都不重要。歷史上最有名的極致用力追求者，大概就是佛陀了。在他求道的過程中，目標非常明確，過程極為努力，努力到差點兒連命都沒了。最後牧羊女的牛奶滋養了他的身體，讓他恢復體力、平衡與柔軟。

用力追求必然緊繃，越用力越緊繃，如果是短時間或短年期的任務或目標，都還可以調節。如果是經年累月，甚至養成慣性而不自覺，那麼身心從失衡、到失序、到失常、到出現身心症狀，幾乎是可預測的發展。

非用力追求，不是毫不用力，也不是沒有目標，力氣還是需要，目標也還是有，只是在追逐目標的同時，仍可妥善地關照身與心，不會被滿腦子的目標沖昏頭了。心，對當下仍有清楚的感知，能覺察呼吸、也能領受身體的感覺；能連結情緒，也能看到想法的變化；能好好照顧自己，也能關照他人。

而這些覺察與關照的能力，需要的是練習、友善與慈愛，並不須太用力。因此，**非用力追求所訓練的，就是在追求目標的同時，仍能維持身心的平衡，不讓身心失衡成為追求目標的慘痛代價。**

一般而言，我們都會把「用力」與「達成目標」畫上等號，而且認為越用力距離目標越近，很多事情確實如此，但不是每一件事情都這樣，像是創意、放鬆、睡眠……就是越用力反而越離越遠。用力追求的歷程中，關注的核心是未來，正念練習關注的核心是當下。然而當我們認真看待當下與未來的關係時，就會發現：「未來是由每個當下所組成的」。意即：

未來＝這個當下＋這個當下＋這個當下＋……

這麼一來，如果每個當下活得只有三〇％的身心平衡度，所組成的未來，頂多也只有三〇％的身心平衡度。即使所設定的目標達到了，卻有七〇％的不平衡。這樣的人生，即使沒生病也很苦。透過持續地正念練習，每個當下的身心平衡度可以持續地提升，也許當目標達成時已經練習到七〇％的身心平衡度了。

從領導組織來看，如果可以選擇的話，誰希望被身心平衡度低者帶領？一個內在不平衡的領導者，充滿偏見、傲慢、自大、沒有同理心是很正常的，對組織及其成員來說都很辛苦，甚至會帶來傷害。在這個時代，身心平衡度不是組織經營重點，達成目標才受重視，因此訓練出很多偏頗的領導者。

如果從現在開始，能多留意自己的身心平衡度，努力而不過度用力，追求目標時也能適度關照歷程，在身心平衡下達成目標，不是很好嗎？而這，就是非用力追求修練所指引的方向。

06 承接交替起伏的變化
放下的練習

放下：允許人、事、物的消逝或變化

也許，我們都有這樣的經驗，某段期間的狀況非常糟糕，面臨事情膠著、難解的困境，心裡非常的苦。跟好朋友傾訴，出於深深的關懷，朋友告訴你：「放下吧！」我們點點頭，悠悠地說：「要是能這麼容易放下就好了。」我們很少能因為別人勸告放下就放下。對當事人而言，放下是最難的，否則就不會如此受苦。有力道的放下，唯有自己體悟，透過別人口中說的，影響都很有限。

放下，是很不容易的修練。沒有人會在開心的時候講放下，只有極度不開心時才需要放下。當我們處在高度的懊悔、憎恨、憤怒、悲傷、哀怨、擔憂時，會很需要藉由放下的能力來緩衝紛雜混亂的思緒，但真的很難做到。因此，放下是我們平時就要做的修練，而不是等到困難來時才臨陣磨槍。

有一次走在路邊聞到桂花香，這是我最喜歡的花香之一，市區平常不容易聞到。那次我開心地一直吸、一直吸、一直吸，希望讓滿滿的桂花香充滿體內的每個細胞。很快地，我就發現吸氣過後需要吐氣，尤其是瘋狂吸氣之後，需要吐很長的氣。我這才領悟，不論多愛這味道，都需要放下。唯有放下，讓氣息出來，我才可以再吸入另一口新鮮花香。原來，**每一口的呼吸，都是提起與放下**

的修練。放下已經是我們隨時在做的事情了。

放不下，反映了我們不允許人、事、物的變化或消逝，或者不允許變化不是依照我們想要的方向發展。不接受變化，讓我們把自己與他人重重地釘在過去的某個時空。放不下，也可能來自對未來的高度擔憂，不斷想像可能會發生很糟的狀況，於是一直處在提心吊膽的狀態。心的慣性本來就是在過去、未來與想像之間不停迅速游移，此與放不下的特質是相當一致的。

然而，正念的每一項練習，都在訓練這顆心安住於當下，不論是愉悅的或不愉悅的，都能與當下同在，當下的呼吸、當下的身體、當下的心、當下的環境、當下的人、事、物。畢竟，當下才是我們真正唯一活著的時間。

活在當下，是修練放下的方法。
放下，是活在當下的唯一之道。

放下的修練需要平常多觀察事理的變化，尤其是觀察「形成期、維持期、衰退期、消逝期」的生命週期。任何的人事物其實隨時都會經歷這樣的過程，以最簡單的用餐為例，餐桌上原本是空的，準備餐點進入形成期，餐點一樣一樣備妥上桌是維持期，享用美味進入衰退期，杯盤狼藉是消逝期。每一個時期沒有好壞或對錯，就只是狀態的變化。例如一般聽起來衰退期好像有點令人感傷，但以用餐為例，此正是大快朵頤的開心時刻。消逝期感覺有點悲，卻也是另一個週期的開始。

因此，在生命週期各階段中，覺察我們的慣性所賦予的價值、觀點、心境，也是練習的一部分。然後再練習用平常心，看待每個階段的變化。這些變化是生命中的必然而非偶然，只是平常沒有觀察的習慣，因此突然面對變化，總是很難承受。下頁示意圖呈現生命週期的變化：

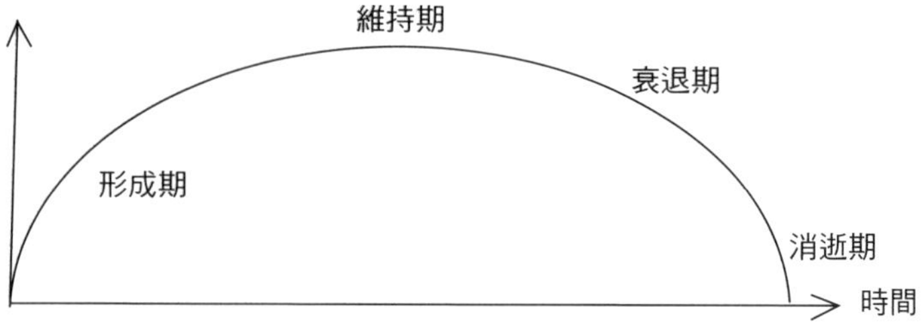

過程中不會是一路順暢的曲線，也許更趨近下面這種圖。

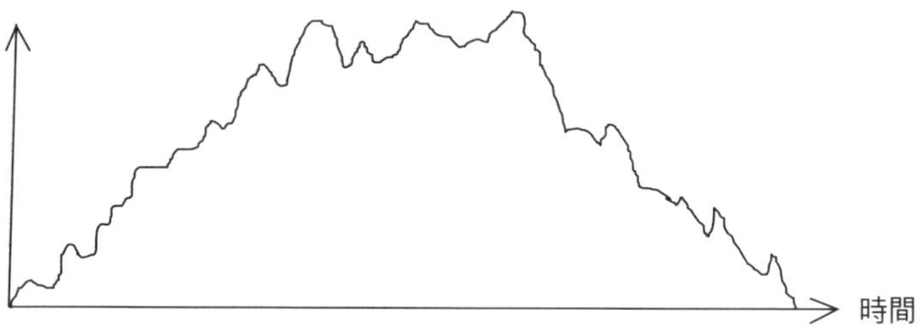

■生命週期示意圖

接下來我試著舉一些例子，練習觀察與理解生命週期的變化。

- **肚子疼**：微微感覺到肚子不舒服是形成期，越來越痛是維持期，找到廁所充分釋放是衰退期，肚子回復一般正常的感覺是這個肚子疼歷程的消逝期。
- **心情不好**：因某個狀況心裡開始感覺不舒服是形成期，不舒服的感覺大量占據心頭是維持期，心情慢慢平和是衰退期，心情慢慢回復或放掉或遺忘那個不舒服是消逝期。
- **使用手機**：剛買到與摸索使用方式是形成期，用得很開心是維持期，常故障或心裡不想要了是衰退期，壞掉或送人是消逝期。
- **一段感情**：眉目傳情的曖昧階段是形成期，兩人手牽手在一起是維持期，感情生變是衰退期，分道揚鑣是消逝期。

• **養育孩子：**孩子出生後一直到還需要依賴家長時是形成期，在管轄範圍且還算聽話是維持期，經常超出管轄或對家長視而不見是衰退期（孩子學習獨立的開始），單飛或離家是消逝期（孩子獨立）。此消逝期也同時宣告了孩子另一個生命週期的開始，當然也是父母不同生命週期的開始。

• **工作歷程：**剛進一家機構從學習到穩定是形成期，穩定中也會有起伏變化是維持期，漸漸覺得這工作好像不是我想要的是衰退期（這個衰退期引發尋覓另一個工作或準備下一個學習歷程），從想離職到轉換跑道是消逝期（也是另一個週期的形成期）。

• **人生生命週期：**出生到結束求學階段是形成期，進入職場發揮所長是維持期，生病、老化、退休是衰退期，從人生舞臺完全退場是消逝期。有趣的是，許多人在衰退期反而開創出更美好的形成期，例如開始重視養生而更健康愉悅，或者退休後投入實現自己的夢想。

從上面的例子可以看到，在生命週期中還有生命週期，層層交錯，相互銜接。週期裡的每個階段，沒有絕對的好壞、對錯、悲喜、優劣，絕大部分取決於我們如何看待與選擇。總是苦中有樂，樂中有苦，苦樂交融，猶如太極圖中的白中有黑，黑中有白，圓形動態的循環。幾乎沒有任何人事物不在這樣的變化之中，**經常觀察日常生活中「形成、維持、衰退、消逝」的生命歷程，可以幫助我們訓練這顆心，從小地方開始接受變化並修練放下的能力。**

放下的修練也需要平時刻意訓練自己，分辨什麼是自己可以改變的，什麼是無法改變的？這是一個很妙的大哉問，經常觀察，會發現生命中我們可以改變的事情還真少，有時候甚至連自己的脾氣、做事方式或健康狀態都很難改變，遑論改變別人。而當我們發現可以改變的人事物實在少之又少時，放下，便成為一種自然的選擇。

在所有放下的內容中，最困難的大概就是對健康或生命的放下，以及對情感的放下。有一種整合式的修練是把每一天都活得像最後一天，起床時領受「啊，有醒來耶，不錯，還活著」，不論是對自己醒來或對所愛的人醒來都是如此，這麼一來，醒來第一個動作就是微笑。不要假設有很多明天會到來，盡量少做些事後會後悔的事情。不論是跟誰，相聚的時刻都是獨一無二的。即使有時候表面看起來非常雷同，好像每天或每次都一樣，但實質內涵其實是隨時都在變化。

放不下的心是很苦、很苦的，放下則是一種自我友善與慈愛。但**放下需要由自己內在啟動，才能轉化為成長、療癒或蛻變的力道。在正念修習的過程中，覺察各種情緒或念頭的升起、停留、消逝，不強力執著或緊抓任何情緒或想法，無形中已經在訓練放下的能力。**不論喜歡與否，不論是否合我們的意，一切人、事、物都持續地變化與流動著，錯綜複雜地相互連結與影響著，未必有好壞或對錯，但這就是生命真實的樣貌。

放下，心靈才有空間，迎接生命中每時每刻新的景致與風貌。

07 看見豐富與變化 初心的練習

初心：常態性地保持好奇與開放

很多人會記得第一次上學、第一次談戀愛、第一次工作面試、第一次出國玩的場景。第一次的感覺總是令人期待、興奮、好奇，也許還帶著些許的擔心，此時我們打開所有的感官來吸收周圍的一切訊息，睜大眼睛、豎起耳朵，一切都是新鮮的。然而，真實的生活很多事物與經歷都是重複的，日復一日我們做相同的事情，刷牙、洗臉、吃早餐、工作／上學、吃午餐、工作／上學、吃晚餐、上廁所、洗澡、睡覺。遇到相同的人，做相同的事情。

科學家說我們的心不喜歡重複的事情，喜歡追逐新鮮。因此任何事情當我們上手後，一切便顯得猶如自動導航般地進行，也許只花五三％的注意力就可以把事情做好，其他四七％的心到處飄蕩，一下子飄東一會兒在西，有時候連心在哪兒自己可能都不清楚。

我們的心也習慣從腦袋裡的舊資訊，用來套到新事物上，經常在資訊不足的情況下就驟下結論，或者看到有點類似就覺得，「喔，這個我知道」、「這個我看過了」、「這裡我去過了」、「這東西我吃過了」、「這個就是××〇〇嘛」……我們以為自己知道，卻很可能是連自己不知道都不知道。於是，心一點一滴地窄化與僵化，舒適圈一分一寸地縮小。我們開始相信俗諺說的，太陽底下沒有新鮮事。果真沒有，因為這顆心習慣回頭從腦袋裡的舊資訊去搜尋啊！

因此，如何溫柔地讓這顆心轉向，從慣性看過往的、有限的、狹少的舊經驗，慢慢轉為直接觀察當下的、豐富的、新鮮的呈現，就顯得格外重要。讓這顆心從「喔，這個我知道」的自以為是，慢慢地打開到「喔，這個我不確定」的好奇開放。**以一顆僵化固著的心，看周圍的一切必然重複、無奇、無趣，甚至無望。以柔軟好奇的初始之心，才看得到其中的可能、變化、豐富、趣味與希望。同樣是生活，質感差很多。**

初心的練習，讓我們更能充分地活在每個當下，掙脫被想法長期挾持的慣性。就像每次的正念伸展，都可以充分領受肢體當下的感覺，而今天的感覺與昨天一定多少有點不同。在練習中真實體驗到每一次都是新的經驗，也許類似，但沒有哪一次的經驗跟前一次是完全一模一樣的，不論在練習上、生活上、工作上、家庭上，都是如此。於是，開放與好奇的態度，才能成為心的習慣，而不是朗朗上口卻無實感的口號。以初心領受每個當下，不論是身體的感覺、情緒的變化、念頭的起伏或行為的差異，溫柔地探索自己與周圍的一切，比起走遍世界各地卻與自己或周圍疏遠，感覺踏實多了。

PART 3

重新找回身心連結
—— 練習身體的覺察力

覺察的對象都是自己的身體裡面本來就有的，我們只是練習從不知不覺到有知有覺。持續練習，可以學習如何安然與自己同在，尤其是在身體或心裡不舒服時。

從專注於呼吸、身體、聲音到念頭，一個層次一個層次的開展；練習專注單點的能力，也練習觀察變化或歷程的能力，增加注意力的彈性亦提升內在韌性。

正念減壓課程中的正式練習

這部分主要介紹與說明正念減壓課程中的各項正式練習，包含第三篇〈身體掃描〉、第四篇〈正念瑜伽〉（主要分成立式瑜伽和躺式瑜伽）、第五至十篇〈靜坐練習〉。其中靜坐練習分成五個層次的開展：覺察呼吸、覺察身體感覺、覺察聲音、覺察念頭想法、開放且無所依的覺察。因篇幅過大，故獨立成一篇篇的文章，此亦透顯這些練習是可以分開進行的。這部分因為全部都需要實作，不是眼睛看看、腦袋想想就能有所體會，因此建議慢慢邊讀邊做，邊做邊體會，不需要求快。有關練習的部分都可以在華人正念減壓中心官網的「分享專區」找到，當然也可以在其他網路資源找到不同老師的錄音，選擇自己聽起來順耳、易懂的就好。只是在正念減壓課程的練習錄音中，為維持純粹性都不會加上音樂，只有單純的聲音；而聲音也會用最自然正常的語調，不會刻意拉長或故作溫柔婉約。

在進入這些大主題之前，第一篇將探討根據研究最多人做，也最無時空限制的正念練習——呼吸覺察，而在第二篇將討論靜坐時的坐姿，也是日常生活可以運用的坐姿——腰直肩鬆。當然，身體覺察的練習不會僅止於這些，從廣義來看，包括飲食靜觀與行走靜觀都是身體覺察的一部分，然而這些更貼近日常活動的練習，就留待本書【Part 5 融入日常生活的正念練習】再詳述了。

01 呼吸覺察
最簡單的正念練習

呼吸，誰不會？哪還需要覺察！這是我第一次聽到呼吸覺察的反應，當時我還不知道原來呼吸蘊藏了如此豐沛又唾手可得的能量。根據研究，上過正念減壓訓練者最常用的練習就是呼吸覺察（即便課程結束後很多年仍是）。呼吸覺察完全不受時間與空間的限制，任何時刻都可以做，是老天爺送給我們的絕佳禮物，卻往往被我們完全忽略。

呼吸不但是維持生命的關鍵，也直接映照出身與心的即時實況，例如當緊張或難過時呼吸會變得比較短淺，放鬆時呼吸相對緩慢。因此練習覺察呼吸，有助於對自己真實狀況的了解與掌握。但這並不表示我們要學習的是「控制」呼吸，幾乎所有跟呼吸相關的訓練，都強調如何運用控制呼吸來達到想要的目的，例如吸四秒、憋四秒、吐六秒等，每種訓練都有其獨特的作用。

不須控制呼吸，專注在一呼一吸帶給身體的各種感受

在正念減壓中的呼吸覺察，沒有要控制呼吸，就只是覺察呼吸當下的樣貌：長呼吸時知道這次的氣息是深長的，短呼吸時知道這次的氣息是短淺的，這樣就好了，不需要刻意拉長或縮短呼吸的

長度，過程中也完全不需要憋氣。這是正念呼吸覺察的方法，如果是氣功或其他呼吸法就另當別論，也不在本書討論範圍。即便這樣說明，有些夥伴還是難以分辨控制呼吸與覺察呼吸的差異，下面的表格也許有幫助：

下表中的例2到例4都是屬於控制呼吸的層面，歷程中也覺察呼吸。呼吸的控制通常包含了控制呼吸的運行、速度、深淺，所以不是身體自然的呈現，而是人為的操作。這沒什麼不好，很多呼吸練習對身體都是很棒的，如果您有在做任何的呼吸練習，不需要因為練習正念而停止。但把覺察帶入您所進行的呼吸練習，練習的效能可能會更好。話又說回來，即便是刻意地進行某種有益健康形式的呼吸，對身體而言，呼吸仍是自主運行，沒有意志力強行左右。因此這裡所說的呼吸覺察，就是覺察這類自然自主的呼吸。

允許氣息以其自身的速度自由流動，蘊含著尊重、覺察與同在的態度。尊重呼吸的速度，不刻意地去干擾它或用意念控制它，即便過程中有咳嗽、打嗝、打噴嚏亦然。以打嗝為例，此時就領受打嗝

■控制呼吸與覺察呼吸差異比較表

說明	例1 單純感覺到身體氣息在體內的進出	例2 深深吸氣＋深深吐氣(領受過程中的感覺)	例3 深深吸氣8秒＋深深吐氣8秒(領受過程中的感覺)	例4 深吸氣＋憋氣3秒+吐氣(領受過程中的感覺)	是否有意念的作用？	希望改變些什麼？	特性
覺察呼吸	○	○	○	○	×	×	允許尊重同在
控制呼吸	×	○	○	○	○	○	調整評價改變

強烈波動的歷程，打嗝過後再繼續覺察氣息的流動，並持續與身體顯著或細微的變化同在。覺察氣息流動的歷程，不透過意念來控制，也毋須擔心是否氣沉丹田，維持自然呼吸，採鼻吸鼻吐就可以了。

多年的帶課經驗讓我發現許多人在練習呼吸覺察時，很擔心自己是否有正確地使用腹式呼吸，尤其是容易緊張焦慮的朋友。前幾年我還會仔細解釋，但後來我就經常開玩笑地說，日常生活的煩憂已經夠多了，不用再多一項啦，管他呼吸到哪裡、管他吸多吸少，有呼吸就是好呼吸，很多人連呼吸都困難啊。不需要給身體的呼吸任何評價，覺得自己沒做好或做不好。想像如果你是呼吸，一天二十四小時，一年三百六十五天，真正不眠不休地運作著，還被嫌棄，那真是情何以堪，不是嗎？所以試著把愛心與同理心送給自己，也送給呼吸吧。

呼吸覺察練習少量多餐，30秒、1或5分鐘都可以

呼吸覺察不是腦袋直覺反射地知道「我在呼吸」，而是真正能感受到氣息的進與出，包括氣流大小、溫度、氣味、給身體帶來的感受等。呼吸覺察的做法一般分成兩種，一種是專注在特定點上，一種是專注在歷程。

- **專注在「特定點」的呼吸覺察**。有些練習強調專注在人中（鼻子與上嘴唇之間），有些專注於鼻尖。我個人最喜歡的專注點是鼻腔內側（氣息的必經之地），其次是上腹部或胸腔，擇一即可，一段時間聚焦在所選擇的那個點上，領受氣息進出的流動。

• **專注在「歷程」的呼吸覺察。**領受氣息從鼻腔內側進來，進入體內，覺察軀幹因此而產生的鼓脹感；當氣息要離開時，軀幹自然鬆沉，氣息再從鼻腔送出。接著領受下一個氣息進到身體的歷程，與氣息離開身體的歷程，持續循環。

如果發現到任何念頭訪客來到，稍微知道一下那訪客是什麼就好，不用跟著它跑掉。然後深深地吸一口氣，不帶評價地把自己溫柔帶回呼吸的覺察，這樣就可以了。持續地練習，透過呼吸的連結，讓四處遊蕩的心，溫柔地安住在身體裡，享受身與心合一的感覺，即便只是三十秒、一分鐘或五分鐘。

呼吸覺察的練習時間長短不拘，少量多餐是最好的策略，睜開眼睛、閉著眼睛、半開半閉都行。呼吸覺察的練習完全沒有時間、地點、姿勢的限制，坐著、站著、走著、躺著都可以，上臺或開會前的等待、坐公車或捷運的時間、等紅綠燈時、緊張擔憂時、不高興時、只有三、五分鐘可以休息時、平時安靜時……發揮創意，盡量練習吧，讓自己發展隨處可得的平衡與穩定。

三分鐘或十分鐘的呼吸覺察練習，可以在華人正念減壓中心官網的分享專區，找到專屬本書的練習音檔，網址為：http://www.mindfulness.com.tw。

《正念減壓自學全書》練習音檔

02 腰直肩鬆

覺察中，發現較無壓力的姿勢

正念練習是活潑有趣又生氣盎然的，我最喜歡把覺察運用到時時刻刻的生活。畢竟我們不可能一天到晚都在靜坐，卻有可能一天到晚都有覺察。帶著覺察過活，日子輕鬆很多，少了胡思亂想，能量比較能聚焦在真正重要的人、事、物上。面對許多對自己不利但心裡卻覺得喜歡的行為，更能清晰地覺察它所帶來的副作用，然後比較容易做出明智的選擇。很奇怪嗎？對自己不利，但心裡卻喜歡的行為？是的，日常生活很多這樣的例子，例如吃油炸或垃圾食物、長時間低頭或躺在床上用手機、一直想著重複同樣的煩憂、彎腰駝背等。

姿勢對身心健康影響很大，許多脊椎的疾病都跟姿勢不良有關。但習慣或社交使然，當事人在某個姿勢下通常一點兒都不會覺得不舒服，反而覺得很正常。以上班族為例，這個年代的工作很大比例得依賴電腦完成，坐在電腦螢幕前工作六、七個小時是很正常的，有時甚至更久。新興電競產業的選手每天要坐十幾個小時操練電玩技術，這對身心長期的健康平衡真的是很大的挑戰！一般我們使用電腦時的坐姿，很可能就如下頁這三張圖，一開始也許還很正常，最後卻變成烏龜頸、駝背、彎腰。

即便沒有什麼壞習慣，光這個姿勢，久了對身心健康就有許多負面影響。當我們把覺察帶入身體時，就會發現長期下來，這樣的坐姿其實很不舒服，五臟六腑一整天被擠壓著，駝著背導致胸部

一開始也許還很正常

坐久了，
開始變成這樣：

甚至變成這樣：

緊縮或呼吸不順暢。眼睛盯著螢幕，大腦不斷地運轉著，身體只是超時工作的工具，什麼都感覺不到也完全被忽略。**慣性的動作或思維就像自動導航，讓我們在不知不覺中日復一日持續地傷害自己。**

帶入覺察，發現合宜且健康的姿勢

多數人的慣性是，幾乎等到身體已經很不舒服了，才會稍微關照一下，有些人幸運能及時發現，有些人發現時已經事態嚴重而悔不當初。當我們學習正念後，透過持續練習，我們對身體的覺察能力會跟著提升，也才能及時發現。舉例來說，我們每天坐著的時間這麼久，如何把覺察帶進這個坐著的身體呢？以下分享的姿勢是我在這些年的練習中體會出來的，一開始先運用在靜坐上，後來發現站著也適用。這個姿勢能讓五臟六腑與脊椎處在比較舒服的狀態，整個身體也會跟著穩定放鬆。

這姿勢的關鍵是「腰直肩鬆」，後腰脊椎溫柔伸直而不過於前挺，肩膀鬆沉不緊繃。關鍵部位有兩個，一是腰，一是肩，這兩個部位照顧好，整個身軀的舒適度會提升很多。

首先是時常緊繃的肩膀。自我觀察看看，處於情緒緊繃、擔心、專注或處於某種戰備狀態時，肩膀會不會不知不覺地緊繃或微聳？這是很生活化的覺察練習。我是在練習正念後，驚訝地發現自己竟然這麼容易微微聳肩。這種聳肩不明顯，所以不容易發現，卻是很多人都有的慣性。這樣的緊繃可以持續緊繃一天兩天、一個月兩個月、一年兩年甚至十年二十年，長期下來肩頸痠痛是必然的發展，吃止痛藥或按摩可以舒緩，但不舒服的感覺還是在，這多少令人有點挫折。當我們把覺察帶入身體後，清楚領受到身體的真實狀況，不論是舒服的或不適的，很快地就可以「逮到」自己正在聳肩。然後就可以選擇，選擇鬆掉緊繃的肩膀，或者選擇帶著覺察地轉轉肩頸伸展手臂等，**在覺察中比較容易發現不同的選擇。**

鬆肩，簡單的做法是把肩膀整個聳到最高，停留幾秒（不憋氣），再突然地整個放鬆下拋，有時在肩膀下拋時身體會自然吐氣，不妨試著觀察看看。帶著覺察鬆掉肩膀後，再加上沒駝背，胸部自然開展，呼吸會更順暢。

接下來是最容易痠痛的後腰。腰椎是支撐上半身很重要的部位，可以帶來身體的穩定感，但除非是持續自我鍛鍊者，否則腰椎很容易越來越沒力。許多沙發或椅子或大眾交通工具的座椅，坐下後腰部下陷，剛坐下時很舒服，坐久了很憋又不健康。

一般而言，如果臀部下鋪個墊子會更容易做到「腰直」，但勿整個臀部坐滿，大約坐二分之一到三分之一左右就好。腰直久了，容易僵硬，因此也要能允許自己稍微舒緩一下。說實話，腰要能打直需要有足夠的能量，有時候我們的能量低落，此時就不要太強迫自己，溫柔地讓後腰有靠背，伏貼著椅背或墊子，適度協助支撐上半身也是很重要的；但就是不要讓肩靠椅背而腰部懸空，這是容易傷害腰椎的姿勢。帶入覺察，身體真的會告訴我們該怎麼坐比較好。

整體而言，腰直肩鬆是一種不鬆、不垮、不僵硬、不硬撐的身體姿勢。坐著、站著都適用。腰

散盤

坐地上

坐椅子

直肩鬆也是靜坐時可以採用的姿勢，此時會再加上「手腳不用力、頭不向下垂」，身體處於放鬆而能自我支持的狀態，也有助於保持清醒。

再來關注一下雙腿。觀察雙腿是否會很緊繃，如果很不舒服的話，坐在椅子上也很好，未必都要坐地上。或者需要的話，可以在膝蓋或大腿下方放個墊子，讓下盤更穩。坐的時候沒有任何一隻腳，壓在另外一隻上面，這種坐姿稱為散盤。如果已經很習慣單盤或雙盤者，另當別論，否則一般用散盤坐就可以了。腿幫助身體維持平衡穩定，比刻意地要呈現某種看似莊嚴穩重的樣子重要。正念練習不是做給別人看，把對外在形象關注的能量，收攝回來觀照自己內在真實的樣貌，對生命品質的提升才有實質的幫助。

最後是頭與脖子。覺察脖子與身體的角度，脖子不往前傾斜；覺察脖子與頭的角度，頭不向下低垂；整條脊椎直而不僵。簡單易記的口訣就是「腰直肩鬆、手腳不用力、頭不向下垂」，在正念靜坐時可以採用這樣的姿勢。**然而，不論是怎麼樣的姿勢，都不要奉為教條，也就是沒有一定非怎麼樣不可，要在安全的狀態下溫柔地挑戰自己，又不讓自己陷入危險。如何分辨挑戰區域或危險區域？把覺察經常帶進身體裡就會知道了。學習聆聽身體的聲音，是練習自我照顧的開始。**

03

超友善的正念練習 身體掃描

我常喜歡開玩笑地說，正念減壓課程最開心的就是能躺著上，這主要來自於身體掃描的練習，若場地不允許或身體不適，坐著也可以。身體掃描是在舒服自在的狀態下，溫和友善地培養覺察能力。**溫和友善的態度是一路貫穿其中的，確保我們在練習正念時，不致太過嚴格也不會過於鬆散。**尤其須注意的是，身體靜止下來後，體溫容易下降，覺察體溫變化不讓自己受寒是很重要的。照顧自己，就從這些小地方開始。

身體掃描練習引導

【練習音檔】掃描下面QR CODE後，點選「身體掃描練習」。

【練習姿勢】不拘，躺著、坐著或站著都可以。

【練習時間】熟練之後時間更有彈性，45分鐘、30、20、10、5分鐘都可以。

《正念減壓自學全書》練習音檔

找個舒服的地方躺下來，領受此時身體裡的所有感覺。通常第一個浮現的感覺是放鬆的舒暢感。

覺察此時呼吸的狀態，剛躺下來時呼吸的速度也許會比較急促，隨著躺下來時間的延續，呼吸的速度會逐漸緩和。領受氣息的進出，所帶來軀幹的起伏。

一段時間後，溫和地把注意力移轉到左腳的腳丫子，領受腳丫子此時的感覺。

慢慢逐一領受腳趾頭的感覺……趾縫的感覺……腳底板的感覺……腳跟的感覺……腳面的感覺。

從左腳的腳丫子慢慢一路往上，覺察腳踝、小腿、膝蓋、大腿、骨盆。不趕，完全不需要趕，慢慢領受每個部位的樣貌，不論是舒服的或不舒服的感覺。

到了骨盆後，往右腳過去，直達右腳的腳丫子，領受腳丫子的感覺，包括每一根腳趾頭、趾縫、腳底板、腳跟或腳面。逐步緩慢地到腳踝、小腿、膝蓋、大腿，再到整個骨盆。溫柔地引導注意力往上，逐一緩慢領受腹腔、胸腔、肩膀、兩條手臂、脖子、頭部、臉上的每個器官，在每個部位停留一下，覺察當下所浮現的感覺。

在這過程中，單純地領受身體各部位當下所呈現出來的感覺即可，不用尋找什麼特別的感覺，也不去創造任何感覺，有感覺就領受，沒感覺也無妨，不需要刻意地做什麼來讓自己有感覺。感覺不到身體的某些部位，只是頻道還沒對上而已，慢慢持續練習，身體的感覺自然會日漸清晰。

彷彿身體旅行般，一個部位接著一個部位地與身體同在。不追逐舒服的感覺，也不被不舒服的感覺綁架，溫柔平等地覺察身體的每個部位，是身體掃描練習的要領。

練習中如果有任何不舒服，試著覺察這不舒服的現象，不對抗、不急著分析不舒服的由來或趕快要恢復，但試著溫柔領受不舒服的變化，適度與不舒服同在。

最後把覺察擴展到全身，以一個全面的視角領受整個身體。雖然同樣是躺著，此時的身體跟剛躺下來時已經很不一樣了。溫和地再把覺察收攝回到呼吸，領受氣息的進出，所帶來軀體的起伏。

身體掃描的練習非常友善也很容易睡著，練習結束時，為了避免在團體中必須突然起身的尷尬，我通常會引導大夥兒帶著覺察搓搓手、按摩臉部、拍打身子，這些由小到大的聲音可以溫柔喚醒身心已進入暫歇狀態而睡著了的夥伴。

對許多人而言，身體掃描能讓身心明顯放鬆，尤其對睡眠品質幫助極大，透過這練習有效提升睡眠的質與量，甚至減輕對助眠劑的依賴。正念不是在練習放鬆，而是在練習覺察，但常會有放鬆的「副作用」。原因很簡單，要能明白身心的鬆與緊之間的關鍵，只有覺察；有覺察才能確實清楚領受到身與心的真實樣貌，不然我們很容易沉浸在川流不息的想法、情緒或接連不斷的任務裡。有覺察，才知道身或心哪裡緊了、哪裡僵了，也才能進一步做出當下最佳選擇。沒有覺察，緊繃可以停留在身與心裡很久、很久、很久……在正念減壓課程裡，大家都很喜歡身體掃描時的溫柔、友善、承接、發現、允許、同在——對自己。

練習中常見的疑惑與討論

以下分享的是有關身體掃描練習常見的疑問，有些也可以援用在其他的練習上。

Q1 很容易睡著怎麼辦？

練習身體掃描，原則上是保持清醒，但其實很容易睡著，有些夥伴是全程睡，有些則是斷斷續續。萬一發現自己睡著了，不需要有罪惡感或過度強迫自己，這只是回應身體當下的需要，讓身體有適度休息正是自我照顧的基礎。

許多有睡眠困難的朋友，發現身體掃描練習很有幫助。當這顆心不再一直催促身體做此做彼時，就已經有助於自然進入一種睡眠所需要的放鬆狀態。睡眠對身體健康的影響很大，因此如果身體掃描練習能夠提升睡眠品質，那就歡喜睡吧。

睡足後，請記得找機會清醒地練習，不論是躺著或坐著。建議跟著音檔練習，不過度用力或太鬆散，一個部位接著一個部位地覺察身體的感覺，培養一種自我親近與關照的能力。

Q2 注意力不集中，很容易東想西想，有關係嗎？

這是身體掃描練習中很容易產生的現象，沒睡著但腦袋裡不停的東想西想，有時候甚至連自己在想些什麼也不甚清楚，念頭就是一個接著一個地來去。這時跟著音檔練習的好處就顯現了：有個聲音持續溫柔地陪伴著，隨時聽到，隨時可以輕柔地把自己帶回來。

腦袋瓜浮現各種念頭是很正常的現象，不需要討厭，不需要歸類為雜念，也不需要給自己貼任何標籤（例如：我就是靜不下來、我就是……），更不需要分析或解釋（因為我有○○症或××病）。持續耐心地練習，只要不再繼續慣性地攪和心中這池水，水中的各種物質自然會慢慢沉澱。

這是自然現象，就跟沒有訓練的肌肉比較沒力一樣。因此，唯一需要做的事情，就是在發現心到處游移時，深深地吸一口氣，順著這一口氣，溫柔地把心帶回來，回到領受當下正在覺察的身體部位。這個溫柔帶回來的動作，許多正念老師稱之為訓練正念肌肉。因此注意力的跑掉與帶回，正是訓練正念肌肉所必須的呢。

Q3 領受不到身體的感覺時怎麼辦？

剛開始練習時，許多夥伴反映領受不到身體的感覺，甚至因而覺得有點沮喪。因此有些夥伴很聰明地想到，也許可以動一動來增加身體的覺察。這也不是不行，只是太快行動了，反而少了探索自己的機會。

如果沒感覺，只是還沒對上頻率，就像聽收音機需要調整頻道，只有當接收的頻道與發送的頻道對上了，才會清楚聽到。身體掃描的練習也是這樣，一開始可能感覺不到某些身體的部位，這很正常，不用刻意移動，不需要給自己貼上任何標籤或評價，但多給自己耐心與愛心，慢慢增加對身體感覺的敏銳度，自然就會對上了。

值得一提的是，許多夥伴經常誤以為練習時會有某種特殊或神聖的感覺，因此當沒有領受到這種預期中的「特別感覺」時，就覺得什麼感覺都沒有。實際上，不是什麼感覺都沒有，只是沒出現他所想像與期待的感覺或狀態。練習身體掃描，完全沒有要追求任何特殊或神聖的感覺，只是學習老老實實、盡可能地領受當下已經存在的任何身體感覺，這樣就很棒了。

Q4 為什麼要從左腳腳丫子開始？

身體掃描從最遠的腳丫子開始，有助於發展全面熟悉自己身體的能力，才不會熟悉之處越熟悉，而不熟悉處卻依然陌生，尤其如果做到一半就睡著的話。對多數人而言，熟悉頭部遠大於腳丫子或腳趾頭。畢竟日常生活中一天要照好幾次鏡子，但鮮少有人沒事會關照需要負荷全身重量的腳丫子或維持平衡的腳趾頭。身體掃描是建立跟身體的連結，遠近都連結得到方可趨向完整。因此雖然有些方法是從頭開始，但在正念減壓訓練中還是從最遙遠的左腳腳趾頭開始。

有些夥伴對身體很熟悉，然而這份熟悉卻是充滿評價的，例如經常評論自己的小腿太粗、屁股太大、胸部不夠堅挺或厚實……與其說這是熟悉身體，更真實地說是對身體的各種評價。身體掃描要建立的不是對身體更多評價，而是對身體不帶任何評價的覺察能力。活著，何必老用商業模式建構的審美觀來批判自己？

Q5 不舒服時可以動一動嗎？

雖然在練習時不需要動身體來讓自己有感覺，但也不是都不能動。上述所說的是，如果為了要讓自己有感覺而動，那是不需要的。但如果已經躺得很不舒服，再不調整，所有注意力都在跟這不舒服展開拉鋸戰，那就更不必要了。

這時候調整是必須的，只是在調整之前，記得再次關照一下不舒服的身體部位，感覺想調整身體姿勢的強烈意圖與需求。之後再慢慢帶著好奇與覺察地移動身體，看看動到什麼程度時身體的平衡感會出現。讓這移動本身也是帶著覺察進行，而不只是全然地被「再不動我就受不了」

的想法所驅動。**在覺察而非慣性反應中，選擇動或不動，也選擇動的範圍、方向與幅度。**

Q6 在做練習時，身體感到不舒服怎麼辦？

當身體感到不舒服時，我們經常迅速對身體進行各種判斷或落入慣性反應。舉個例子，在身體掃描的練習中覺察到腰疼後——

- 慣性的動作反應：翻身或移動。
- 慣性的思維反應：分析、診斷這些感覺的由來，例如：躺的地方太硬、這兩天太累、腰會不會受傷了。
- 慣性地思索接下來的行動方案：下課後要去哪家醫院、找哪個醫師看看。

此時，「思索腦」其實已經接管一切，而「覺察腦」幾乎處於停格狀態，沒能再繼續前進領受身體的變化。

在身體掃描的練習中，我們學習不急躁地做任何事情或下判斷，尤其是在資訊根本不充分的情況下，心很容易被恐懼、擔憂、欲望所把持，所做的判斷或決定經常是大量偏誤的而不自覺。

此時，我們需要再喚醒覺察腦，請思索腦暫歇。於是，知道腰疼後——

- 溫柔地給身體幾個深呼吸，稍微撫慰此躁動不安的心。
- 覺察腰部疼痛的感覺與變化，聆聽身體以疼痛形式所發出的聲音，過程中也許更疼，也許漸漸不疼，也許一下疼一下子不疼，**心安住於覺察疼痛本身的變化**。疼痛本身未必要命，真正令人受不了的是對疼痛的抗拒、擔憂、厭惡、恐懼，以及滿腦子想要驅逐疼痛的欲望。這些，反而讓疼痛迅速膨脹並放大很多倍，成為難以承受的痛苦。

- 面對不舒服時，不急著啟動分析、解釋、說明等思索腦的慣性反應。**假如已經分析或解釋也無妨，想過後就放下，不需要一直重複地思索。溫柔地把心再帶回當下，覺察身體所呈現的各種真實感受。**
- 覺察是否因這疼痛而導致全身緊繃，這是身體面對不舒服時，幾乎都會有的慣性反應。可以的話，放下不需要緊繃的部位。例如腰疼，卻肩膀緊繃、眉宇深鎖、下顎咬緊或呼吸急促，此時，肩膀、眉頭、下顎、呼吸都是所謂不需要緊繃的部位。
- 領受是否需要移動身體或者如何移動，例如慣性的反應是翻身，但在覺察中也許發現屈膝更有幫助。
- 如果還是需要，就帶著覺察，溫柔地移動身體到比較舒服的狀態，領受移動前、移動中、移動後的感覺。

身體不舒服的狀態，經常引起心情的起伏或大量思索。然而，通常也只有在不舒服時，我們才有機會學習如何把覺察帶入，體會如何好好照顧自己。

Q7 我會想像到身體各部位的畫面，這樣對嗎？

有些夥伴在身體掃描時，隨著注意力到某部位，腦袋也會浮現或思考某部位的樣子。腦袋所浮現的部位畫面，其實未必真的是自己的身體，更多時候是相片中、印象中或周圍人的樣貌。

覺察是領受當下的身體感覺，不需要有畫面。但如果出現身體部位的畫面，其實已經動用到思考了，只是對有些人而言，思考可能進行得很快，毫不費力就浮現，甚至根本沒有覺察到自己正在思考。

此時，可以深深地吸一口氣，深深地吐氣，讓內在的衛星導航系統重新定位，再次溫柔地把注意力帶回身體當下直接的感覺即可。覺察身體感覺不需要看著該部位，也不需要思索該部位的樣貌，只要領受該部位的溫度、觸感等具體的身體感覺即可。

Q8 練習身體掃描的目的是什麼？

身體掃描的練習讓我們跟身體的關係，從一味的使用與操控的關係，到能夠覺察且與身體溫柔同在，對身體逐漸發展出一種友善與慈愛的關係，落實本書一開始所提的自我照顧。

話又說回來，這其實是在起跑點，就遙問終點處的問題，是許多人都有的慣性。早期我會很認真地回覆有關練習身體掃描的各種效益或科學研究等，後來我深深體會，這是一個需要練習才會有的答案，答案不在外面，而在自己的練習裡。

因此，與其花力氣思辨練習身體掃描的益處，還不如回到自身的練習，由自己來體驗、探索與發現。老實說，除非親身體驗，過多的闡述，意義都不大。這也是正念減壓訓練最核心的地方——取得第一手的經驗，而非人云亦云或想當然耳。因此，我會邀請夥伴們先將這個問題放著，持續練習後自己就會有答案了。然後隨著練習的深化，答案也會不一樣。

我的第一次身體掃描練習

多年前，好友參加某個訓練後曾問我一個問題，做身體掃描的時候會不會有「影像」？他的老師說：「不會。」對於這個答案我持保留態度，因為我的經驗是會有影像的。當時我在麻州受訓，掃描到某個部位時，就會出現該部位的影像，因此一直不以為意也沒想到要詢問老師。

直到有一天當我掃描到鼻子時，心中出現的鼻子影像是高鼻子，不像我的鼻子，「咦，那是誰的鼻子？」再繼續到眼睛，心中浮現的眼睛竟然是凹陷的，「咦，這也不是我自己的眼睛啊！」突然間，我明白了，心中所浮現的眼睛與鼻子是當地人的五官，不是我的！是我從眼睛「看出去」累積最多印象的浮現，而不是「向內」感覺當下身體的呈現。因此，這是「想像或回想」，而不是「領受或覺察」。雖然不致因為思考而沒感覺，不過，此時意識的運作過程中，想像的成分的確是大於感覺的成分。我在班上分享這個體驗，大家笑翻了，我自己也覺得很好笑。然而，歡笑的背後，我明白那位朋友的老師所言，也深刻體會對於「所知」還需要抱持更謙卑的態度。「知之為知之，不知為不知，是知也。」無知，就是不知道自己不知道。

同一天，在受訓課堂上，我提出一個疑問。有一天晚上孩子們入睡後，我開始做身體掃描，我很努力維持清醒，不過實在抵不過周公的召喚，一直恍神。為了完成當天的作業，我的姿勢從躺著到坐著，都不行，卯起來乾脆站著做身體掃描。我心裡實在很懷疑當天這樣的做法是對的嗎？我希望老師可以好好指導我過程中需要調整的地方，不論是做法或想法上。沒想到老師竟然大力讚美這件事，她認為這是承諾（commitment）與創意（creation）的範例，她也提醒我們在做正念練習時不要太僵化。這真是讓我傻了眼，原本還以為自己完全走錯路了呢。無知，也是不知道自己知道。

04 在伸展中發現自己
正念瑜伽練習

在正念減壓的訓練課程中，卡巴金博士有很多創舉，其中之一就是把動態的肢體伸展放入正式的靜觀練習（meditation practice）。在傳統的靜修中多是靜坐與行走的交互循環，著眼於心的用功，即便有肢體伸展，也只是為了提升靜坐的效能。在正念減壓的培訓中，身與心的重要性等量齊觀，從身體所領悟的智慧可以延伸至日常生活。在傳統中國文化中，這部分是相當熟悉的，太極拳是很典型的例子。正念減壓的訓練最早運用於醫院，因此對身體溫和友善的態度是很重要的。放到日常生活脈絡中，即便是目前沒有生病的人，何嘗不需要對身體友善呢？

在正念減壓課程中的動態伸展採用的是哈達瑜伽練習，當然不是全部的哈達瑜伽動作，僅擷取部分運用於此。當年卡巴金博士非常仁慈地把正念瑜伽伸展分成兩大部分（在正念減壓課程中處處可以領受到溫柔仁慈的底蘊），一部分是躺式正念瑜伽，方便所有不良於立者依然可以練習，正念減壓課程中肢體伸展的正式練習也是從躺式瑜伽開始。另一部分則是立式正念瑜伽。正念瑜伽的練習幫助身體適度的活動伸展，同時提升對動態身體的覺察能力。雖然在課程中以躺式瑜伽開始，然而為方便讀者易於操作以熟悉正念瑜伽練習的要點，本書將從立式瑜伽的說明開始。

許多人在瑜伽伸展中，不知不覺中很容易落入過度用力追求的慣性，因此在開始練習之前，心裡記住下頁這三個同心圓會有幫助。

【最內圈】是舒適圈或慣性區域，是我們最熟悉或喜歡的狀態。一般是能坐著就不會站著，能躺著就不會坐著的區域，但此區會隨著年紀越大而越縮小。

【第二圈】是挑戰區，在安全的範圍內擴展與挑戰自我。隨著挑戰圈越熟悉，自然會轉換為舒適圈，因此舒適圈亦隨之擴大。

【第三圈】是危險區域，對自我要求或期待太高，常希望能一次到位者，很容易因強大的意志力而進入此區，也往往是造成傷害的區域。

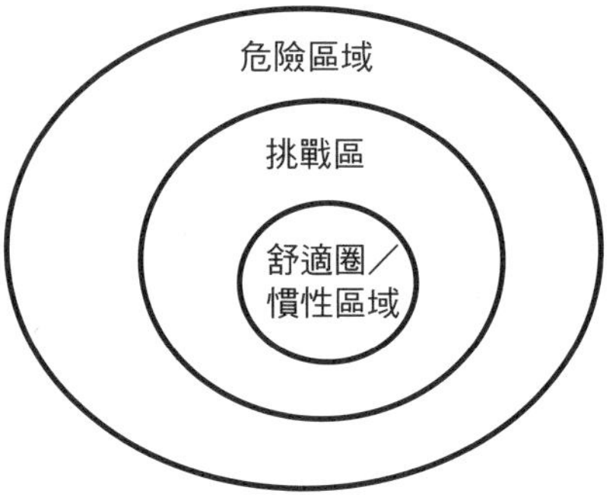

正念瑜伽的伸展是適度挑戰自己的舒適圈，但又不進入危險區域，這其中的分辨，不是靠專家或老師，而是靠自己對身體的覺察能力。事實上，身體隨時都會發布訊號，關鍵是我們是否接收到訊號，以及接收之後如何處理，置之不理繼續強迫身體，或過度緊張立即放棄所有練習，都是極端。**溫柔地在覺察中，探索並發現身體的可能與限制，是最好的策略**。事實上，這三個同心圓不僅適用於正念瑜伽的練習，亦可做為自我探索的基本原則。

雖然在正念的練習中，鼓勵溫柔地在覺察中探索自己，但非常重要的是，如果覺得某些動作真的做不來，就不要太勉強，尤其如果受過傷或身體有病痛。比較好的做法是諮詢您的醫師、護理師或治療師，我們學習為自己的健康負起自我關照的責任。

誰決定伸展幅度

正念瑜伽的練習，我們專注也享受於肢體變化的過程中，身體分分秒秒所呈現的各種感覺，當然也包括呼吸。很重要的是，身體伸展的幅度不是由引導老師決定，不是由學習同伴決定，不是由期望決定，不是由意志力決定，不是由過去經驗決定，而是由自己當下的身體狀況來決定。透過這般的練習，我們重新建立與身體的連結方式，從一種絕對操控式甚至是無情嚴苛的慣性使用，漸漸轉為高度尊重與溫柔對待自己的身體，大量重新開發與探索自己。**貫穿整個正念瑜伽練習過程的核心態度——自然呼吸、不憋氣，隨時覺察身體的變化**。這件事雖然簡單，但大部分人卻往往做不到，因此，在這裡我想特別提醒一般在伸展或在平時運動時，最容易忽略的兩件事：

(1)一心二用因而忽略身體的訊息，例如：即便在伸展或運動中我們依然可以東想西想、跟別人聊天、看螢幕上的畫面（例如跑步機上的電視）或者裝上耳機聽音樂。此時即便身體發出不適的訊息，除非很強烈，不然我們通常聽不到或自然忽略，因為這不是我們當下關心的重點。身體在活動，心注意他處，典型的身心分離。

(2)有時我們在伸展或運動時太過認真、意志力太堅強，一定堅持要做到什麼程度才可以，完全不管身體的限制，那麼對身體的訊息當然也會聽而不聞，或甚至反而因為聽到身體的限制而深感懊惱或對自己生氣，再繼續拚命；或者聽到同學或老師的激勵下就覺得有為者亦若是。諸此種種都是運動傷害重要的成因。對身體過度嚴苛而受傷，到頭來受苦的還是自己。

因此，在進行正念瑜伽或日常運動時，試著盡量溫柔地把心安住在身體裡，真正覺察與體驗活動中身體的各種大小或粗細的變化與影響，讓所有動作都是在覺察下進行而非僅出於慣性，更不宜僅出於意志力或某種負面情緒。把注意力持續帶入所做的動作中，只有自己知道做到什麼程度對身體是適度挑戰，什麼程度是進入危險區域。因此，整個過程中，不需要跟別人比較，也不需要跟過往的自己比較，把心安住在當下，讓身體告訴我們可以伸展的幅度吧。

接下來的這些動作解說示意圖是以《正念療癒力》立式和躺式正念瑜伽動作為基礎，再融入日常生活中各種的動作，整合成六種大關節伸展、六種全身伸展等立式瑜伽練習，以及十種躺式瑜伽伸展練習。此外，我也想凸顯日常生活中的所有動作，本來就可以帶入覺察，即便是再簡單的動作，帶入覺察感覺就是不一樣，會更有深度、更滋養也更舒服。這些伸展練習可以在華人正念減壓中心官網的分享專區，找到專屬本書的練習音檔，網址為：http://www.mindfulness.com.tw。但在進行音檔練習前，可以先跟著書上的講解練習，之後再跟著音檔練習會更容易操作。那麼，如果您選擇繼續閱讀，現在就站起來吧，我們先從立式伸展開始。

立式正念瑜伽練習

大關節伸展

1 站立

【練習音檔】掃描下面QR CODE後，點選「大關節伸展」。

【練習姿勢】站著。

【練習時間】不拘，請找到適合自己的練習時間。

《正念減壓自學全書》練習音檔

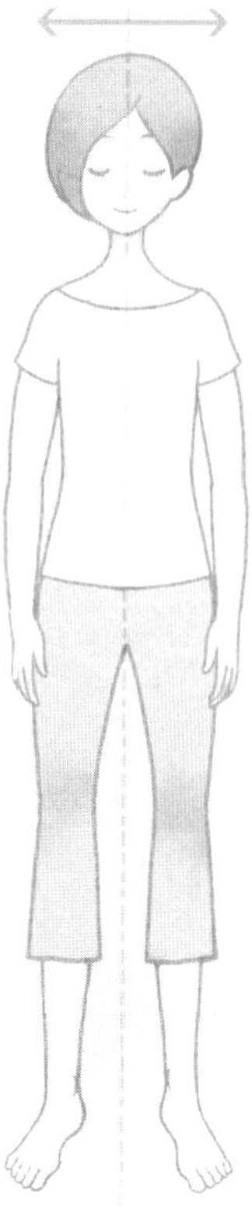

❶雙腳打開，差不多與肩同寬，腳丫子盡量平行，勿大幅外八或內八。

❷重心均勻地放在兩個腳丫子上，不前傾也不後仰、不左斜亦不右靠。

❸領受站立的大腿是否會不知不覺地緊繃，這是很多人都有的慣性。

❹覺察腰直肩鬆，領受穩穩站著的感覺。

❺感受身體裡的呼吸，氣息進來身體的鼓脹感，氣息離開身體的鬆沉感。

2 轉頭

*說明：圖片編號❶即為下方步驟❶的示意插圖，依此類推

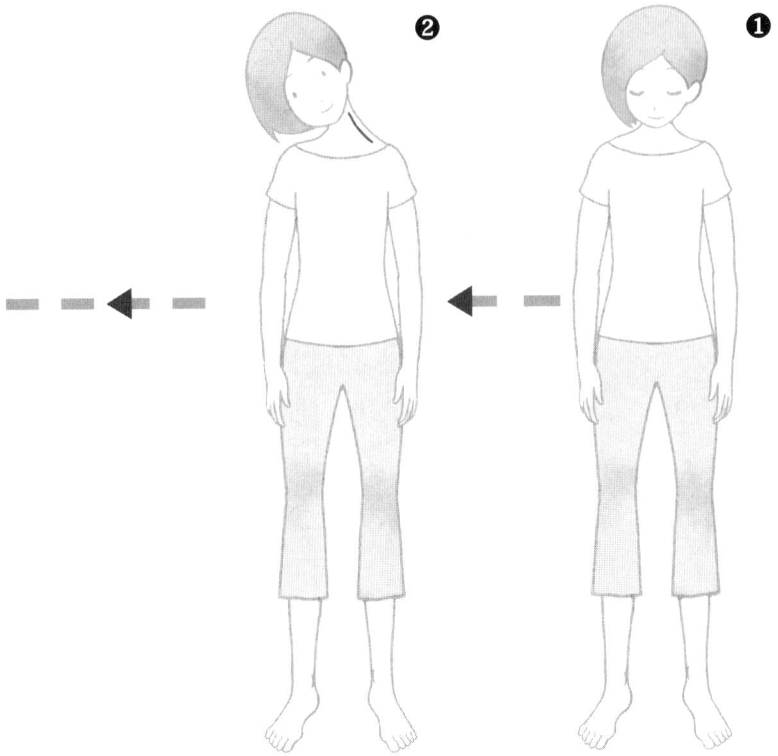

❶慢慢地把頭往下低，領受脖子後側的緊繃感。

❷頭緩緩順時針方向往右轉，右邊的耳朵靠近右肩，覺察此時脖子與頭的感覺，尤其是脖子左側的緊繃感。

❸持續緩慢地轉為仰頭，領受在此動作下的感覺，例如脖子前側緊繃而後側縮擠的感覺。

❹再繼續讓頭往左轉，左耳靠近左肩，領受脖子右側緊繃而左側縮擠的感覺。

❺依此順時針方向，帶著覺察地緩慢轉頭數圈，過程中也觀察是否在某個角度時容易憋氣。憋氣，是很多人的生活慣性。

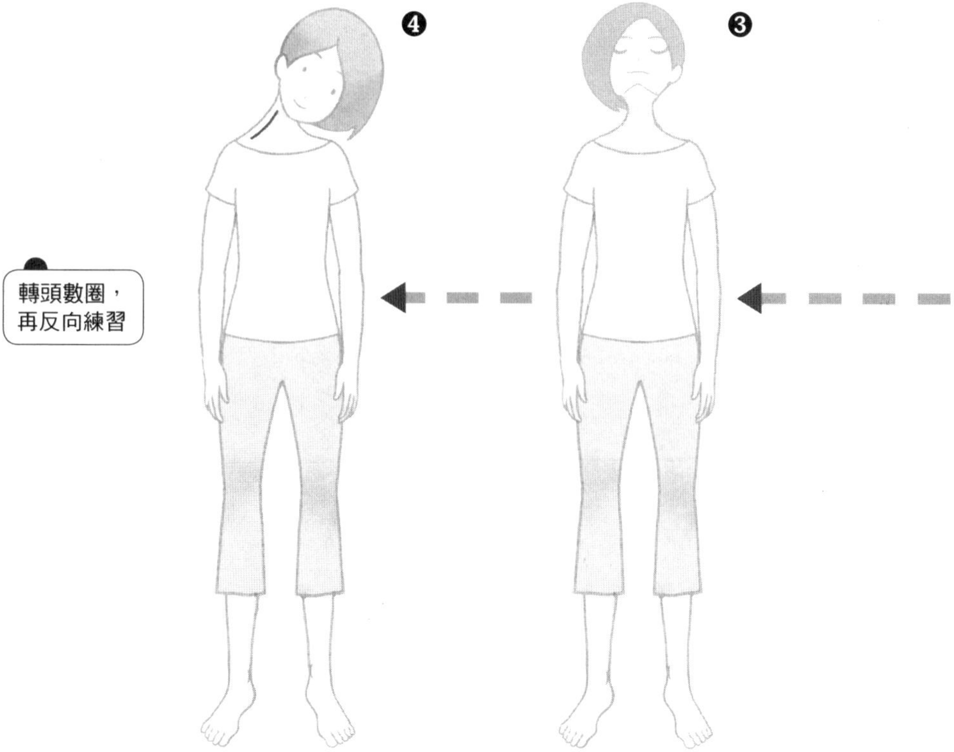

這個年代許多人因為一些報導，很害怕轉頭，尤其是後仰的動作。當我們把覺察帶入分分秒秒的動作，而非心不在焉地慣性轉動時，身體自然會告訴我們，今天轉到什麼程度是安全的，到什麼程度就危險了。**關鍵在於，此時，我們是否聆聽並尊重身體的聲音或訊息。**

❻不需要以轉動的次數來決定轉多久，而以身體的覺察，尤其是在這個動作，把覺察帶入正在轉動的頭，領受一個瞬間接著一個瞬間的變化，比轉幾次重要多了。

❼當要換方向練習時，先帶著覺察停下來，再進行反方向旋轉，重複步驟❶～❻。

❽完成後，身體回復到一般站姿，稍微暫歇一下，覺察做完這個動作後身體的感覺與呼吸。

3 轉肩

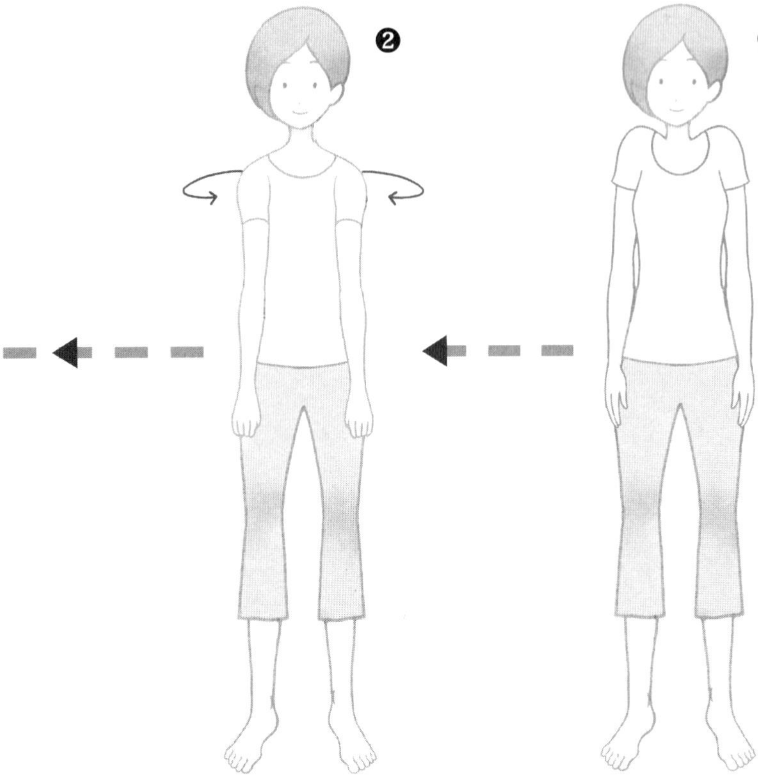

❶慢慢地讓雙肩往上聳，盡可能聳到最高，領受肩膀高聳的感覺。過程中觀察是否憋氣，如果發現憋氣了，就自然地呼吸。在整個正念練習過程中，都不需要憋氣。

❷緩緩地讓肩膀全面往前，可以清楚領受前胸擠縮而後背全然擴張的感覺。

❸順勢讓肩膀往下，覺察前胸再度擴張而肩膀有力下沉的感覺。

在每一個動作完成後，我們會稍微暫停一下，覺察當下身體的感覺，以提升對自己動態身體的覺察能力。讓心安住在身體裡，領受亦享受伸展後身體的舒暢感，一種身心合一的美。

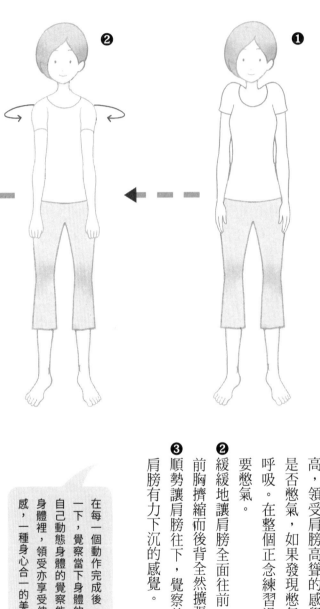

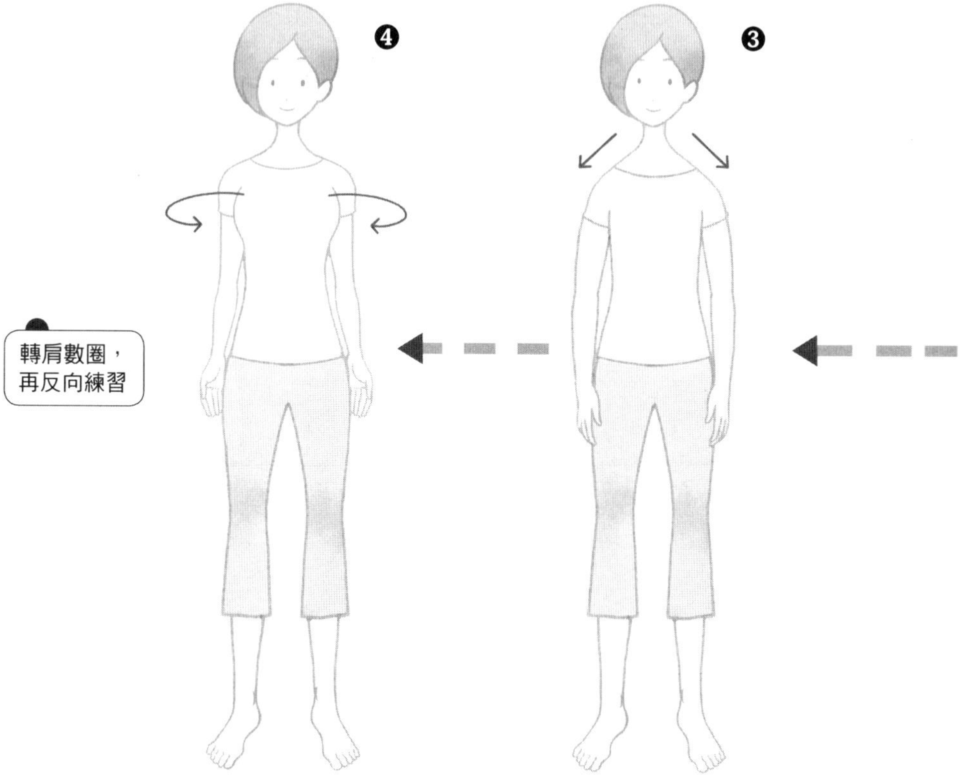

❹順著這個方向讓肩膀向後，領受整個胸膛開闊而後背肩胛緊縮的感覺。

❺再慢慢地讓肩膀向上，依照這個方向，緩慢地、帶著覺察地旋轉肩膀。

❻膝蓋可以微微彎曲，保持身體的彈性。

❼當要換方向時，先帶著覺察停下來，再進行反方向旋轉，重複步驟❶～❻。

❽完成後，身體回復到一般站姿，稍微暫歇一下，覺察做完這個動作後身體的感覺與呼吸。

4 轉腰

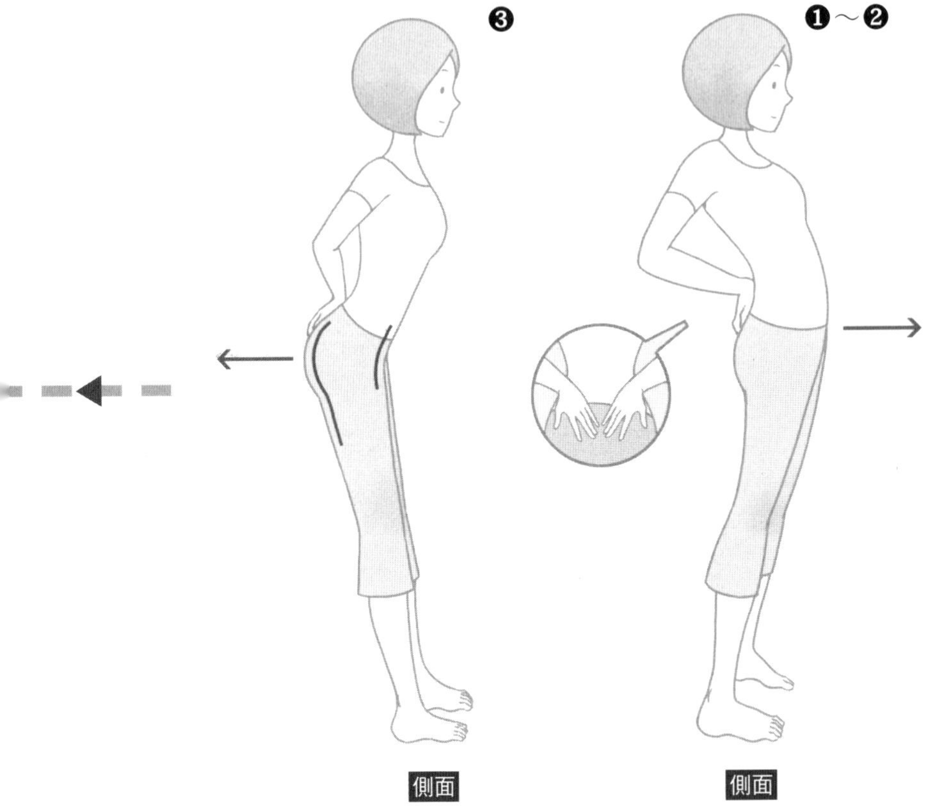

❶慢慢地彎曲手肘，讓雙手的手掌心貼在後腰，覺察手掌心與後腰溫度的差異，觀察肩膀、手臂是否過於緊繃。

❷緩緩地讓腹部向前，像大肚子般，領受腹部肌肉皮膚的緊繃，以及後腰脊椎強力支撐的感覺。觀察是否憋氣。

❸慢慢地讓身體回正，頭差不多維持在原來的位置，讓臀部往後伸展。在這個姿勢下，最明顯浮現的是什麼樣的感覺？

❹帶著覺察讓身體緩慢回正，慢慢地讓腰部移向左側，領受左半邊身體整個舒展開來，而右半邊身體放鬆的感覺。

❺慢慢地領受身體回正的過程，讓腰部移向右側，領受右半邊身體整個舒展開來，而左半邊身體放鬆的感覺。

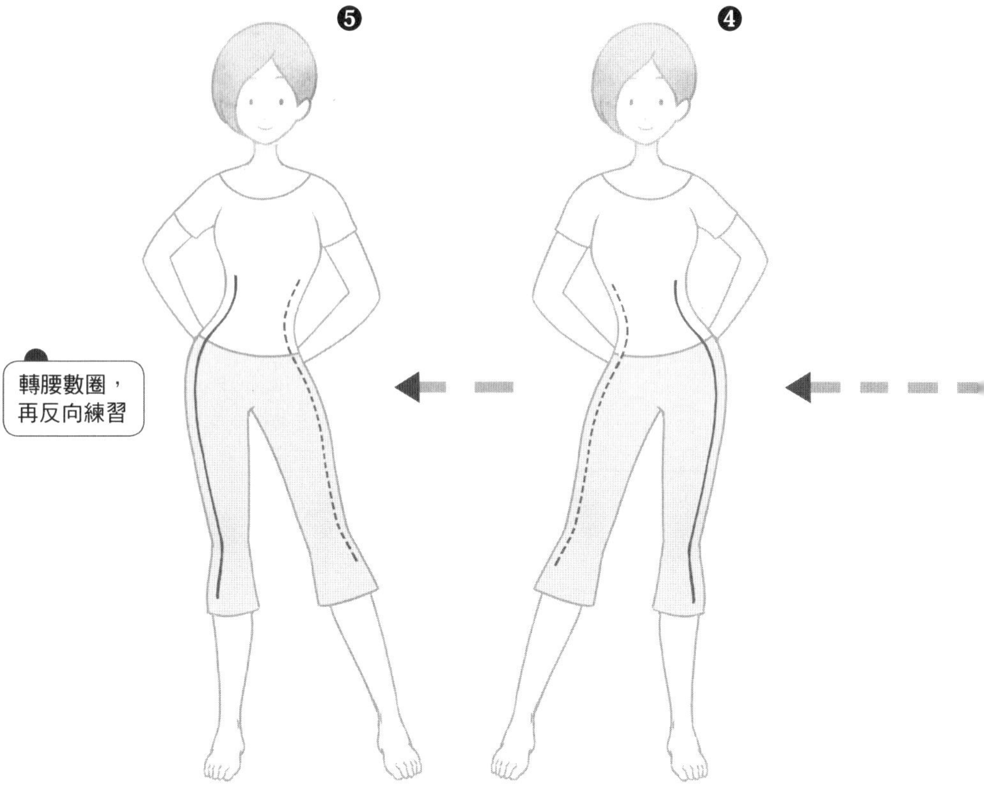

❻身體緩緩回正。慢慢地讓腹部向前、向右、向後、向左，帶著覺察順時針方向緩慢地旋轉，充分領受身體在每一個角度時截然不同的感受。

❼當想要停止時，帶著覺察停下來，再反方向地旋轉，重複步驟❶～❻。

❽完成後，身體回復到一般站姿，稍微暫歇一下，覺察做完這個動作後身體的感覺與呼吸。

這個旋轉伸展腰部的動作，有點像小時候玩的跳繩。頭與腳丫子是跳繩的兩端，盡量維持在原來差不多的位置，因此上半身不會太大幅地搖晃。身軀則好似繩子般地旋轉，但速度慢很多。速度慢，以提升覺察能力，除了正在伸展部位感覺的變化，也覺察相關連動部位的感覺，溫柔對待身體。假以時日，當動態的身體覺察成為習慣，快慢或速度就不拘了。

5 轉膝蓋

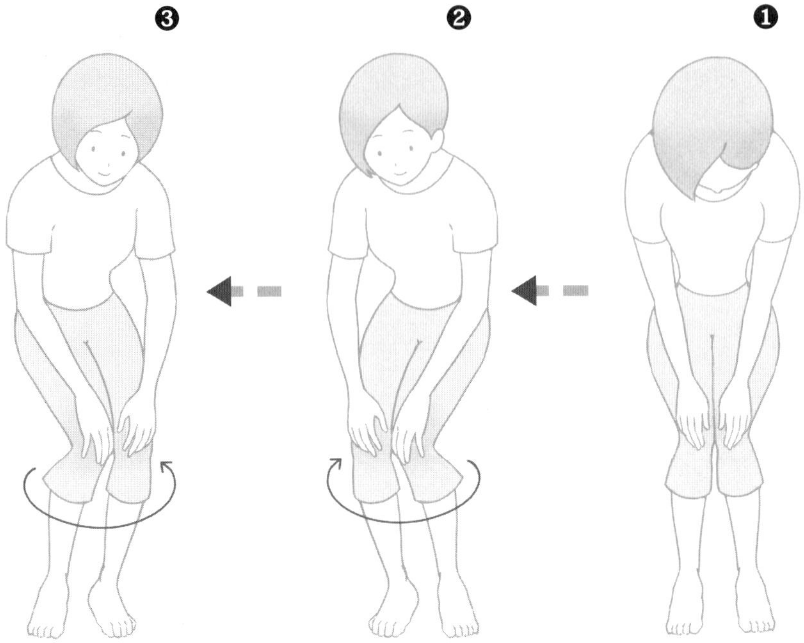

❶慢慢地讓頭往下低，領受頸後側緊繃而前側擠縮的感覺。頭再持續往下低，帶動肩膀跟著向下，雙手、頭、頸自然放鬆下垂。脊椎像捲簾般緩慢向下，直到手掌離膝蓋很近，掌心貼在膝蓋上，領受掌心與膝蓋溫度的差異，覺察掌心放在膝蓋上的觸感。觀察是否憋氣。

❷緩緩地微屈膝蓋，讓兩個膝蓋順時針方向旋轉。覺察在這過程中：掌心下膝蓋的變化、膝蓋可能發出來的聲音、大腿與小腿的感覺、呼吸速度的變化、身體溫度的變化等。

❸當想要停止時，帶著覺察停下來，再反方向旋轉，重複步驟❷。

❹完成後，身體慢慢回復到一般站姿，稍微暫歇一下，覺察做完這個動作後身體的感覺與呼吸。

6 轉腳踝

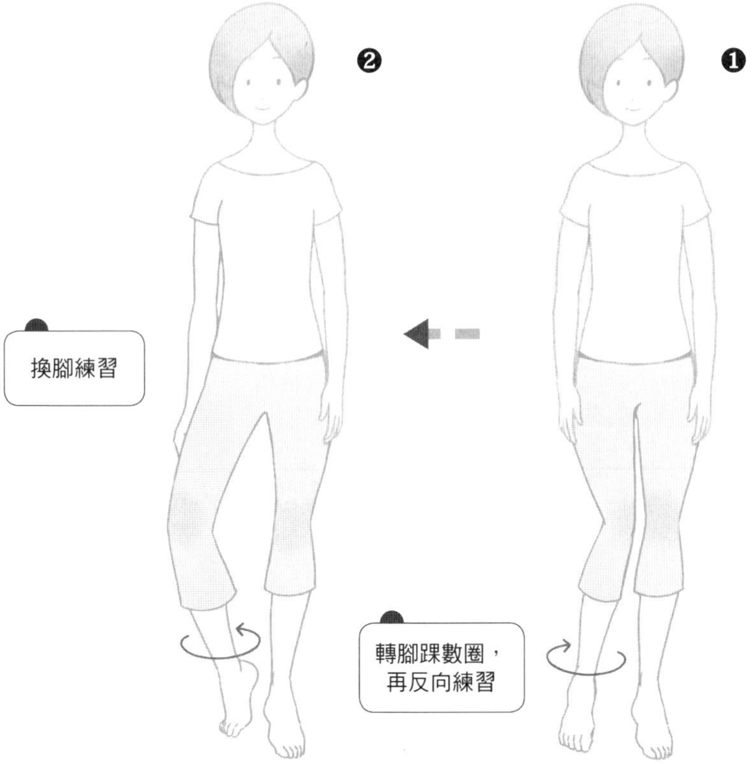

❶站穩後，重心慢慢地移向左腳，領受左腳的肌肉與骨骼正在承接身體大部分重量的感覺。慢慢地右腳跟離地，帶著覺察緩慢地順時針方向旋轉右腳踝，不急，領受腳踝在每一個角度所呈現的樣貌。

❷當想要停止時，帶著覺察停下來，再反方向地旋轉。

❸右腳緩緩地踩穩。重心慢慢地移到右腳，覺察右腳的肌肉與骨骼正在承接身體大部分重量的感覺。慢慢地左腳跟離地，帶著覺察緩慢地順時針方向旋轉左腳踝，覺察腳踝在每一個角度時身體的感覺。

❹當想要停止時，帶著覺察停下來，左腳緩緩地踩穩。重心慢慢地移到兩腳。

❺完成後，身體回復到一般站姿，稍微暫歇一下，覺察做完這個動作後腳踝與身體的感覺。

當各部分大關節都逐一伸展過後，再度帶著覺察，讓身體自由地動一動，也許想轉轉手腕或扭扭腰，都好，領受每個動作下身體感覺的變化。一般而言，進行這類動態的練習，專注力比較容易集中，因為只要把覺察帶進來，身體時時刻刻的變化其實很多，甚至於多到令人目不暇給。但即便如此，在課程中我還是會偶爾提醒：「心還在嗎？」如果發現心離開了正在伸展的身體，跑去別的地方。就在發現的當下，允許自己溫柔地把心再帶回來，帶回正在伸展的身體部位，這樣就好了。這種持續觀察人在心在並讓身心合一的習慣，能漸漸發展出一種自我友善的態度。

全身伸展

【練習音檔】掃描下面QR CODE後，點選「全身伸展」。

【練習姿勢】站著。

【練習時間】不拘，每個人有適合自己的練習時間。

《正念減壓自學全書》練習音檔

1 上半身伸展

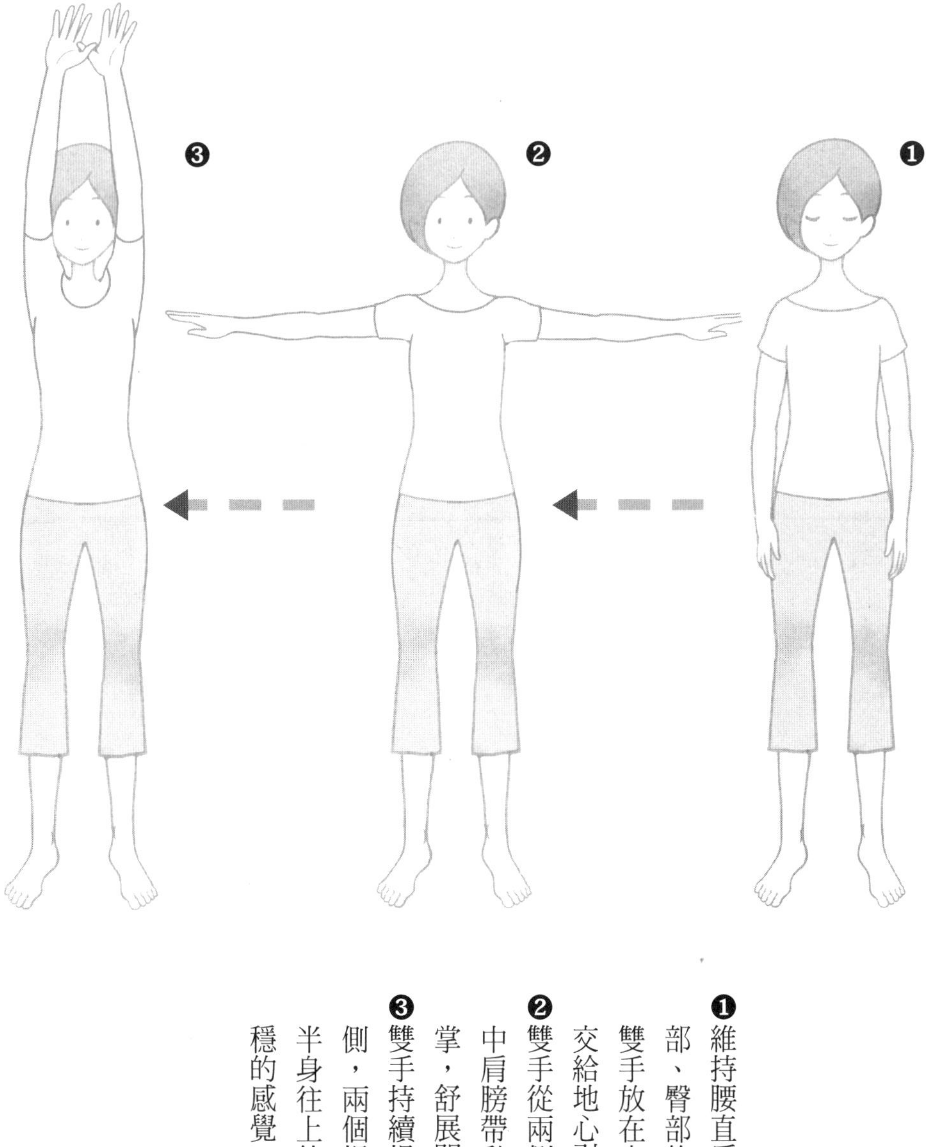

❶維持腰直肩鬆的站姿，腿部、腹部、臀部的肌肉都不需要緊繃。雙手放在身體兩側，手臂的重量交給地心引力。自然呼吸。

❷雙手從兩側緩慢開展，領受過程中肩膀帶動上手臂、下手臂、手掌，舒展開來的感覺。

❸雙手持續慢慢向上，來到耳朵兩側，兩個拇指輕輕互扣。覺察上半身往上伸展，而下半身往下踩穩的感覺。觀察是否憋氣。

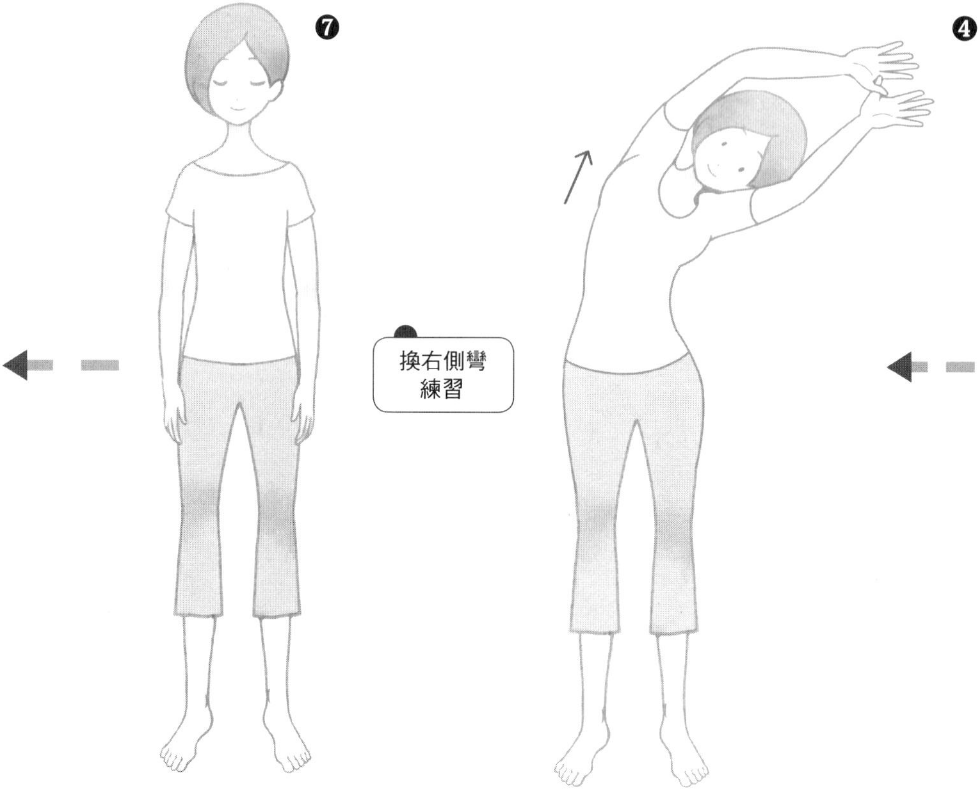

❹慢慢地，讓腰部帶動著上半身向左傾斜，斜到當下可以做到的程度就好，不需要為了更彎曲而讓自己痛不欲生。覺察右半側身軀大幅伸展，左半側身軀自然承接身體比較多重量的感覺。觀察是否憋氣。

❺帶著覺察緩慢地讓身體回正，稍微停一下，再讓腰部帶動著上半身往右傾斜。自然呼吸，領受此時身體的各種感覺：可能手臂感覺到痠麻，可能身體兩側感覺到伸展後的舒暢。

❻慢慢有覺察地讓身體回正，雙手緩緩放下，領受放下的歷程，也許可以感覺到手臂的重量，或袖子滑過皮膚的觸感，直到雙手來到身體兩側。

❼身體回復到一般站姿，稍微暫歇一下，領受做完這個動作身體的

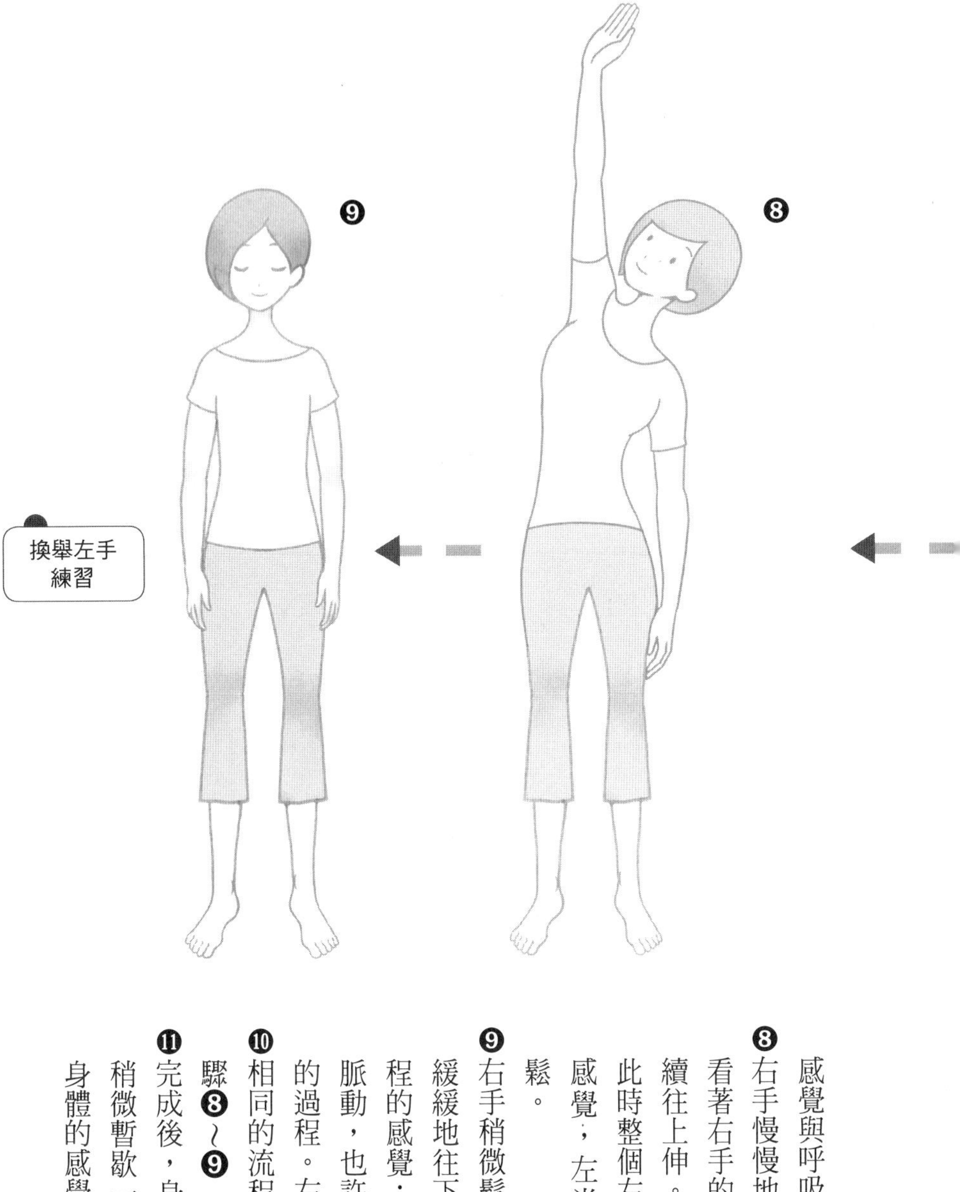

感覺與呼吸。

❽右手慢慢地上舉，頭緩緩向上，看著右手的指尖，讓右手手臂繼續往上伸。觀察是否憋氣。領受此時整個右半邊身軀大幅舒展的感覺；左半邊身軀則是整個放鬆。

❾右手稍微鬆掉，右手臂帶著覺察緩緩地往下放，領受手臂下放過程的感覺：也許是手掌心血液的脈動，也許是整個手臂從緊到鬆的過程。右手回到身體旁邊。

❿相同的流程伸展左手臂，重複步驟❽～❾。

⓫完成後，身體回復到一般站姿，稍微暫歇一下，領受做完動作後身體的感覺與呼吸。

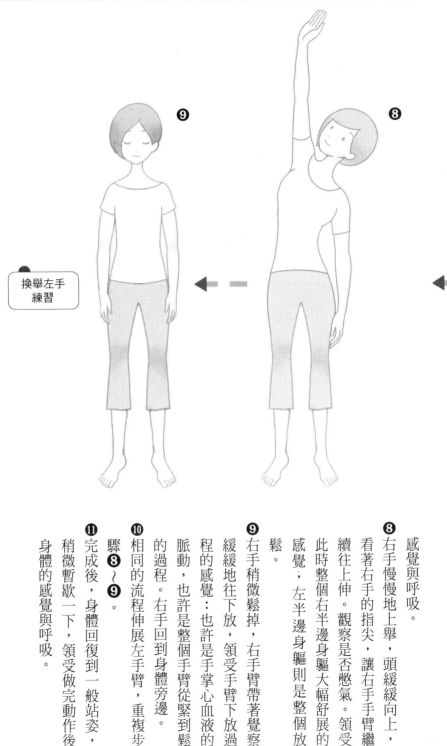

2 左右扭轉伸展

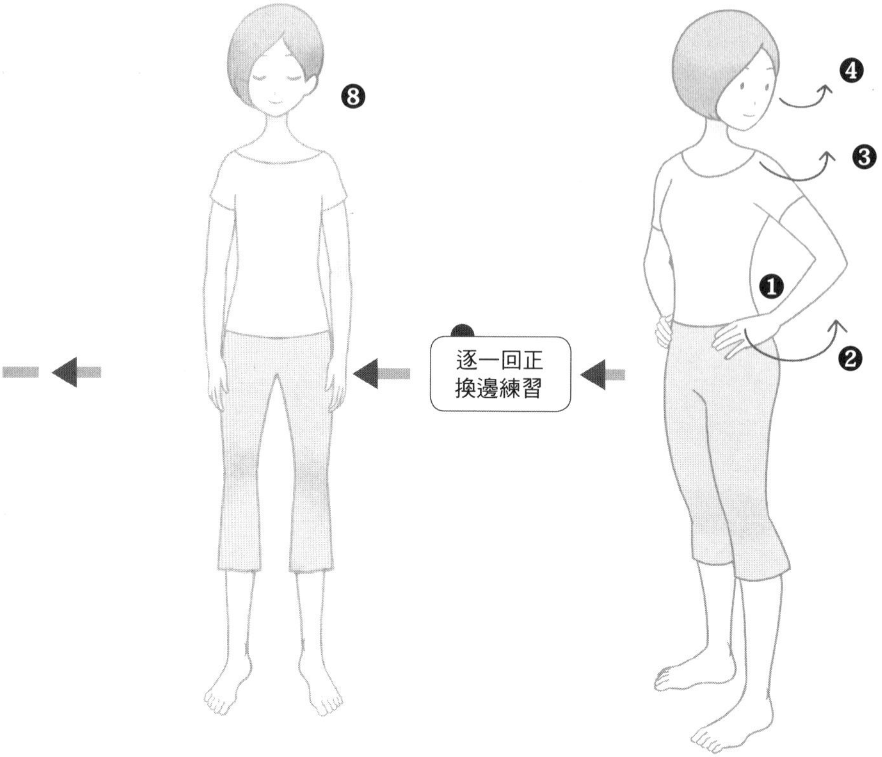

❶慢慢地彎曲手肘，手掌心貼在腰際，肩膀、手臂放鬆下沉，不需要用力。

❷緩緩地讓腰部帶動上半身向左轉，可能一下子就發現轉不動了。

❸接著讓胸腔與肩膀向左轉。也許只轉一點點就沒辦法繼續轉了。

❹脖子與頭向左轉。轉到不能轉了，眼珠子向左轉。領受整個上半身大幅向左轉的感覺。不憋氣。

❺慢慢地讓眼珠子回正↓頭與脖子回正↓肩膀與胸腔回正↓腹部與腰回正。全部回正後領受此時左、右側身軀是否有不同的感覺。

❻相同的流程上半身轉向右邊：腰↓胸↓肩↓頭↓眼，逐一轉向右側。

❼再逐一回正：眼↓頭↓肩↓胸↓腰，逐一回正。

❽完成後，身體回復到一般站姿，暫歇一下，領受做完這個動作後身體的感覺與呼吸。

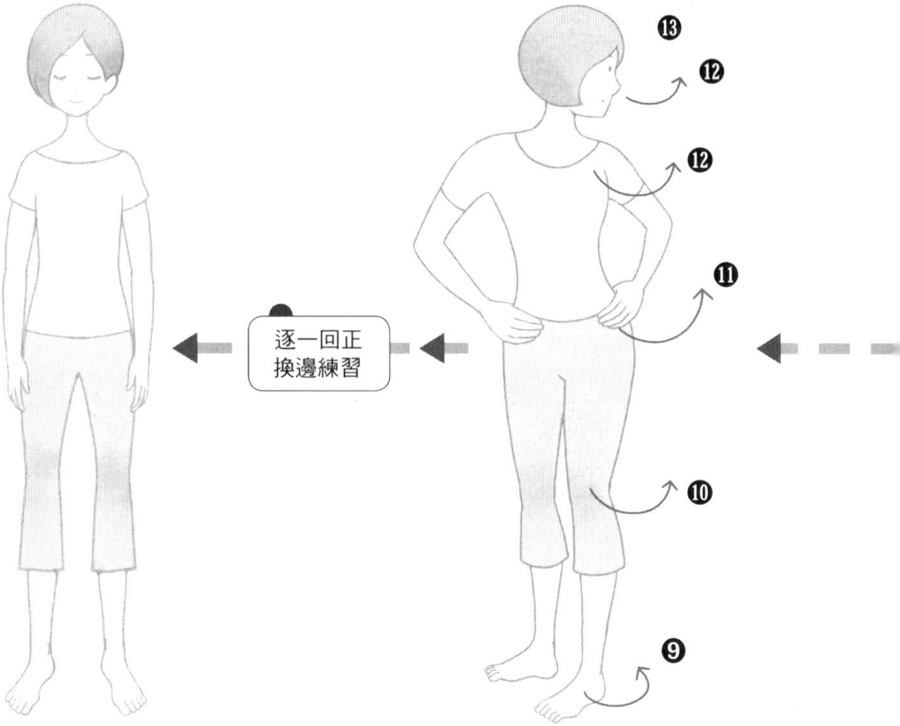

❾這個動作的練習與上個動作完全一樣，唯一的差別是這次從腳踝啟動，向左轉。

❿轉到不能轉時，膝蓋也許可向左轉一點點。

⓫轉到不能轉了，腰接著向左轉。

⓬轉到不能再轉了，肩膀接棒向左轉↓頭向左轉↓眼珠子向左轉。

⓭領受整個身體像扭毛巾般大幅向左旋轉的感覺。觀察是否憋氣。

⓮相同的流程，慢慢逐步回正：眼↓頭↓肩↓胸↓腰↓膝蓋↓腳踝。稍停片刻，覺察當下身體感覺。

⓯從腳踝啟動身體向右轉：腳踝↓膝蓋↓腰↓胸↓肩↓頭↓眼。覺察扭轉過程中，身體感覺的變化。

⓰逐一回正：眼↓頭↓肩↓胸↓腰↓膝蓋↓腳踝，身體回復到一般站姿，稍微暫歇一下，領受做完這個動作後身體的感覺與呼吸。

3 脊椎伸展

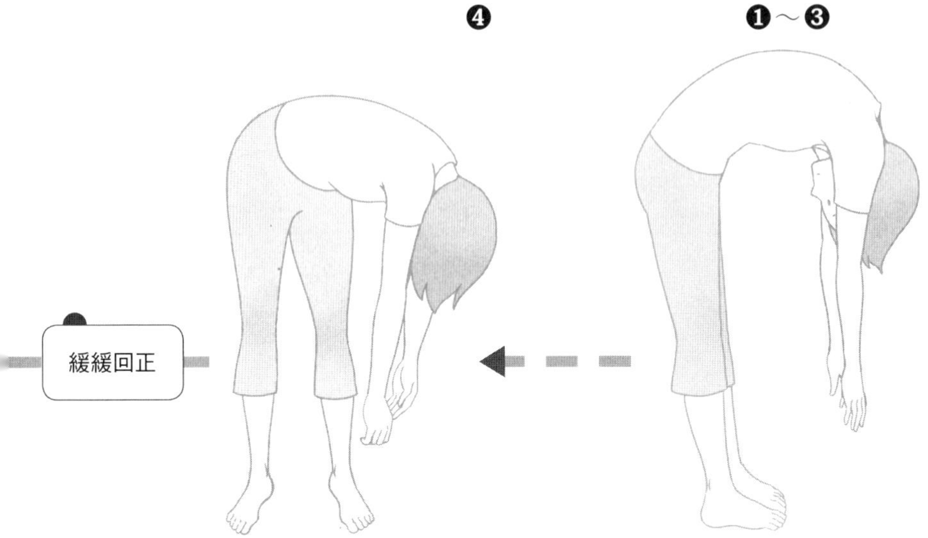

❶慢慢地讓頭往下低，覺察頸椎舒展開來的感覺。

❷緩緩地讓頸椎再繼續往下，胸椎跟著往下。整個上半身的脊椎像捲簾般，緩慢且帶著覺察地一節一節地向下彎。過程中，頭、脖子、手臂都不需要用力，順勢下沉。

❸整個上半身放鬆下彎，完全不需要在意手指頭是否碰到地面。領受在這個動作下，身體的感覺：也許是血液衝到頭部的感覺，也許是頭髮與臉部肌肉或眼鏡下墜的感覺，也許是雙腿後腳筋緊繃微疼的感覺，也許是內在對此不舒服有點對抗的感覺，也許是心裡很想彎得更下去的感覺……別忘了呼吸。

❹慢慢地，讓腰部帶動上半身往左轉。頭、脖子、手臂於是也跟著向左轉。

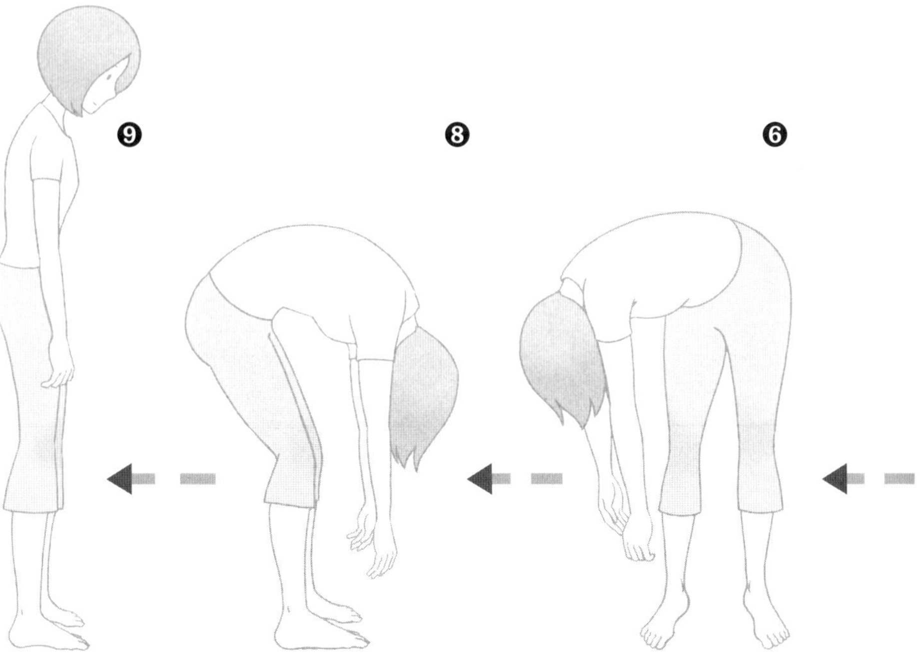

在這個姿勢停歇一下，覺察左腿後腳筋很緊，而右腿相對較鬆的感覺。

❺緩緩地讓腰回正，領受左腳筋從緊繃到逐漸舒緩的過程。

❻讓腰帶動上半身向右轉。領受整個身體動作的變化歷程與所引發的各種感覺。

❼緩緩地讓腰回正，領受右腳筋從緊繃到逐漸舒緩的過程。

❽膝蓋微微彎曲，帶著高度覺察，從腰部開始，慢慢地讓脊椎從下往上、一節一節地疊上來。過程中，頭、脖子、手臂依然放鬆下沉。注意力大量地放在脊椎回正歷程的變化。

❾脊椎慢慢回正，最後才是頸椎回正，整個身體回正。領受此時身體的感覺與呼吸。

4 上半身＆脊椎伸展 1

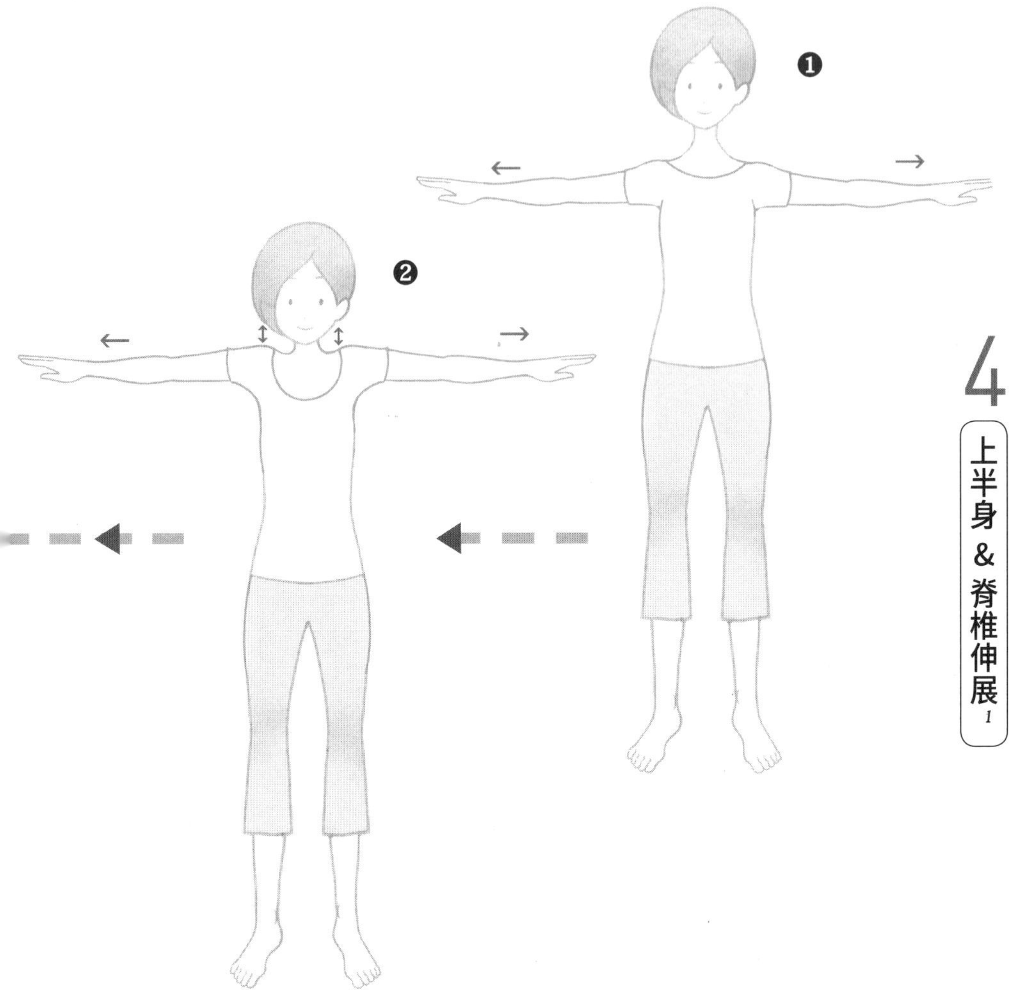

❶緩緩地讓手臂往左右兩邊打開，雙手成一直線。領受整條手臂左右延伸的感覺，觀察是否憋氣。

❷慢慢地讓肩膀聳高，覺察此時身體的感覺。

❸肩膀緩慢下放，但手臂沒有放下來。清楚領受肩膀與手臂的差別。

❹雙手手掌指尖緩緩朝上，指向天花板。手臂伸直但肌肉不需要緊繃。領受這個動作下手臂的痠、麻，也覺察肩膀可能動不動就要緊繃起來，並觀察是否憋氣了呢？

❺手掌慢慢放平，覺察過程中身體感覺的變化。

❻手臂緩緩放到身體兩側，領受緩慢放下的歷程。

❸～❹

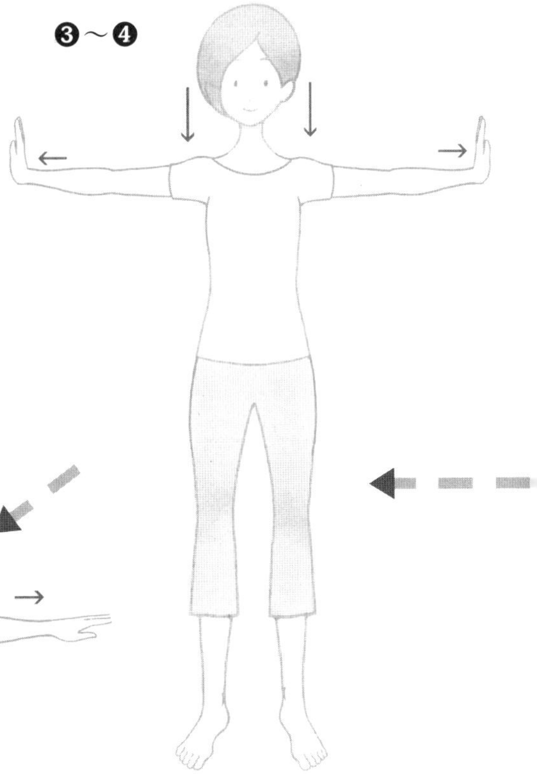

❺

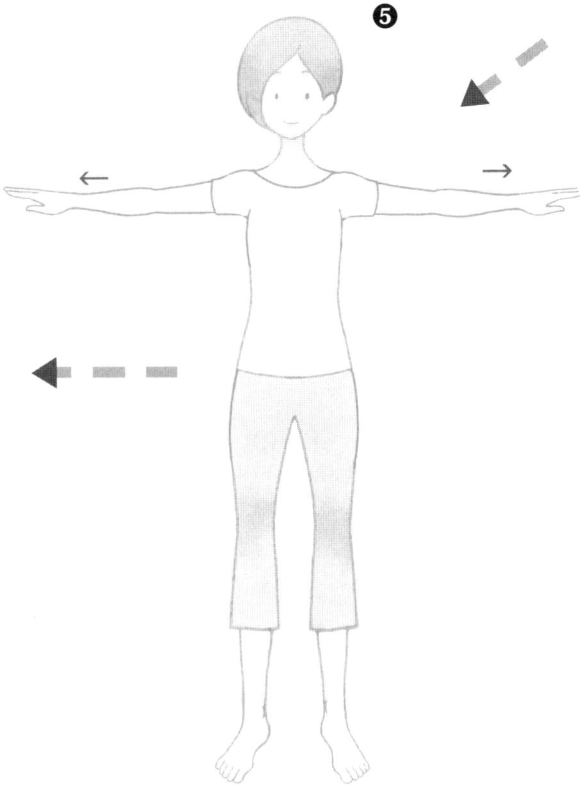

1 日常生活中，我們很少會覺察脊椎，但脊椎對身體健康的影響實在非常、非常大。脊椎不僅是整個身體的支撐，更含有連結到全身各個器官的神經叢，因此當脊椎的神經叢受到壓迫，可能導致的病症幾乎上百種。透過正念瑜伽的伸展，我們慢慢學習把覺察帶入身體時時刻刻的變化，聆聽身體的訊息，姿勢是否不良，身體自然就會告訴我們。

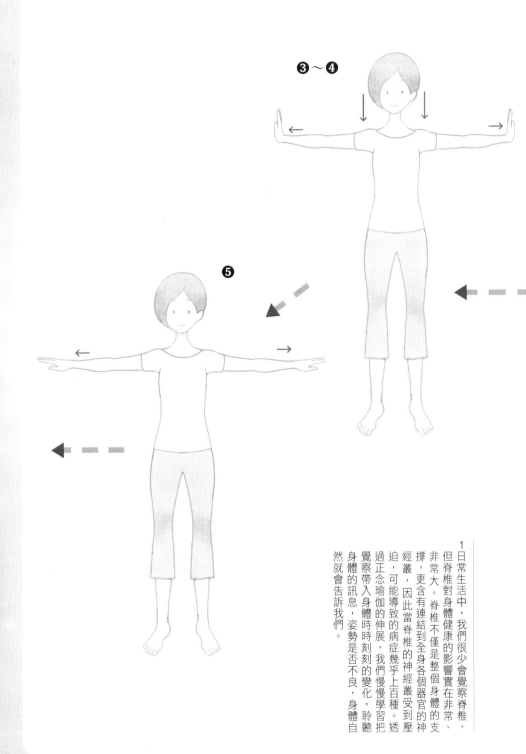

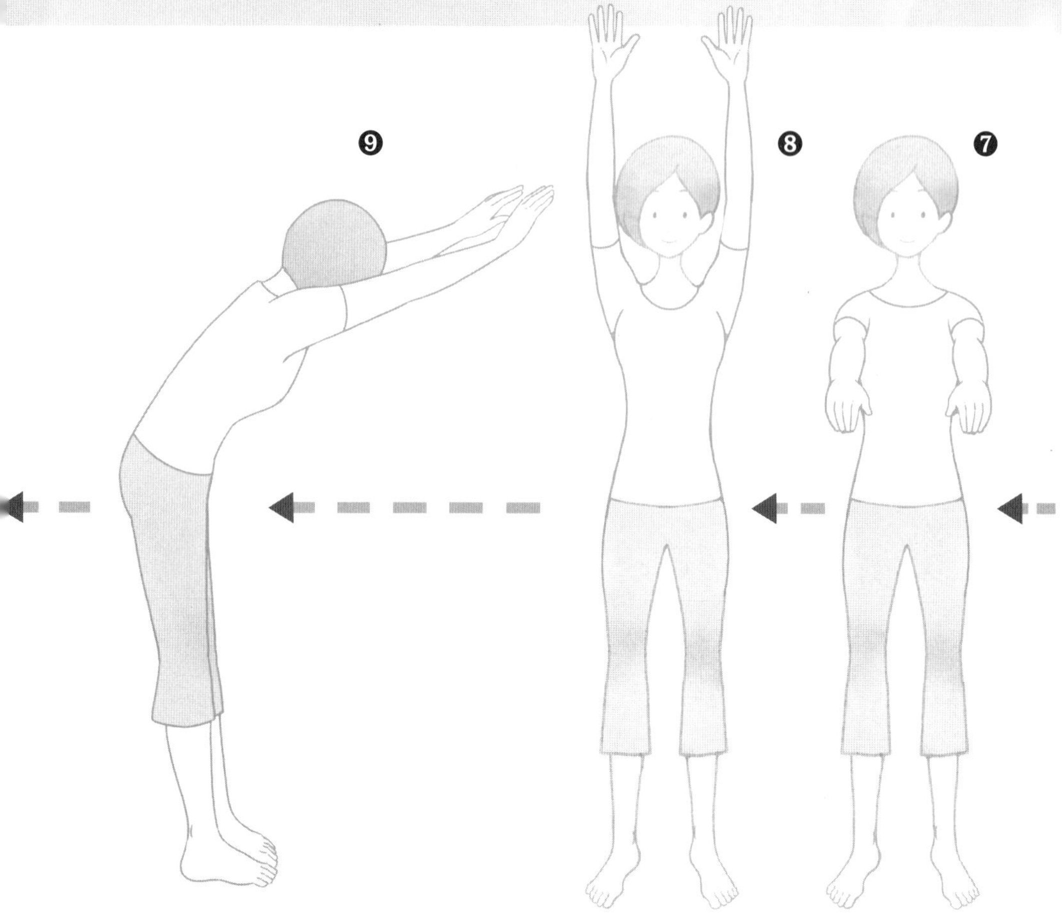

❼雙手慢慢往前平抬。

❽再慢慢往上直舉，直到指尖朝向天花板。領受胳肢窩舒展開來的感覺，或者手臂可能有點痠或麻的感覺。

❾可以的話背部打直，從腰部的脊椎開始緩慢地讓上半身往下對折。

❿無法再折時，手、脖子、頭，放鬆下沉。領受此時身體的感覺與呼吸。

⓫慢慢地讓左手輕輕握住左腳的任何一處，腳踝、小腿、膝蓋、大腿都可以。右手緩緩往前伸，再慢慢往上，到身體允許的程度。

⓬慢慢地讓右手放下來，左手鬆開，雙手再度放鬆下垂。覺察此時身體的感覺。

⓭相同的流程，左右手交換，重複步驟⓫～⓬。

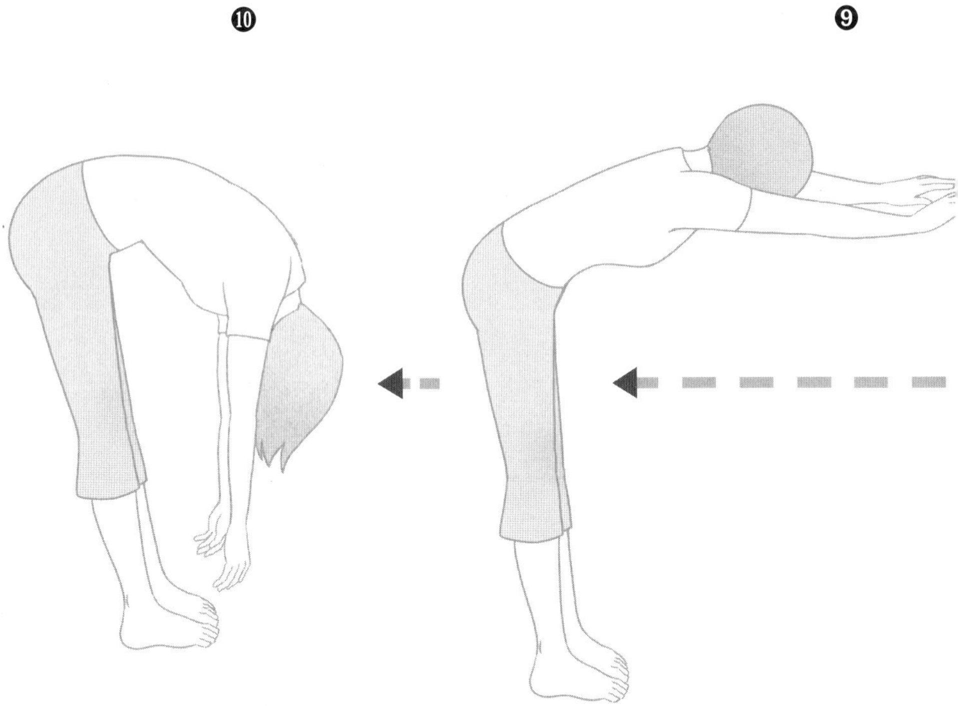

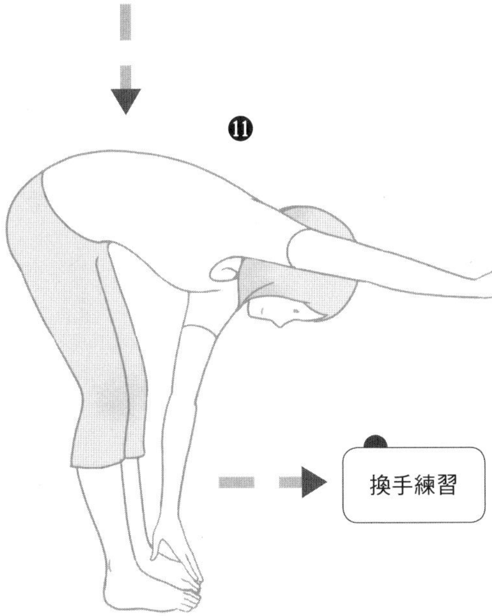

⓮慢慢地，膝蓋微彎，從腰部開始讓脊椎一節一節地疊上來，最後才是頸椎回正。領受身體緩慢起來的感覺。

⓯回正後，身體回復到一般站姿，覺察一下做完後的身體感覺與呼吸。

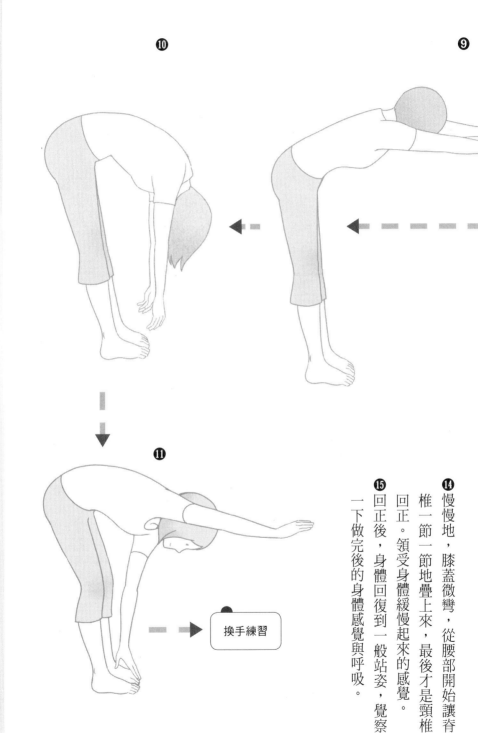

5 全身平衡伸展

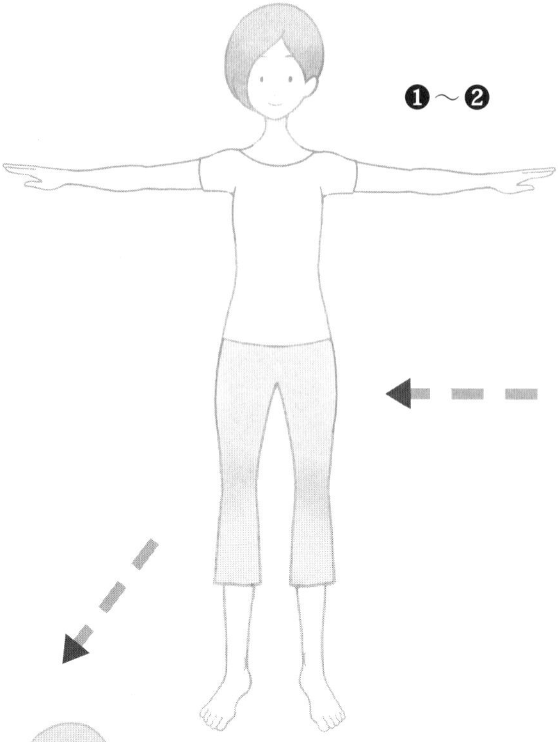

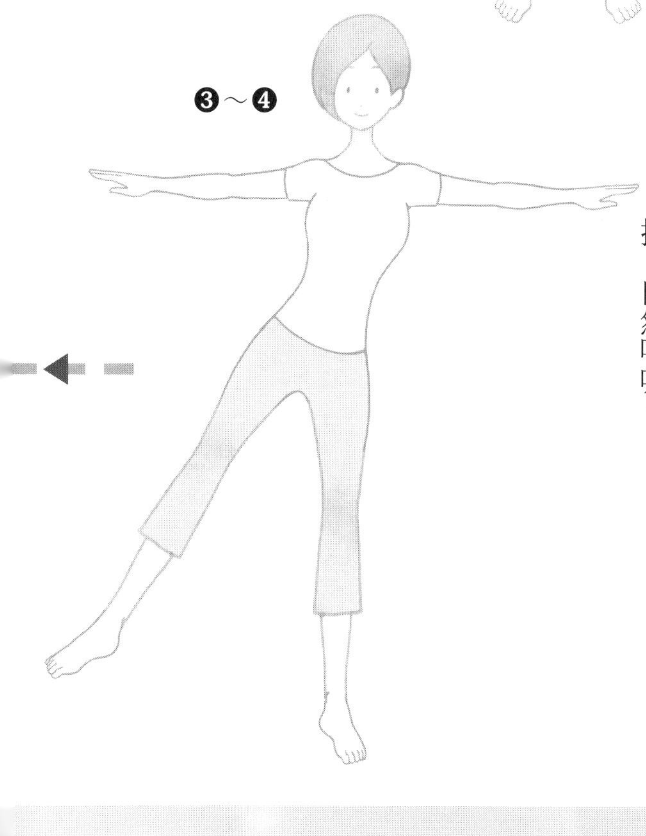

❶雙手慢慢地往左右兩邊打開成一直線，不聳肩。領受前胸、後背與手臂舒展開來的感覺。

❷眼睛注視著前方地板一個不會動的點。

❸慢慢地讓重心移轉到左邊，持續移動，直到右腳的腳丫子可以離開地板。

❹領受單腳站立的感覺：身體可能會有些晃動，肩膀如果不知覺地緊繃起來，讓它鬆掉，自然呼吸。

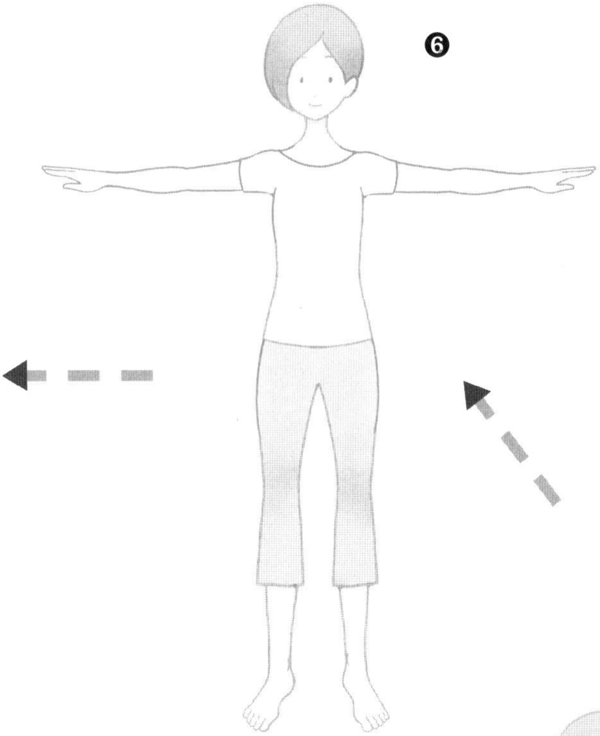

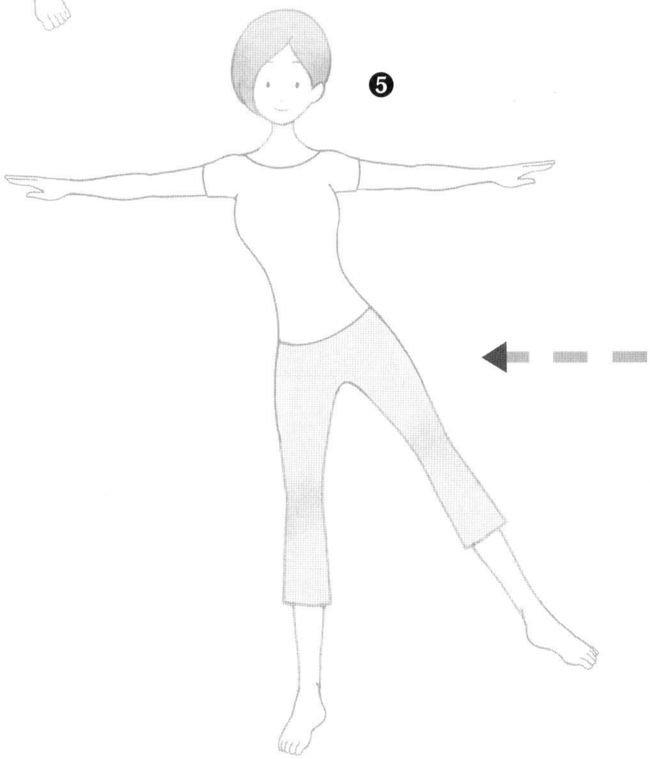

❺右腳著地，重心慢慢向右移轉，直到整個重心都在右腳，左腳腳丫子才輕輕離地。覺察重心整個由右腿承接的感覺。肩膀手臂不傾斜。

❻左腳著地，重心慢慢向左移轉。直到整個重心均勻地放在兩腳上。

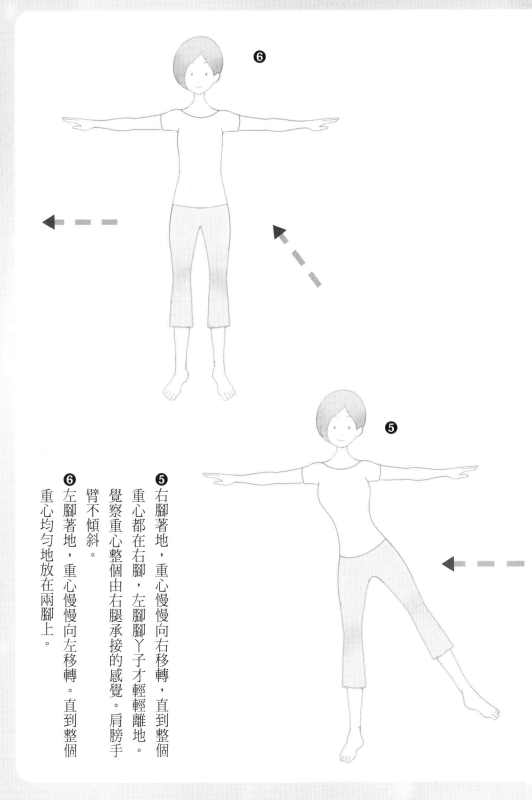

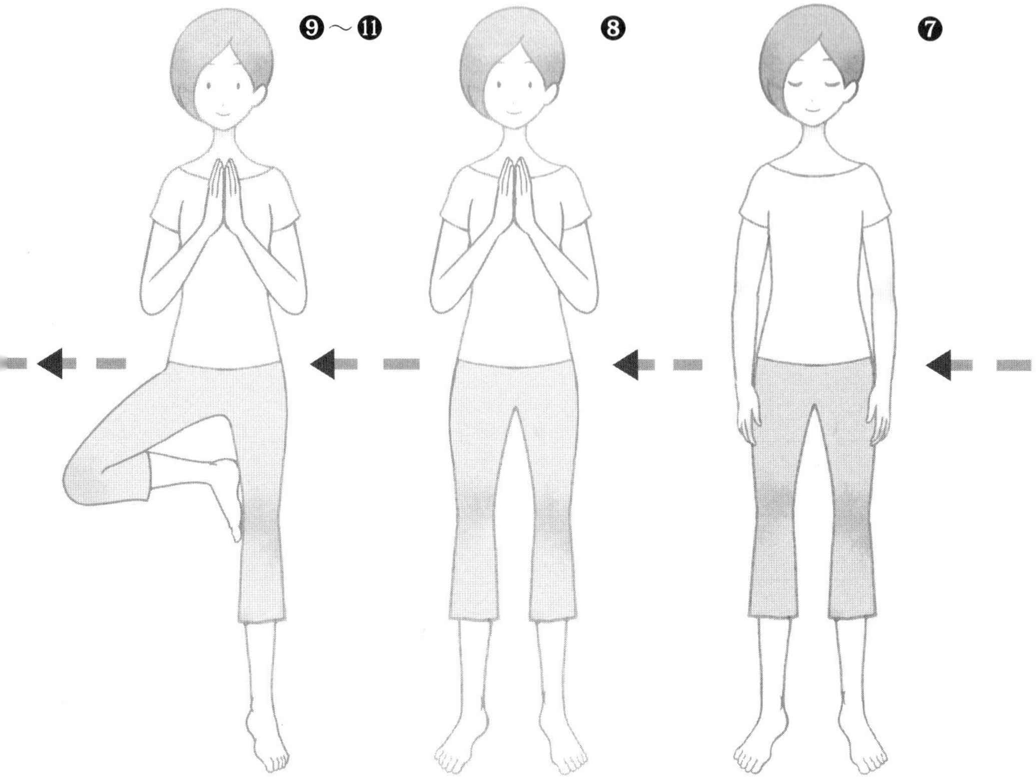

❼雙手慢慢放下，來到身體兩側。覺察此時身體的感覺與呼吸。

❽雙手慢慢地在胸前合十。

❾重心緩緩移到左腳，直到右腳可以鬆開，全身的重量交給左腳。

❿右腳的腳丫子放在左腳內側的任何一個覺得舒服的位置，腳踝、小腿、膝蓋、大腿都可以。

⓫眼睛注視著前方地板一個不會動的點，有助於維持平衡與穩定。不憋氣，自然呼吸。

⓬讓雙手緩緩向上伸展。領受身體為了保持平衡所做的努力。在這姿勢中歇息一下，領受身體與心裡的感覺。

⓭雙手慢慢放下來，回到身體兩側，右腳鬆開，右腳著地，重心慢慢移轉到雙腿。

⓬

⓭

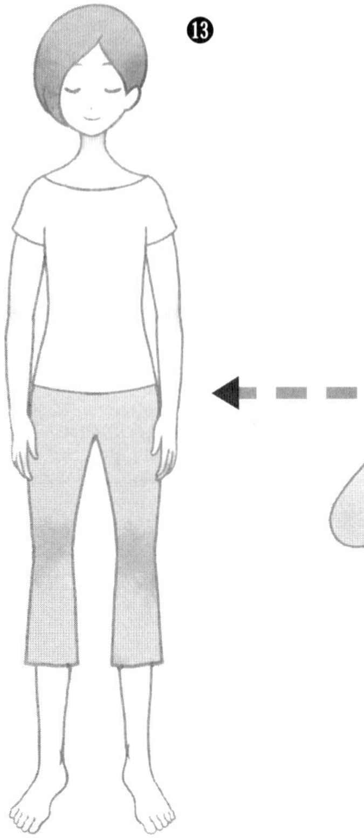

換腳練習

⓮相同的流程，換腳練習，重複步驟❽～⓭。

⓯身體回到一般站姿，領受做完這動作後的身體感覺與呼吸。

6 下半身＆髖關節伸展

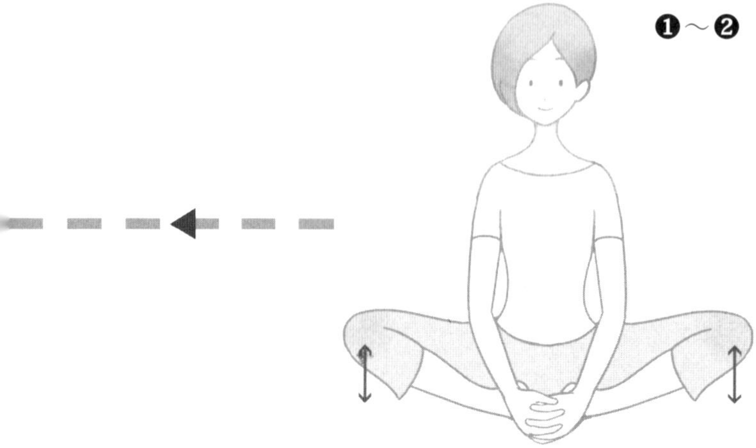

❶帶著覺察讓身體緩緩坐下，雙腳腳丫子相碰，雙手輕握腳丫子。領受臀部與地板的接觸。可以的話上半身挺直。

❷雙腿上下搖晃，彷彿蝴蝶拍動翅膀。覺察腿部搖動所帶來的感覺，例如大腿髖關節的舒展、腳丫子的相互碰觸、全身的晃動。

❸腿慢慢停下來，左腿向前伸直。右腳的腳丫子貼在左腿任何覺得舒服的位置，大腿、膝蓋、小腿、腳踝都好。雙手緩慢直直向上抬，直到指尖朝向天花板。腰挺直。

❹從腰部的脊椎開始，慢慢讓身體往下對折。到無法再折時，雙手輕輕握住左腳任何部位，腳踝、小腿、膝蓋、大腿都可以。頭、脖子放鬆下垂。覺察這個姿勢時身體的感覺。也許是左腳筋的緊繃，也許是背部的舒展，也可能是呼吸的起伏。

❺從腰部開始，讓脊椎慢慢由下往上地回正。雙手自然下沉，不須用力。

❻相同的流程，換腳練習，重複步驟❸～❺。

❼帶著覺察緩慢地躺下來。雙手放到身體兩側。雙腿打開。領受躺著的身體感覺。

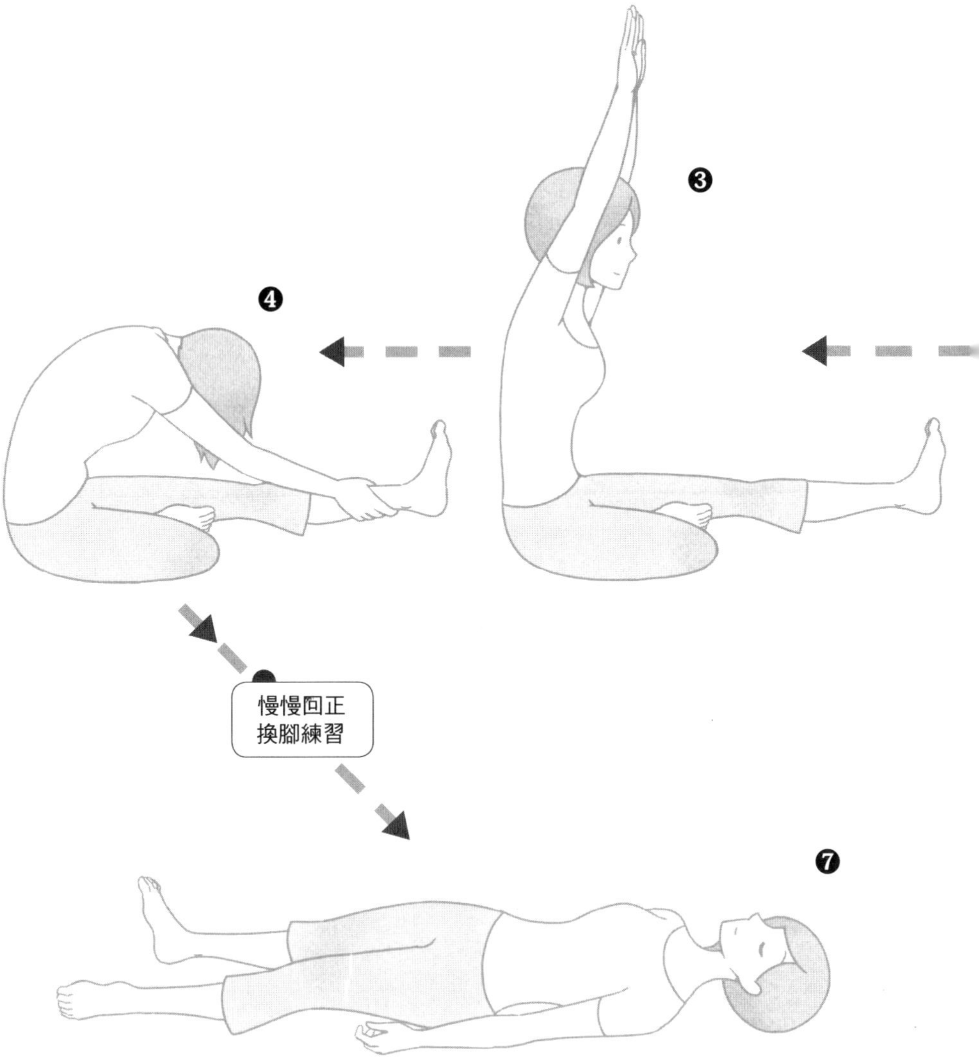
❸
❹
慢慢回正
換腳練習
❼

躺式正念瑜伽練習

躺式正念瑜伽的練習，請務必在瑜伽墊上，不能在床上，因為床的軟硬度不一，做瑜伽練習難以正確使力，反而容易受傷。木板床太硬，鋪上被子或毯子又怕滑，因此最安全的方式還是準備厚度至少〇・六公分的瑜伽墊。練習的過程中也不能躺在枕頭上，基本上是平躺在瑜伽墊上的。如同立式瑜伽，躺式正念瑜伽的練習主要在伸展筋骨促進健康，同時也增加對動態身體的覺察，促進身心合一。以下練習最大的特性是平衡與流暢，跟著練習可以享受身體的自在與靈活。當然，如果有些動作不適合您，請勿勉強，可以直接跳過這些姿勢。如果無法進行某些動作，可以聆聽音檔並在心裡觀想身體依序做這些練習，或是在覺察中嘗試緩慢溫和微幅的動作以探索自己。總之，聆聽身體的訊息，照顧好自己，是最重要的。

【練習音檔】掃描下面QR CODE後，點選「躺式正念瑜伽練習」。

【練習姿勢】躺著。

【練習時間】不拘，每個人有適合自己的練習時間。

《正念減壓自學全書》練習音檔

1 身體伸展

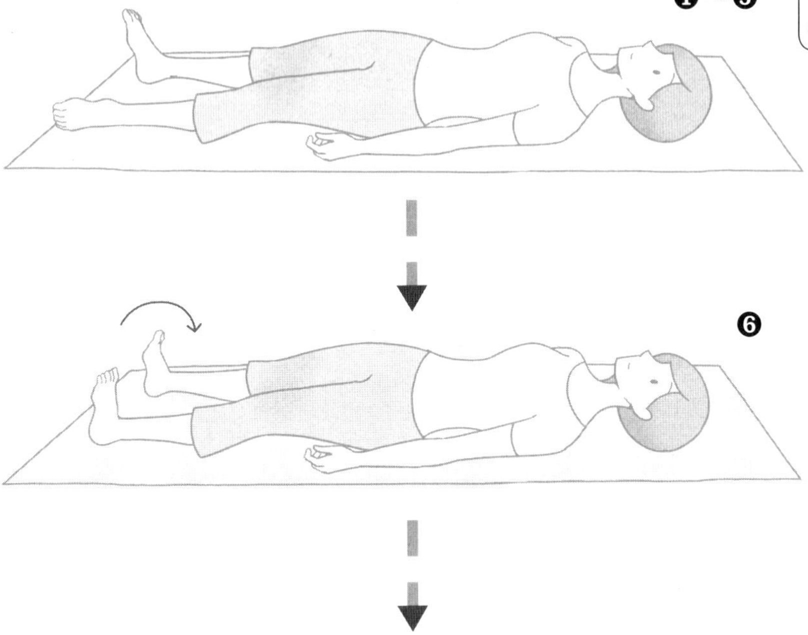

❶慢慢平躺在瑜伽墊上，雙腿打開，雙手放在身體兩側。

❷領受整個身體被瑜伽墊與地板承接的感覺。

❸覺察身體跟瑜伽墊有接觸部位的觸感，例如腳跟、小腿肚、大腿、臀部、上背部、後腦勺、手臂、手掌。領受每個部位的觸感與溫度的感覺，都不一樣。

❹覺察身體跟瑜伽墊沒有接觸部位的觸感，例如身體跟衣服接觸的觸感，或者身體和空氣接觸的觸感或溫度。

❺領受身體裡的呼吸。覺察身體平躺的感覺。

❻慢慢地讓腳丫子的十根腳趾頭往頭的方向拉緊。領受腳跟往下蹬，小腿緊繃的感覺。觀察是否憋氣。

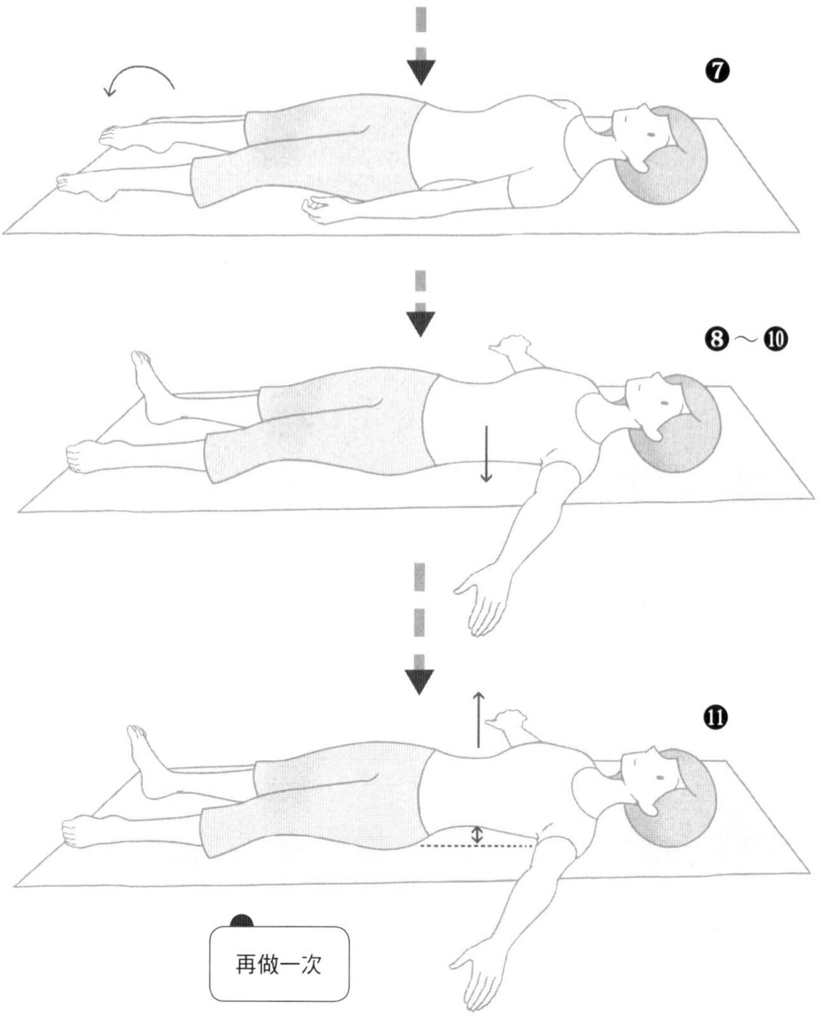

❼腳丫子緩緩地放鬆回正，再讓腳丫子慢慢往前往下壓。領受過程中身體感覺的變化。

❽腳丫子慢慢回正。領受簡單伸展腳踝後的身體感覺。

❾慢慢將雙手打開成一直線，覺察腰部跟瑜伽墊之間的空隙。

❿慢慢地腹部往下壓，此空隙被填滿。覺察腹部的用力。領受臀部與肩膀跟著內縮的感覺。觀察是否憋氣。

⓫腹部放鬆回正。後腰的空隙再度出現。領受過程中身體的變化。

⓬可以的話再做一次。

⓭雙手回到身體兩側，領受此時身體的感覺與呼吸。

2 左右扭轉身體伸展

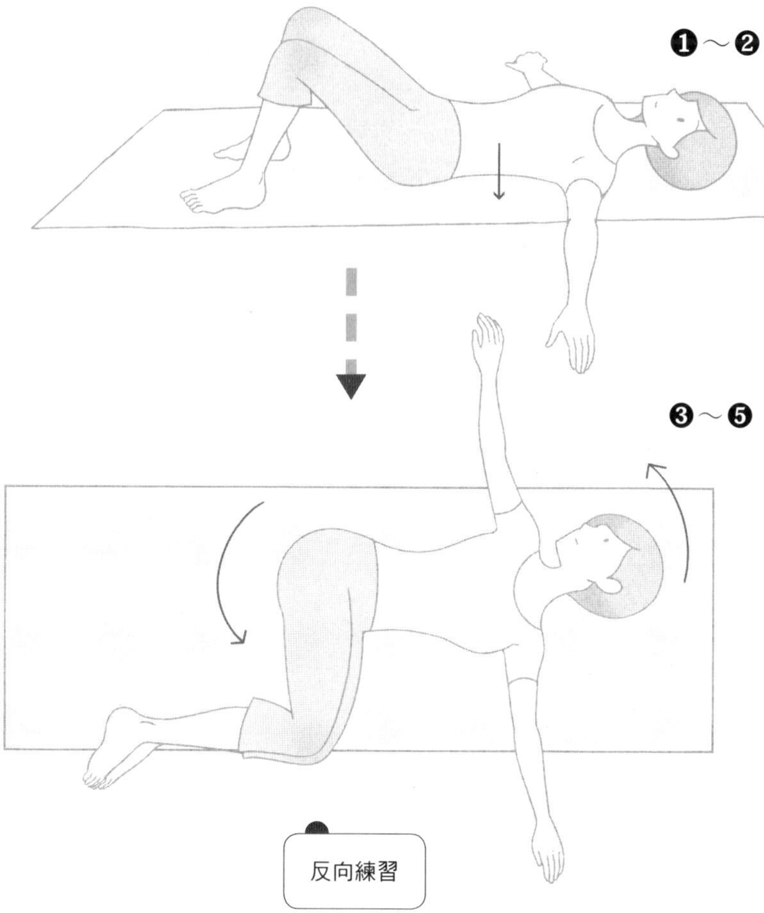

❶雙手往左右兩邊打開，成一直線。領受前胸與後背整個開闊的感覺。

❷雙腿彎曲，腳丫子貼地。覺察後腰更貼近瑜伽墊。

❸雙腿緩緩往左邊倒下，到自己身體當下可以的程度。

❹頭慢慢地轉向右邊，視線朝著右手的指尖。領受頭在轉動的過程中，身體的感覺與聲音。

❺覺察身體大幅扭轉的感覺。

❻慢慢地帶著覺察讓雙腿與頭部回正。

❼同樣的流程，反方向練習，重複步驟❸～❻。

❽回正後雙腿伸直，雙手回到身體兩側，暫歇一下，領受做完此伸展後的感覺與呼吸。

3 滾壓脊椎伸展

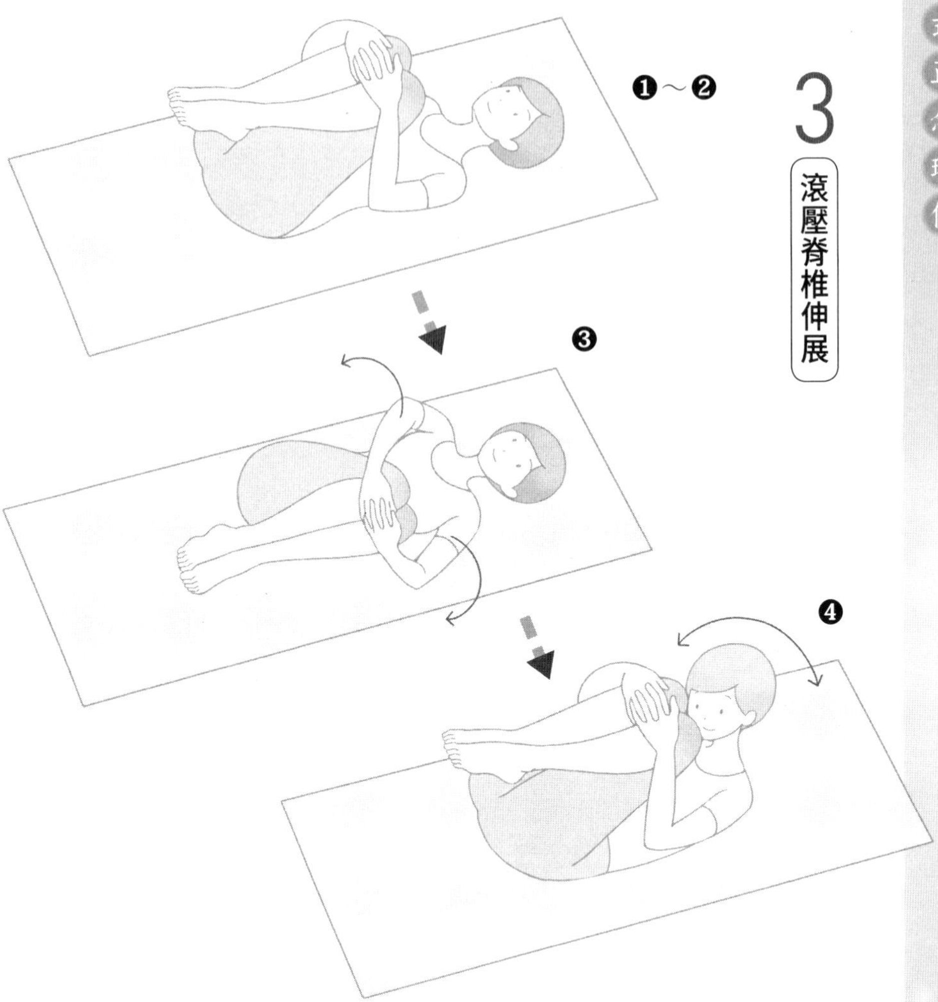

❶緩緩地讓雙腿彎曲，腳丫子離地，讓腿靠近身體。

❷雙手抱住小腿或膝蓋的外側。領受整個身體蜷縮在一塊兒的感覺：小腿與大腿緊貼著，大腿與軀幹緊貼著，背部和瑜伽墊接觸的觸感等。

❸讓全身左右搖擺。領受脊椎以及兩側肌肉被自己重量按壓的感覺。

❹慢慢停下來。試試前後滾動。覺察滾動過程中，身體的力道以及脊椎被按壓的部位與感覺。自然呼吸，不憋氣。

❺慢慢地讓雙手鬆開來到身體兩側。雙腿緩緩往前伸直，慢慢放到地板上。領受雙腿下放過程的感覺。

❻稍微停留一下，覺察做完這伸展後的身體感覺與呼吸。

4 抬腿轉腳踝伸展

❶

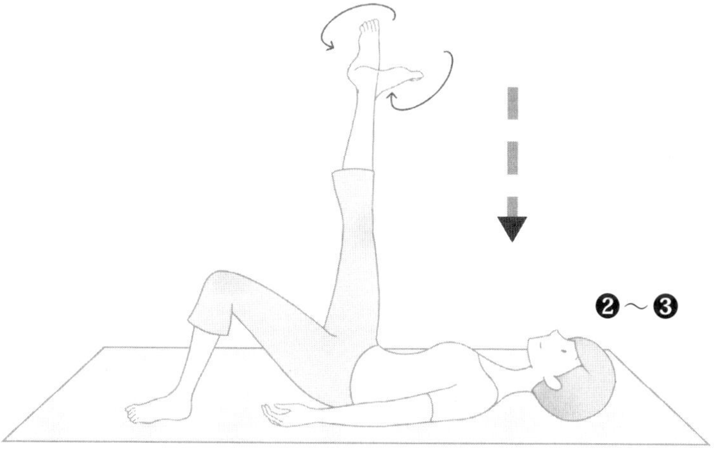

❷～❸

換腿練習

❶彎曲左腿，腳丫子貼地，緩緩地把右腿抬起來，抬多高由當下的身體決定，不是由意志力決定，也不是基於過去的經驗。覺察右腿上抬的感受。

❷慢慢地旋轉右腳腳踝，速度慢，幅度深。領受腳踝轉到每個角度時所帶出的身體感覺。

❸稍微停一下，反向旋轉腳踝。

❹左腿伸直，右腿慢慢放下，領受腿下放的過程。不憋氣。覺察腿降落到地板時的舒暢感。

❺覺察此時身體的感覺，尤其是左右腿的差異。

❻相同的流程，換腿練習，重複步驟❶～❺。

❼做完後，不急著做下一個動作，稍微停留一下，覺察當下身體的感覺與呼吸。

5 脊椎拉長伸展

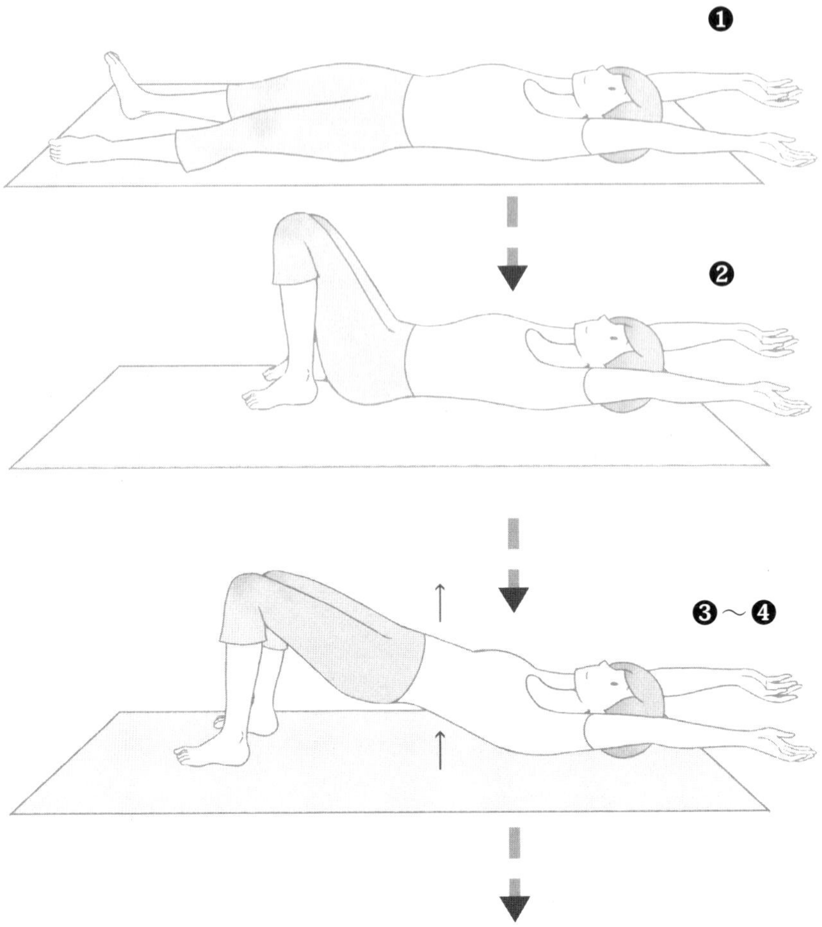

❶慢慢地讓雙手往上舉，再往後伸展，直到放至頭上方的地板。領受此時整個身體伸直拉長的感覺。

❷膝蓋彎曲，腳丫子貼地，盡量讓腳跟靠近臀部。覺察大腿與小腿緊貼著。領受背部整個貼在瑜伽墊上的感覺。

❸藉由腹部的力量，讓腰往上抬，離開瑜伽墊。可以的話持續向上，到身體當下可以做到的程度。

❹覺察脊椎大幅伸展的感覺。領受臀部與腿部的緊繃，領受腳丫子緊緊地踩在墊子上。自然呼吸，不憋氣。過程中，肩膀與手臂放鬆不需要繃緊。

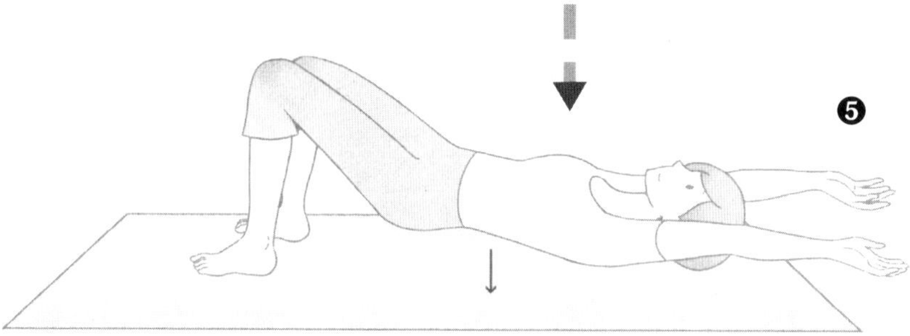

❺

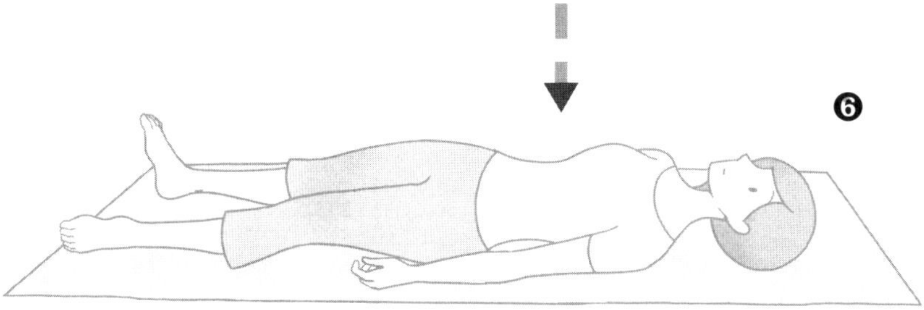

❻

❺讓脊椎從上往下慢慢一節一節地貼回瑜伽墊上。清楚領受脊椎逐步下放的過程。

❻雙腿慢慢向前伸直，雙手緩緩回到身體兩側。稍微停一下，領受完成此動作後的身體感覺與呼吸。

6 左右曲腿伸展

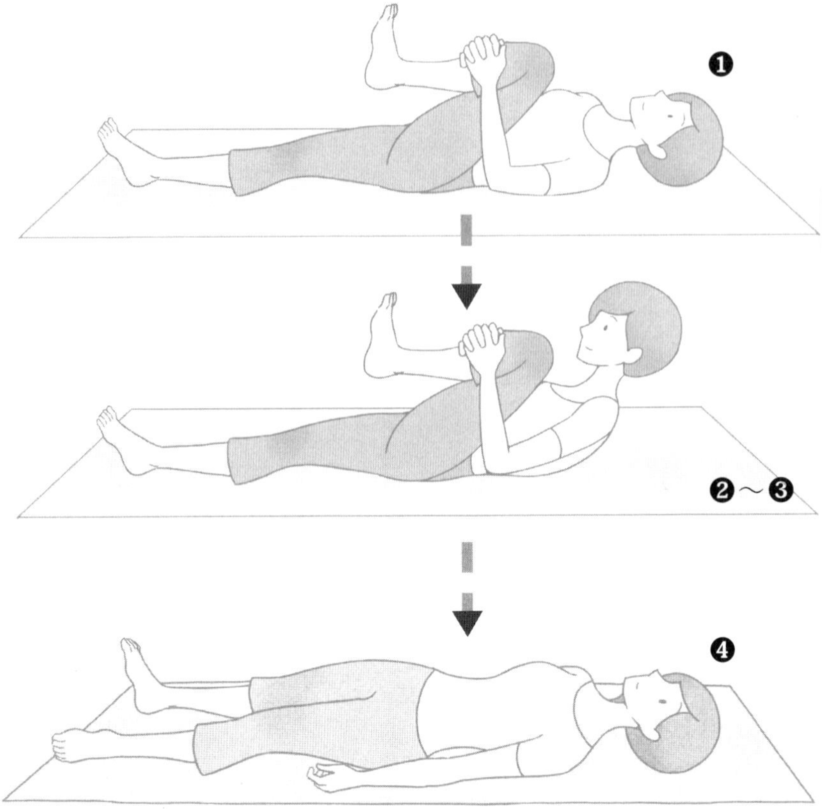

換腿練習

❶慢慢地彎曲左腿，左手輕輕抱住左小腿外側。領受這時左半邊身體的緊縮，右半邊身體的放鬆。

❷藉由腰部的力量，把上半身帶離瑜伽墊，頭往膝蓋的方向靠近。不需要勉強自己的頭要碰到膝蓋，能做到多少算多少。覺察這時身體的感覺。自然呼吸不憋氣。

❸觀察右腿會不會很緊繃？會不會已經離開地面浮起來？如果會，右腿就太用力了。此時右腿是不需要用力的。

❹頭慢慢地下來。雙手鬆開來到身體兩側。左腿往前伸直，放到瑜伽墊上。領受此時身體的感覺。

❺相同的流程，帶著覺察換腿練習，重複步驟❶～❹。

❻完成後，稍微歇息一下，領受當下身體的感覺與呼吸。

7 側身左右抬腿伸展

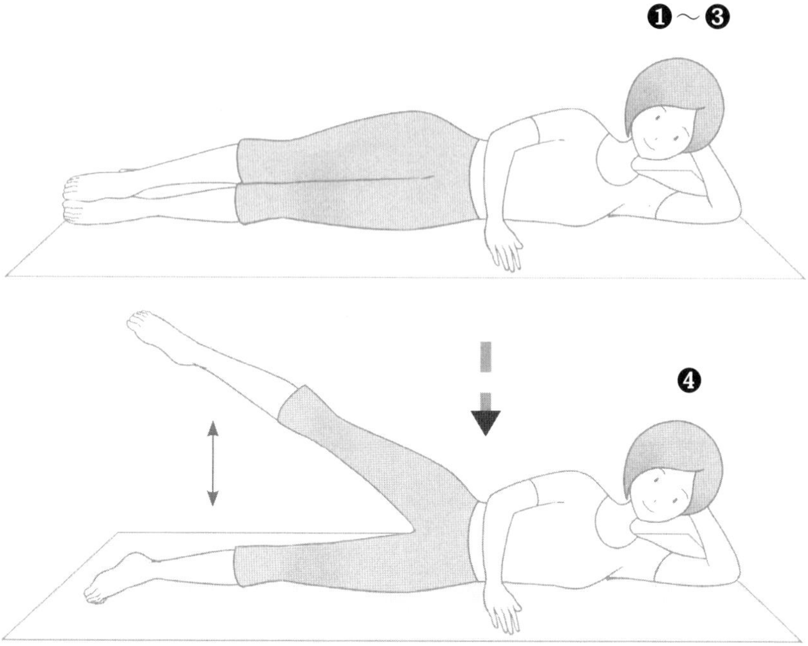

換邊側躺
換腿練習

❶帶著覺察慢慢地讓身體往左邊側躺，左手臂彎曲，左手掌撐著頭，左胳膊與身體成一直線，不向前傾。身體成一直線，膝蓋不彎曲。

❷領受左半邊身體和瑜伽墊接觸的觸感，以及整個身體的重量壓在左側身的感覺。平常我們不太會覺察側邊身體的感覺。

❸右手不費力地放在身體前方的地面，協助維持平衡。

❹慢慢地把右腿筆直地抬到當下身體可以做到的高度。領受這時的身體感覺：也許右腿開始痠，也許不需要使力的左腿不知不覺地緊繃了，也許呼吸變得急促。觀察是否有任何想法或情緒升起。稍微停留一下。

❺緩緩地降落右腿，疊放在左腿上。覺察身體的感受與呼吸。

❻帶著覺察讓身體回正，往右邊側躺。相同的流程，換腿練習，重複步驟❶～❺。

8 大幅度脊椎伸展

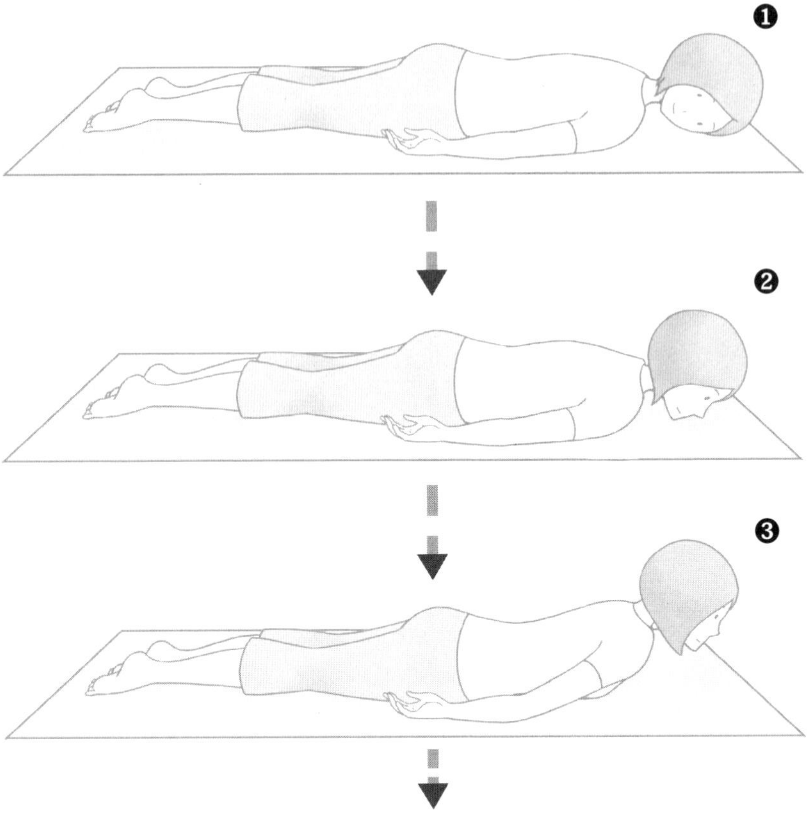

❶帶著覺察讓身體趴下，一邊的臉頰貼地，領受趴著時身體的感覺。也許成人後，我們就很少趴著了。覺察身體跟瑜伽墊接觸的部位：臉頰、胸部、腹部、手臂、大腿、膝蓋、腳丫子的腳面，這些都是平躺時不會有的感覺。領受趴著時身體的呼吸，氣息的起伏會相當明顯。

❷慢慢地讓頭回正，下巴貼地。領受牙齒緊咬的感覺，覺察頭的重量沉甸甸地壓著下巴的感覺。

❸緩緩地讓頭抬起來，離開瑜伽墊。覺察此時身體的感覺。自然呼吸。

❹慢慢地讓頭放下，換另一邊的臉頰貼地。

❺頭慢慢回正，下巴貼地。慢慢地讓雙腿筆直地上抬，離開瑜伽墊，膝蓋不彎曲。

❻再讓頭也跟著抬起來，離開瑜伽墊。領受此時身體的感覺，以及身體裡的呼吸。

❼頭慢慢地放下來，另一邊的臉頰貼地。腿

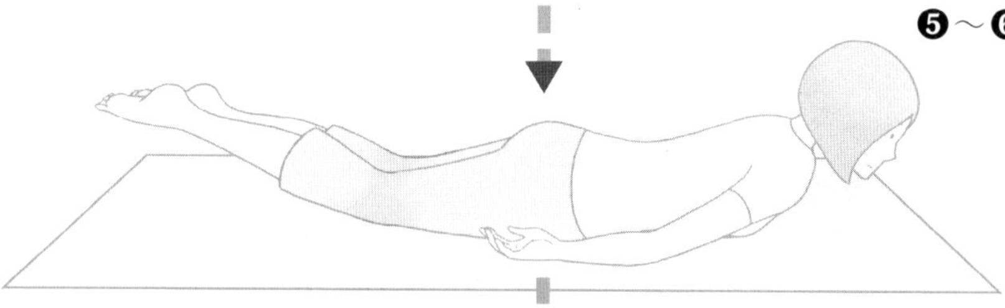

❺～❻

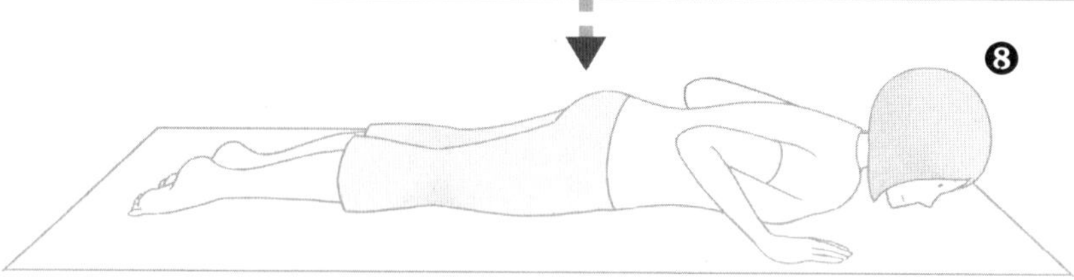

❽

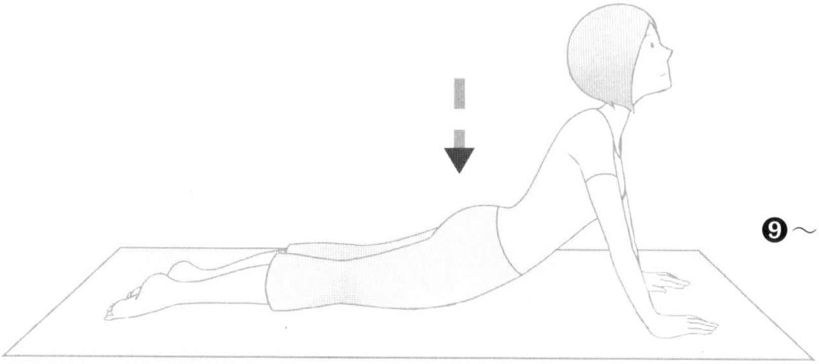

❾～❿

也緩緩地降落地面。覺察此時身體的感覺與呼吸。

❽頭慢慢回正，下巴貼地。慢慢地讓雙手的手掌心緊緊貼在肩膀兩側的瑜伽墊上，藉由雙手往下壓的力道，讓上半身從頭部、胸部、腹部緩緩升起。

❾可以的話，手臂漸漸伸直，不聳肩。手臂伸多直、上半身抬多高，請交由當下的身體決定。如果覺得太吃力，千萬不需要勉強，帶著覺察溫柔漸進地探索，才能適度挑戰又不讓自己陷入危險。

❿可以的話，頭慢慢往上抬。領受脊椎大幅伸展的感覺以及手臂的支撐。觀察有沒有憋氣，是否過於勉強。

⓫慢慢地讓手肘彎曲，領受上半身從腹部、胸部、頭緩緩觸地的感覺。另一邊臉頰貼地。雙手放回身體兩側，掌心朝上。

⓬覺察做完大幅伸展後身體的感覺與呼吸。

9 拱背沉腰伸展

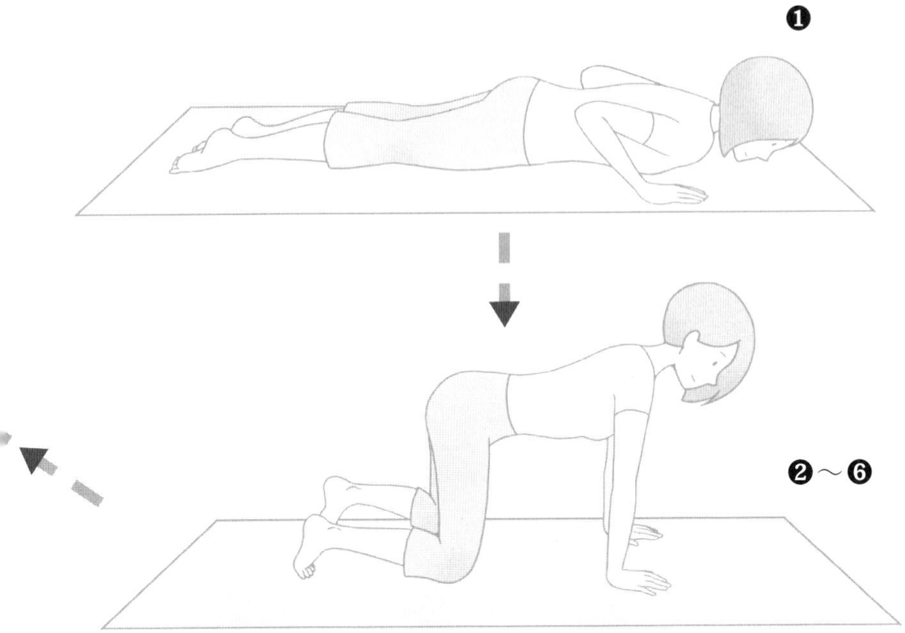

❶慢慢地讓雙手手掌心貼在肩膀兩側。

❷緩緩地讓上半身以及大腿離開瑜伽墊，膝蓋貼地。身體呈現如桌子般的姿勢。頭不往下墜，頭的高度跟身軀差不多一致。

❸雙手與肩膀同寬，手臂與地板成90度角，手臂與身軀也約莫成90度角。

❹貼地的膝蓋與肩膀等寬。大腿與小腿成90度角，大腿與身軀成90度角。

❺覺察重心，讓重心均勻地放在兩手掌與兩膝蓋這四個點上，既不太前也不太後，太前面，手腕很吃力，太後面，膝蓋受力多。

❻覺察一下，如果手腕很不舒服的話，手可以改握拳支撐。現在許多人每天使用電腦太久，手腕的支撐力需要多加入覺察，以免受傷。

❼慢慢地讓背部往上拱，頭與臀部內縮下沉。領受脊椎大幅彎曲的感覺。

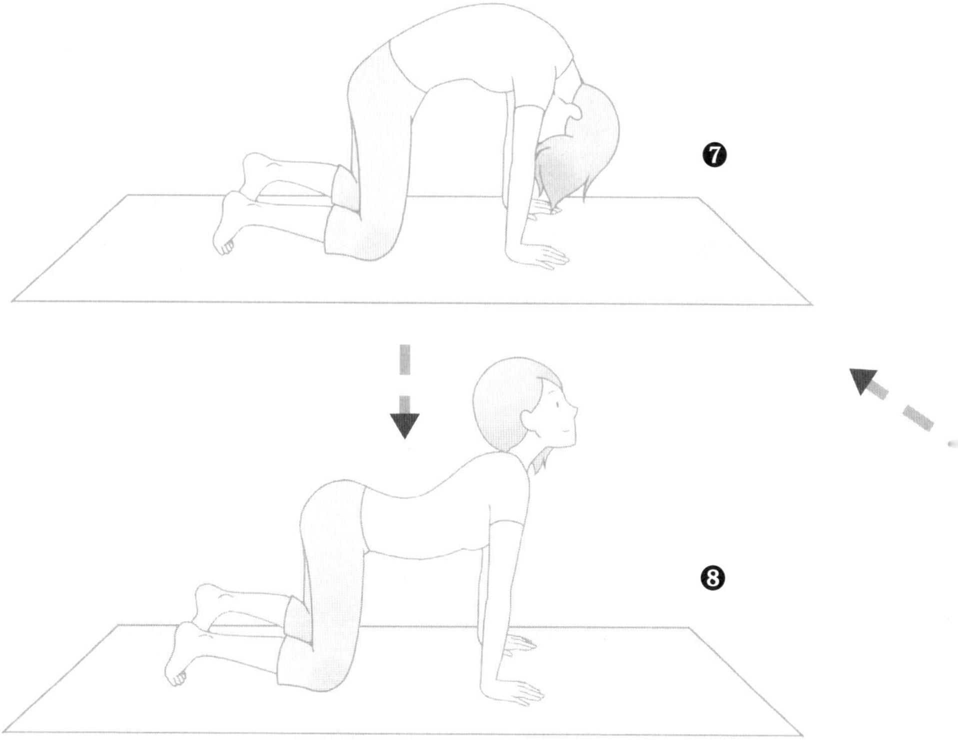

重複
多做幾次

❽背緩緩地放平，腰下沉，頭與臀部上提，視線朝向前上方的天花板。覺察脊椎相反方向大幅伸展的感覺。一樣要留心身體當下可以做到的程度，負起照顧自己身體的責任。

❾如果可以的話，多做幾次。

在日常生活中，即便在不需要用力或者根本施不上力的地方，我們經常會慣性地使力。在能量有限的前提下，如此揮霍很容易就耗盡力氣，在真正需要用力的時候，反而沒力了。透過躺式正念瑜伽的伸展，我們更容易覺察與體會身體哪些地方需要使勁，哪些地方可以保持放鬆不用力。經常練習，就可以將這樣的精神與態度慢慢引用到日常生活，在覺察中把力氣與能量用到當下最需要的地方。

10 左右平衡伸展

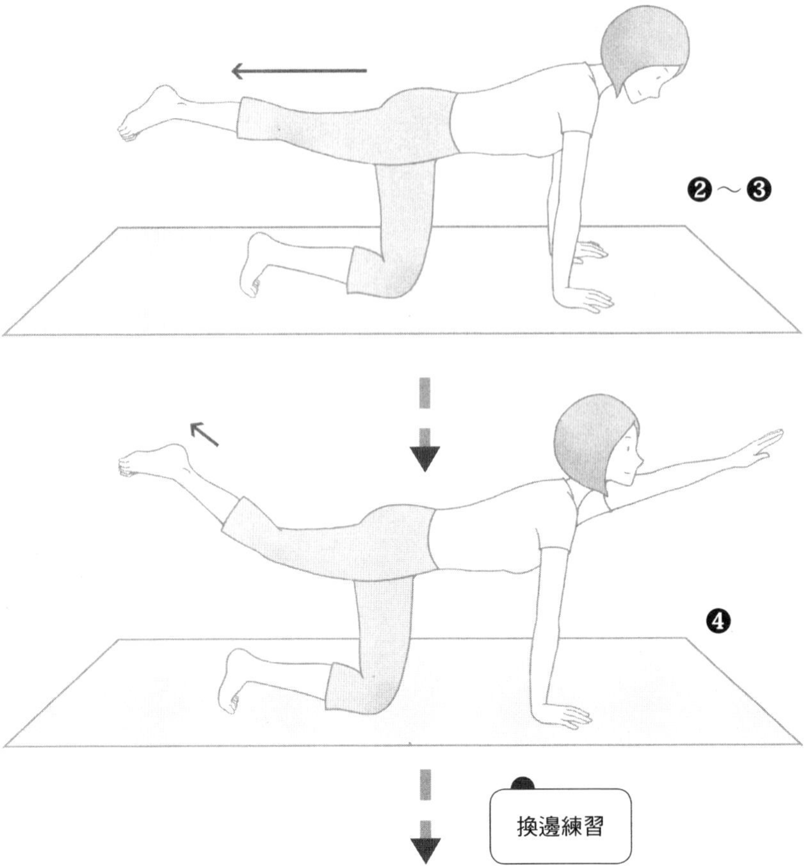

❶承接上一個動作，如果前一個姿勢的手是握拳的話，現在必須改由手掌心緊緊貼地。若前個姿勢即是手掌緊貼瑜伽墊，就無需調整。

❷再度檢視身體的重心，讓重心均勻地放在四個點上：雙手手掌與兩腳膝蓋。

❸慢慢地重心往左移，讓右腳膝蓋離地，右腿往後伸直，抬高到跟身體差不多高度即可。

❹重心再緩緩向右移，左手鬆開，慢慢向前、向上伸直，視線看著左手指尖。覺察這時身體的感覺：可能為了維持平衡會有點晃動，可能不知不覺中憋氣了。

❺左手慢慢收回，掌心著地，重心移轉到三個點。

❻右腿緩緩收回，膝蓋著地，重心均勻回到四個點上。領受此時身體的感覺與呼吸。

❼相同的流程，帶著覺察，慢慢換邊練習，重複步驟❸～❻。

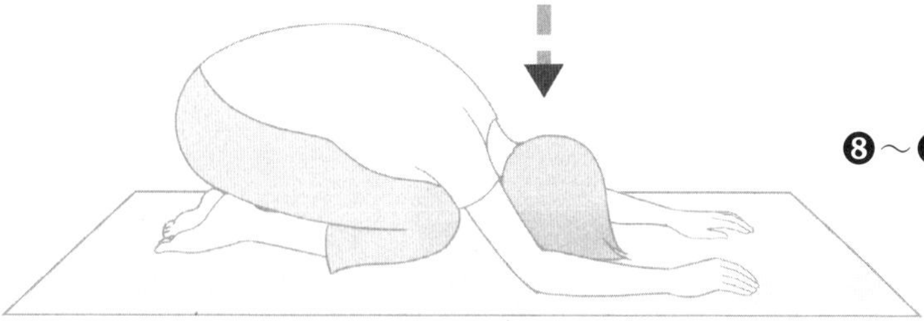

❽～❾

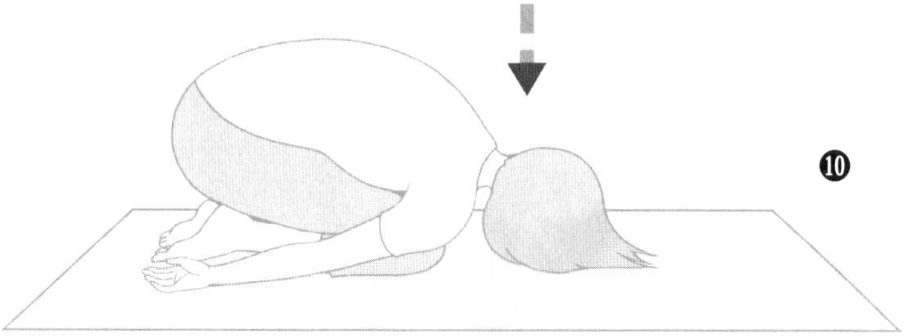

❿

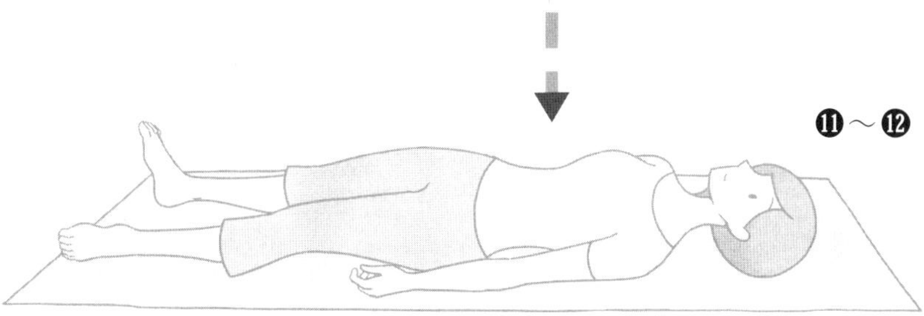

⓫～⓬

❽承接上一個動作，讓臀部緩緩坐下，坐到後腳跟。

❾整個上半身放鬆下沉。雙手在身體前側伸展。領受這時身體的感覺。氣息進出的起伏會格外顯著。停留一下下。

❿雙手慢慢回到身體兩側，掌心朝上。覺察整個身體像嬰兒般蜷曲鬆沉的感覺。

⓫最後，帶著覺察，仔細領受身體每個部位的變化，慢慢地讓身體整個展開，平躺在瑜伽墊上，雙腳打開，手放在身體兩側。

⓬領受做完躺式正念瑜伽伸展後的感覺，身體的感覺，心裡的感覺或想法，覺察身體裡的呼吸。

⓭稍微休息一下，請留心別受寒。慢慢地再帶著覺察側躺，起身。

正念瑜珈的練習是溫和且友善的，姿勢是否到位並不那麼重要，反而著重在歷程的覺察，並關注自己身體當下的感覺與動作的歷程，在安全下探索與發現自己。有趣的是，動作做到什麼程度的參照，不再是以老師為模範，所以不需要看到老師，只聽聲音就好了（因此帶領者能精準地描繪動作與覺察要點格外重要）。過程中不需要追求任何外在的目標，全是內在的覺察與探索。

在覺察中，我們知道自己現在是在安全區、在挑戰區，還是已經進入危險區。沒有覺察，只是一味的模仿老師或覺得「應該」如何如何，這些都是把自己的身體交給別人，希望別人為自己的身體負責。老實說，這是滿不切實際的做法，雖然很多人如此。畢竟我們總是習慣相信專家或權威大於自己，慣於聆聽想法遠多於感受身體，而這也是運動傷害的重要起因。

因此，溫柔地把照顧自己的權利，還給自己吧。帶著覺察練習，自己可以做到什麼程度，當下身體回饋系統會如實告知，學習聆聽身體的聲音，學習在該使力處使力，為自己的健康負起責任，才是安全又實際的做法。

05

從蒲團墊到日常生活的修練

層層開展的靜坐練習

正念減壓中的靜坐練習相當友善而且完全沒有任何宗教意涵，所謂的「靜坐」就只是安靜地坐著，然後開始練習覺察[2]。覺察的對象都是自己的身體裡面本來就有的，我們只是練習從不知不覺到有知有覺。持續練習，可以學習如何安然與自己同在，尤其是在身體或心裡不舒服時。

正念靜坐訓練溫柔穩住自己的能力，過程中完全沒涉及任何的崇拜或想像，是安全、可靠、穩當又不神祕的練習。正念減壓課程中的完整靜坐練習（第五堂課），在四十五分鐘的音檔裡有五個覺察對象，分別為：

(1)覺察呼吸；

(2)覺察整個身體；

(3)覺察聲音；

2 近二十多年來的科學研究顯示，靜坐對身心的幫助很大，是一輩子可以從事的自主練習，讓每個人得以內求獲得身心的平安與和諧，而不必汲汲營營地外求。話說回來，在教育現場，有些老師會以「去靜坐」來懲罰小孩，這在不知不覺中會讓孩子對靜坐有不好的連結與制約，反而可能斷了孩子的潛力。因此，個人懇求有這類習慣的老師改個用詞，例如「去教室後面坐著好好反省」，這應該才是老師們的原意。靜坐，練習得宜，是一種身心連結與合一的溫柔訓練，請千萬不要跟懲罰綁在一塊兒。

(4)覺察念頭；

(5)開放的覺察，又稱無選擇或無揀擇的覺察。

需說明的是，在正念減壓課程裡，靜坐是從第一堂課就開始溫和短時間的練習，慢慢拉長時間與覺察幅度，而不是一到第五堂課就全部一次到位，那會吃不消的。在下面的文章中，我將逐一個別分享這五項練習的方法，因為每一項練習真的都很重要也很有幫助，而這些練習是可以整合也可以分別或交錯進行的。

覺察可練習專注力

第一項的呼吸覺察靜坐，是練習專注力很好的方法，許多人以為只有讀書時期需要專注力，因此我們經常告誡小孩讀書要專心。但在這個智慧型手機盛行的年代，成年人的專注力可能比就學中的孩子差，但我們可能不願意承認與面對這點。專注力缺失不但影響到學習能力與工作成就，甚至影響到情緒調節能力。著名的情緒智商（EQ或EI）的開創者之一丹尼爾．高曼（Daniel Goleman）指出情緒智商包含四個層面：自我覺察、自我管理、人際覺察、人際技能，每一個層面都需要有專注力做支撐。專注力，這個我們曾經視為理所當然的能力，正快速嚴重流失中，流失於各種社群媒體、線上遊戲與無邊無際的網路搜尋。

我家有個不成文的默契，家人團聚或一起吃飯時，除非一時需要查某個資訊或必要性使用，否則是不用手機的。即便用，也是用完就收起來。專注，是在此時、此地、此人、此景、此物。活生生的人在面前，不跟他好好互動，看著自己的手機，盡跟彼人、彼地、彼景、彼物互動，這樣的人際互動怎麼可能有品質？沒有品質的互動，彼此的關係怎麼可能會良好？沒有良好的關係，人生怎麼可能會快樂？因此，請不要小看手機對專注力與互動品質的影響，亦勿低估專注力這件事情，它是成長與幸福的關鍵根基。

尤其在這個人工智慧（AI）方興未艾的年代，許多人預測未來很多工作會被大數據運算或機器人所取代，甚至包括我們一向景仰的專業人士如醫師、會計師、律師等。面對這個問題《深度工作力，創造價值的關鍵能力》一書提出：「**當你從A任務轉到B任務時，注意力很難立即跟著轉換。你的注意力仍會殘留在原本的任務上……注意力殘留越嚴重，表現就越差。**」書中導出一個重要的公式，也是在未來人工智慧充斥下的生存之道：

高品質的生產工作＝花費的時間 × 專注的程度

由此可知，專注力不但是智能智商（IQ）與情緒智商（EQ）的基礎，更是快樂人生與成就效能所必備。一切學習、成長、互動都需要靠專注力，也是大人小孩都需要的。

覺察可培育內在穩定力量

當建立起基本的專注能力後，第二至四項練習是觀察能力的培育，觀察左右日常生活的三大面向：身體、聲音與念頭。一至四項都有清楚的覺察聚焦，一個層次接著一個層次開展，到了第五項反而放下任何刻意專注的焦點，培育一種沒有特定對象也能保持覺察的狀態，一種允許自由流動的覺察力。

以下將分別說明第一到五項的練習方法與應注意事項。至於靜坐的姿勢，請參閱本部的第二篇文章〈覺察中，發現較無壓力的姿勢〉，坐在地板上或椅子上都可以。一開始時間不須太久，五分鐘、十分鐘、十五分鐘都可以。然後逐步增加，二十分鐘、三十分鐘、四十分鐘、五十分鐘等，慢慢溫柔地增加練習的深度與廣度。請記住，所有正念練習都不需要讓自己痛不欲生，不論是靜坐、瑜伽或其他練習均是。如果很努力後的滿分是十分，那麼做到七、八分就好了，從練習中學習自我平衡的生活方式，不需要一直拚命以做到最好，這樣反而很快就會放棄。而且拚命只能偶一為之，或者隔一段時間來一次，若拚命成為一種長期無覺察的慣性，拚命就會成為要命了。

練習靜坐時，請把手機設定靜音且勿震動，也可以用手機來設定練習時間。所設定的提醒時鐘請選擇小聲、柔和的鈴聲，不要用大聲的吵雜鈴聲，這樣很容易給自己無謂的驚嚇。練習時如果有其他電話聲響，除非真的有急事需要處理，否則建議不要起身接電話，練習結束後再回電即可。瀟灑一點，人生總是要練習放下，總是要學會與自己一個人安然同在，而且最好平時常常練習。

正念練習猶入寶山，練習越多肯定收穫越多。因此如果時間允許的話，非常鼓勵跟著音檔進行標準四十五分鐘的練習，這在正念減壓的課堂上是必要的。不過如果實在很難湊出規律的四十五分鐘送給自己，每天十分鐘的練習也是很有幫助的。進行的方式可以每次一個主題，每次練習一段時

間例如一個禮拜，可參考以下形式：（相關音檔，請掃描下面QR CODE《正念減壓自學全書》練習音檔）

(1)身體覺察＋**呼吸覺察**（主要練習）
(2)身體覺察＋呼吸覺察＋**身體覺察**（主要練習）＋呼吸覺察
(3)身體覺察＋呼吸覺察＋**聆聽覺察**（主要練習）＋呼吸覺察
(4)身體覺察＋呼吸覺察＋**念頭覺察**（主要練習）＋呼吸覺察
(5)身體覺察＋呼吸覺察＋**開放覺察**（主要練習）＋呼吸覺察

《正念減壓自學全書》練習音檔

上述練習中，每次都以身體覺察開始，是假設您會從站或躺的姿勢，轉換為坐的姿勢，不論是坐在椅子上或地板、瑜伽墊上；即便原本是坐著，當要練習靜坐時身體姿勢也會有所調整。當身體姿勢大幅轉換時／後，都是覺察身體最好的時機，因為此時內在波動可能相當顯著。正念練習是時時刻刻的覺察，這樣的好時機當然不容錯過，不需要予以忽略而逕自進入心裡所設定的目標專注對象。這樣的覺察練習其實很有趣也很舒服，有種隨時溫柔承接自己的美感與實踐。

覺察身體變化一小段時間後，再輕柔轉向領受身體裡的呼吸，以呼吸覺察做為溫柔培育內在穩定的力量。中間穿插的是當次練習的主要覺察對象，因此這部分的時間會比較久。以下所描述的方法，除了靜坐時可以練習，其實也可以落實在時時刻刻的日常生活中，幫助我們減少無謂的自我對抗，培育更清晰、舒適與自在的身心狀態。

06

［靜坐練習1］覺察呼吸
連結身心最直接的方法

呼吸，連結了身與心，從出生到死亡形影不離。不論是歡樂、悲傷、憤怒、焦慮、恐懼、狂喜或愉悅，呼吸總是不離不棄，是扎扎實實一輩子最好的朋友。而覺察呼吸的練習，則是培育專注力與自我穩定力，最簡單又直接的方法。

有關呼吸覺察靜坐練習，更多闡釋可參閱本部第一篇文章〈最簡單的正念練習——呼吸覺察〉一文，以下僅為簡單的摘要說明：

複習：覺察呼吸的靜坐練習重點

【姿　勢】腰直肩鬆地坐在地板或椅子都可以，臀部下方有個坐墊會比較舒服。腿部如果覺得緊繃或不舒服，可以在膝蓋下方墊個枕頭協助支撐。手，自然下沉地放在腿上或腳丫子上，任何覺得舒服的位置均可。身體不僵硬，肌肉不緊繃，眉頭不深鎖，下巴不咬緊。

【重點1】鼻吸、鼻吐，自然呼吸，過程中完全不需要憋氣，也不用刻意把氣息拉長。在心裡數呼吸的次數（俗稱數息法），是傳統教導觀呼吸靜坐很好的方法，一般都是從一數到十，再從一開始。但在這裡我們不做數息的練習，也不需要告訴自己「吸、吐」，就單純「覺察」氣息的進與出即可。

【重點2】過程中如果發現到念頭的訪客，稍微知道一下那訪客是什麼就好，不用跟著它跑掉了，更不用期望放空沒有念頭或想法。只需要深深地吸一口氣，溫柔且不帶評價地，再把自己帶回對呼吸的覺察即可。透過這樣的練習，發展一種隨處可得的專注力。

【方法1】覺察氣息單點的進出。選定一處溫柔專注其上一段時間，例如「鼻腔內側」氣息的進出，或者「胸腔」或「上腹部」氣息進出時所帶來的起伏。單純領受氣息進來、氣息離開，持續循環。

【方法2】覺察氣息在體內的流動歷程。覺察氣息從鼻腔內側進來，身體隨之微微鼓鼓脹脹的感覺；當氣息要離開時，身體會自然放鬆下沉，氣息從鼻腔內側往外送出。持續循環。

【方法3】覺察氣息進出給全身帶來的感覺變化。覺察氣息從鼻腔內側進來，觀想與領受身體的每個細胞都受此氣息的滋養，身體多一點點能量的感覺。氣息離開，觀想與領受身體每個細胞把不需要的送出來，身體多一點點鬆沉的感覺。持續循環。

有些夥伴做完這個練習後反映：「可是我覺察呼吸的時候感

練習結束後。分享練習體驗時，多數人感到呼吸覺察很容易，練習的時候心裡滿平靜的。專注在氣息的進出，比較不會東想西想。練習後感覺很舒服，有種平靜愉悅的感受。您也一起練習了嗎？

覺就不會呼吸了耶。不自覺地想要控制它，好像覺得深呼吸才是好的，短淺的呼吸是不好的，所以就很想控制呼吸。但又說不要控制呼吸，只是覺察呼吸。這樣我好像就不會呼吸了咧！」

這其實很正常，畢竟長期以來我們所熟悉的模式是控制而非覺察。如果發現自己一覺察呼吸，就忍不住開始控制呼吸時，可以試試把左手輕放胸部，右手輕放上腹部（肚臍上方、肋骨下方）。覺察氣息從鼻腔內側進來，觀察是左手還是右手會微微鼓起？哪一隻手的幅度比較大？哪一隻手的感覺比較清楚？持續感覺一小段時間，藉由手的幫忙，覺察氣息的進出帶給身體的變化，之後再慢慢地把手放下來，單純領受氣息的進與出。或者，也可以溫柔地觀察那個一直想要控制呼吸的慣性，以及這樣的慣性給身體帶來的影響，例如可能在身體的某個部位有微幅的緊繃感，然後看看呼吸是否受到影響，例如變得稍微短淺一些。觀察身體的變化，包括呼吸。

一如本部第一篇〈最簡單的正念練習——呼吸覺察〉所述，正念減壓裡的呼吸覺察，是完全不用控制呼吸的速度或深淺，沒有要改變或掌握氣息的意圖，只是把注意力帶到**本來就已經存在的**氣息進出，採用自然呼吸，鼻吸鼻吐，完全不需要屏住氣息，也不用刻意拉長或縮短氣息，就允許氣息自由流動。這樣的練習方式，讓我們學習尊重已經存有的呼吸頻率，而不會落入一旦開始注意就想要管控的慣性。所以在過程中，如果某次的呼吸是長的，知道這是長的呼吸就好；某次的呼吸是短的，知道這是短的呼吸就好。**溫柔覺察呼吸，跟呼吸同在，不去干擾它，以「尊重、覺察、同在」的態度來練習呼吸覺察。**

有些夥伴會困擾於「呼吸覺察是要用腹式呼吸嗎？需要氣沉丹田嗎？」

我常常覺得呼吸是活著的祝福，自然呼吸即可，無須期待氣息是否吸入橫膈膜或丹田，無須擔心氣息的長短或深淺，只要有呼吸就是好的呼吸，不用對呼吸充滿評價，那會把自己搞得又累又苦的。腹式呼吸或橫膈膜式呼吸，通常大口吸吐就是，甚至在躺下來時的呼吸，本來就是橫膈膜式呼吸。練習久了，呼吸自然也會變得較為深長些，因為在覺察中會發現這樣比較舒服（在慣性中我們可能連如何讓自己舒服一點都不知道）。不過**初期階段還是用自然呼吸就好，養成覺察呼吸的習慣，比希望有更好的呼吸表現來得重要**。

最後，覺察呼吸的過程中，一定會遇到很多念頭想法，一般稱之為「雜念」。早期我也用這個詞，現在都不用了，因為我深深感覺到雜念似乎意味著不好、不佳、不妥而需要盡速去除。但實際上念頭就只是念頭，沒有好，沒有壞；沒有雜，也沒有純。而當我們用比較負面的字眼時，無形中會有正向的渴望，有時反而給自己製造無謂的壓力或激起自我負評的漣漪。因此現在我都**改用「念頭的訪客」概括式地標記心中浮現的任何念頭或想法**。對待訪客我們通常是友善的、溫和的、慷慨的，何不把這些特質，也送給這顆漂泊疲憊的心呢？讓靜坐的呼吸覺察盡量單純，就只是覺察呼吸，與呼吸溫柔同在，沒有要去哪裡，沒有要改變什麼，也沒有要獲得什麼，也沒有要到達什麼境界，放下所有對呼吸的想法與對練習的期待，純粹地覺察和享受呼吸吧！

07

訓練與痛苦和平共處的能力

[靜坐練習2] 覺察身體

覺察身體的練習，顧名思義是聚焦在身體變化的感知，練習的方式很簡單，溫柔的把注意力停留在**整個**身體的覺察，好像窗子看出去領略到的是整體樣貌，不是個別區塊。個別區塊的靜態身體覺察，主要是指身體掃描練習，而這裡培育的是縱觀的覺察。若說身體掃描是見到一棵一棵的樹，這個脈絡下覺察身體的靜坐就是領受整個樹林。

覺察身體的靜坐練習引導

(1)先做呼吸覺察的練習，幫助穩定自己。有關呼吸覺察的坐姿、練習方法或重點提示等，請參閱前文。

(2)慢慢地把注意力帶入身體的感覺，領受整個身體，包括彎曲的雙腿、骨盆到頭的上半身、放鬆下沉的雙手。

(3)持續地關注全身，覺察體內的變化，不論是細微的或顯著的。

(4)保持就只是觀察。觀察、放下、觀察、放下……放不下，就無法觀察。

(5)不需要分析、解釋、說明身體為什麼會產生這些變化，減少內在的碎碎唸。

通常假如只練習十分鐘，身體的不適感可能尚不致太顯著。但若跟著四十五分鐘的音檔練習，在進入這個覺察身體的階段時，差不多也開始痠、麻、疼了，可能是在後腰、大腿、小腿或任何部位。身體的不舒服雖不致使我們陷入昏沉，卻容易落入想法的戰場，這是很好的練習時刻。在正念練習七大原則中曾提到的非評價、接納、非用力追求、耐心等，此時也是實踐的好機會。

在面對不舒服時，我們的重點一向只放在如何去除掉不舒服，然而認真地檢視生命，很多苦根本是如影隨形，越想去除它，很不幸的就會越揮之不去，彷彿把我們抓得更緊更牢。更何況生活中的很多不舒服，尤其是慢性病，真的不是我們想去除就會消失。也許，**我們應該學習轉向，重點不只在如何去除痛苦，也發展如何與痛苦和平共處的能力，至少也應該受到同等的重視**。而此階段的練習，就是在溫柔地培育這般的能力。因此下文將探討在靜坐時，如果遇到身體不舒服，可以如何把覺察帶入，發展面對不適時內在不壓抑、不強忍、不逃跑、不假裝沒事，而能溫柔承接變化的能力，這是邁向身心健康很重要的方向。

練習時，如果只是痠麻還好，但若會疼痛那麼就不宜勉強，比較好的策略是在覺察中讓身體能維持平衡，然後再一點一點地向前推進。我知道有些人在禪修營中面對身體的若干疼痛，因著勇敢地承接與穩定的覺察，在經過一些歷程後，身體的疼痛竟然慢慢消融，甚至有些痼疾也因此自癒。但我也知道有人在禪修營中過度輕視疼痛而一味忍耐，希望透過努力練習來突破限制以療癒自己，太急且用錯力最後導致嚴重受傷。

因此，如果有疼痛的狀況，還是建議保守一些，一樣可以練習，但幫自己找到安全也能保持清醒的姿勢，例如坐椅子上。此外，在第四篇〈在伸展中發現自己——正念瑜伽練習〉一文提到的三個同心圓（舒適／慣性、挑戰、危險），在這裡也同樣適用。以下的練習將由淺入深一層一層地開展。

三階段面對身體不適的練習引導

【階段1】定位不適、與不適同在

(1)靜下心來觀察不舒服的部位主要在哪裡，在覺察中清楚定位出來，例如右大腿好麻或後腰很痠等，盡量不用「全身都很不舒服」這種籠統的語句。清楚定位的好處是，不舒服的感覺會比較聚焦而不會太快擴散或蔓延全身。

(2)界定出不舒服的位置後，試著觀想氣息進入不舒服的身體部位，因而有一點點鼓脹的感覺；當氣息離開時，觀想氣息從那不舒服部位離去，因而有一點點鬆沉的感覺。

(3)持續循環進行，帶著好奇開放的心，溫柔與其同在，觀察不舒服部位是否有任何變化。也許會發現這不舒服會移動，也可能發現不舒服的強度產生變化，練習全然承接與領受，不憋氣、不逃避、不壓抑，也不用忍耐。

也許不舒服的感覺獲得舒緩，也可能沒有或甚至更不舒服。切勿期待帶入覺察後，春天就來了，帶著此般幻想練習，通常只會落入失望。這只是練習安住，練習心平氣和地與不舒服同在，不急躁地升起任何慣性反應。畢竟真實生活中，更多的不舒服不會因為我們不喜歡就消失，更不會因為許多急躁下的行動而更好。所以界定不適的範圍，透過呼吸安住、同在、觀察，是重要的修練。

【階段2】停止無謂虛耗

練習一段時間後，如果發現到那不舒服的感覺還是很強烈，以右腿感覺到很麻為例：

(4)進一步觀察左腿會不會緊繃、呼吸會不會憋住、眉頭會不會皺在一起、肩膀會不會在不知不覺中已經聳起來了……這些都是身體很容易產生的慣性反應，也就是一個地方的不舒服，連環勾動全身性的緊繃，身體細胞全都處於高度警戒的備戰狀態。但此時其實沒什麼好戰鬥的對象，因此不知不覺中是在跟自己戰鬥，能量無謂地虛耗。

(5)如果觀察到身體一個地方的不舒服，已經勾動了全身的緊繃，就在發現到的時候，可以鬆掉那些不相干的部位。例如右腿雖然超麻，但左腿其實還好，就不需要來湊熱鬧，允許放掉無謂的緊繃，允許呼吸自由流動，允許眉頭可以鬆開，允許肩膀可以放下。

(6)然後我們會發現，右腿依然很麻，但因為沒有激起全身性的緊繃，那麻的感覺比較不具威脅性。不舒服的部位有清楚範圍，就不會到處亂竄或滲透瀰漫而導致全身性的大緊繃。

(7)接著，可以深深地吸氣，觀想氣息吸入全身，充滿了舒服與不舒服的部位，全身因此而有些鼓脹與能量。深深地吐氣，氣息從舒服與不舒服的部位同時送出，全身因此而有些鬆沉與釋放。領受氣息如陽光般沒有分別地滋養全身，循環進行，直到你想停止這樣的練習為止。

【階段3】覺察下的選擇

也許那不舒服的感覺經過上述練習後，會變得比較不具威脅性，或者沒那麼令人難以承受；但也可能經過這些練習，不舒服的感覺越來越強烈，甚至強烈到再不變換姿勢，整個注意力、甚至整個人感覺就快被不舒服的感覺淹沒了。假如是這樣的狀態，千萬不需要覺得自己很差。

在課堂上很多人這時候會偷偷睜開眼睛，瞄一下大家的狀態，如果發現到有人在打瞌睡或者姿勢已鬆動，心裡會暗爽。但假如看到的是大家都做得很好，面帶祥和之氣，就會覺察自己很遜，所以這時候很重要的是不用跟別人比較。如果是自己練習，也不需要跟過去的自己比較，尤其是過去曾經有很棒經驗。當我們執著於過去的美好經驗時，那美好反而演變為一種枷鎖，緊緊綁住這顆心，讓這顆心活在過去。在此同時，也不要強迫自己要忍耐、忍耐，要拚才會贏，想用意志力戰勝身體的不適。**練習正念不需要拚命、不需要跟別人比較、不需要跟過往的自己比較，只需要真正充分地覺察當下，與當下同在，畢竟這是唯一真正活著的時刻。**

同樣以右腳很麻為例：

(8)此時只需要給自己三個深呼吸，覺察那需要移動的強烈需求與動機。
(9)然後帶著高度覺察，微幅、輕聲、緩慢地往前移動右腳的腳丫子。
(10)一點一點地移動右腳，清楚領受過程中大腿痠麻漸漸釋放的感覺。也許右腳只要往前移動五公分，那強烈的麻脹感就會釋放，那麼就不需要整條腿伸直。
(11)重點是讓整個移動過程本身都是有覺察的，而不僅是直衝式的慣性反應。
(12)當調整身體並獲得舒緩後，再回到調整前的覺察對象繼續練習。

面對身體不適的關鍵態度：從慣性厭惡到好奇開放

在這歷程中，透過身體的智慧，我們真真實實地練習與不舒服同在，邀請自己好奇地探索不舒服，而不是滿腦子厭惡那個不舒服，只想除之而後快。過程中不逃避、不壓抑、不忍耐、不假裝沒事，因為這些都是長期無效的因應策略。相反地，我們練習在覺察中，嘗試不同的可能，選擇更合宜適切的行動，漸漸學習如何從慣性反應（react），到有覺察地回應（respond）。這樣的練習，從身體出發，建立一種適應較良好的新習慣。慢慢地持續實踐，便會逐漸滲入日常生活中。整個歷程如下所示：

慣性反應（react）→正念覺察→有覺察地回應

除了身體的不適，覺察身體練習的過程中一定會遇到各種念頭的訪客，不論是自己找來的或是不速之客。此時如何對待念頭的訪客，也是練習的重要觀照。

(1)我們可以討厭這些念頭訪客，然後觀察這樣心生厭惡，給身體與心裡帶來什麼變化。
(2)我們也可以稍微選擇好奇一下有哪些訪客，然後觀察這樣的心生好奇，給身體與心裡帶來什麼變化。
(3)之後允許深深地吸一口氣，順著這口氣再把注意力溫柔帶回身體的覺察。

(4)做一小段時間的呼吸覺察，當覺得比較穩定後，再返回身體的覺察。

不管任何時刻，呼吸覺察都是幫助自我安定的好朋友。不管任何時刻，身或心的不舒服都是信差，幫助我們更認識自己，幫助我們看到可能已經長期忽視且缺乏關照的層面，開啟溫柔自我照顧的大門。

覺察身體的練習，可以是正式練習中的靜坐，也可以是非正式練習，例如一個人安靜坐著的時候進行，坐捷運、地鐵、公車，開會或上臺前的等待均可，時時刻刻都可以領受當下身體的感覺，即便只是五秒鐘或三分鐘。在這種情境下的身體覺察，是一種身心連結的練習。在靜坐時的身體覺察，因為坐的時間較久，除了領受身心的連結，較有機會學習與痛苦和平相處，減少對痛苦的厭惡。同樣都是覺察身體，著眼點會有點差異，您可以慢慢品嘗與體會。

08 分辨生活中無謂的加油添醋

[靜坐練習3] 覺察聲音

覺察聲音是個滿特別的練習，這個練習讓我們清楚看到日常生活中，聲音對我們的影響有多麼無形又巨大。愉悅的聲音帶來愉悅的感受，憤怒的聲音激起憤怒或防衛，吵雜的聲音帶來身體內部的強烈波動，尖叫聲讓人心生疑竇與恐懼。聲音對身體、情緒、想法的影響是相當快速的，日常生活周遭總是充滿了各種聲音，但我們卻很少覺察聲音對自己的影響。因此，在有機會選擇對自己身心有益的周圍聲音時，我們經常放棄了。在沒有機會選擇時，我們也不知道如何保護自己免於受聲音的毒害。這個年代聲音毒害最多的就是到處充斥的商業廣告，人與人間不和睦的聲音，直接影響到身體與情緒狀況。聲音——尤其是噪音，與焦躁或心血管疾病、睡眠品質都息息相關。

在帶領課程中提到聲音覺察時，有時候我會用一種高昂愉悅的語調說：「嗨，你好！」之後用平淡的語調再講一次同樣的話：「嗨，你好。」然後問大家：「第一種與第二種有什麼不一樣，大夥兒會如何假設這兩種狀況？」

「第一種感覺你是開心的，可能有愉快的事情發生，也很高興看到我。第二種感覺你心情好像不太好，比較冷漠，或者對我不爽，我最好閃遠的一點。」

由此可見，聲音除了對身心的負荷，還會讓我們在不知不覺中順著聲音編故事，對聲音的意義加油添醋，所編的故事可以讓自己迅速落入地獄或升到天堂，這是很多人都有的慣性，過去的我尤其擅長。從小我對聲音十分敏感，通常也能精準使用聲音做合宜的表達，對聲音是相當有意識的。但我沒注意到的是，所聽到的聲音極迅速地在我心中轉換成各種想法或想像，不知不覺中越想越多，尤其容易連結到過去的不悅經驗，然後整個串聯起來編纂成一個我覺得好真實的內容。**這些因著聲音所產生的詮釋被我視為事實，讓我心煩、讓我憂慮。另一個麻煩則是聲音揮之不去，分明已經沒有那個聲音了，卻在腦中不斷盤旋，甚至連帶相關影像也如影隨形。**如果是開心的事情，那就算了，然而會記得的多半是不開心的。在練習正念之前，我根本不知道需要去驗證或核對來自於對聲音內容或語調的詮釋，以及所衍生的想法與情緒。聲音覺察的練習幫助我開啟了一扇大窗，我像隻小鳥飛向天空，釋放因過多詮釋而自我囚禁的慣性。

覺察聲音的靜坐練習引導

(1)先做呼吸覺察的練習，幫助穩定自己。有關呼吸覺察的坐姿、練習方法或重點提示等，請參閱前文。

(2)慢慢地把注意力帶入聲音的聆聽。安靜聆聽周圍一切聲音，不刻意去搜尋任何聲音，也不排斥任何已經浮現的聲音。

(3)不用分辨好聽與否，悅耳與否，喜歡與否，就只是單純地聆聽。

(4)不抗拒任何聲音，允許聲音來，允許聲音停留，也允許聲音消失。

(5)聆聽聲音與聲音之間的寧靜。

(6)聆聽左邊耳朵方向的聲音。聆聽右邊耳朵方向的聲音。

(7)不用給聲音添加任何情節，讓聲音就只是聲音。

通常當我們聽到聲音時，它也結束了。如果心在每個當下，就可以聽到這一刻的聲音，而這一刻的聲音跟前一刻的聲音是不一樣的，尤其若處於非密閉式空間的話。但如果心停留在某個點上或者開始編故事，就聽不到當下的聲音，聽到的只是自己心裡的聲音，而不是周圍環境真實又即時的聲音。因此如果發現實質的聲音結束後，心裡的聲音還繼續播放著，那麼就表示心還滯留在過去。這時，深深地吸一口氣，溫柔地把自己再帶回當下，聆聽每個當下周圍的聲音。

(8)聆聽聲音的同時，也觀察聲音是否勾動了某種情緒或想法，引發身體內在的波動。

(9)如果有的話，觀察這個歷程，不去強化擁抱，也不去弱化排擠；不用分析，也不需要解釋；就允許這般感覺波動自由地來，也自由地去。

(10)然後再繼續聆聽這一刻的聲音、這一刻的聲音、這一刻的聲音。

當我們慢慢練習聽聲音的覺察後，對於聲音帶來的迅速影響，就能保持覺察，不被聲音所控制或綁架，停止因為聲音所引發的想法、情緒、編故事或骨牌效應。持續練習可以創造出寧靜開闊的心靈空間，比較不會經常莫名其妙地被聲音掩沒。

【案例分享】專注聆聽，讓聲音就只是聲音

記得有位正念減壓課程的夥伴，他母親有些失智，老人家脾氣越來越不好，經常罵人，講話很難聽，這位夥伴總是很難過。每次去探望母親，回家後總要好多天才能復原；不去探看，心底又過意不去，覺得自己很不孝。理智上他知道應該放下母親的謾罵，但就是做不到。所以他經常處於相當掙扎的狀態。他很愛母親，但也真的很討厭她的言語攻擊，即便他知道這攻擊是沒多大意義的。

有一天，他從母親家離開後，腦中還是不斷縈繞著喋喋不休的話語，帶著沉重的步伐走著，陽光灑在他身上，抬起頭，樹葉隨風搖曳。他深深地吸了一口氣，突然有個聲音出現「讓聲音就只是聲音」。在那當下他領悟到，失智母親的謾罵就只是聲音，沒那麼多意義，不需要更多解釋或尋找解決方案，也不需要哀傷地覺得母親的愛消失了。回到這個當下，那聲音其實真的也結束了，是自己過多的想法讓它無法消失，是心執著在過去讓自己痛苦。他刻意地把注意力帶回當下，深深地呼吸，領受每一口氣息的進與出，領受行走中身體的感覺，領受周圍的陽光與微風。此後，他更知道如何面對與承接這非理智的謾罵，從此，母親的聲音不再控制或左右他一整天的情緒。

另一位夥伴的情況幾乎相反，他在練習中才發現要好好專心的聆聽，原來如此不易。

在日常生活中大多數的狀況都是隨便聽聽，自覺掌握到重點後就不再專心聽了。尤其身為高階主管的他習慣發號施令，大多是別人聽他的，哪輪得到他聽別人的。但這種慣性讓他的親子關係是緊繃的，伴侶關係是相敬如賓的。他也發現到在聽別人講話的過程中，自己心裡有很多想法，聆聽的品質其實很差，可能不到二分之一的專注度吧，這讓他非常驚訝。聽聲音的練習，讓他溫和穩住

這顆慣於躁動的心。聽著一瞬間接著一瞬間的聲音，而不對聲音升起任何慣性反應，對聲音的內容也不太快賦予過多評斷或意見，就只是不偏不倚地聽著。他開始重新學習聆聽，也重新啟動、轉變和家人間的關係。

其實覺察聲音的練習，即便在日常生活中也很容易進行。例如乘坐大眾交通工具，或是開會前、會議中、跟家人或同事講話時，**仔細地聆聽，聽聲音、聽內容，也聽到底自己是否真的有在聽。**

09 溫柔消融內在的喋喋不休

[靜坐練習4] 覺察念頭想法

前面所提到的幾項練習，覺察時都有個清晰的對象，例如呼吸、身體、聲音。過程中如果有念頭的訪客來到，通常我們會深深地吸一口氣，順著這口氣溫柔且不帶評價地把自己帶回來，回到正在覺察的對象上。到了這個階段的練習，既然是覺察念頭想法，表示心中的念頭或想法轉而成為覺察的主角，於是我們歡迎它們在腦袋裡浮現、停留、消失，或者轉換到下一個念頭。

覺察念頭想法是個很妙的練習，需要有前面的基礎之後才能開始，因為這個練習相對是比較困難的。在日常生活中，念頭想法對我們的影響超級大，幾乎是我們的主人。對於自己的想法，經常在沒有核對與驗證下就深信不疑；對自己、對他人、對周圍一切的想法，構成了各類觀點，引導著我們如何看待人、事、物。想法帶出觀點，觀點猶如眼鏡的顏色，決定了我們所認為這世界的色彩或樣貌。生活中各種念頭想法經常充斥在腦袋裡，有的反覆出現，有的轉瞬即逝，有的持續牽連到更多、更多的想法……**念頭或想法很少單獨存在，幾乎都會勾動行為、情緒或身體感覺，即便我們可能沒有覺察到。**

通常當我們有想法時，很容易在想法的內容裡打轉，不管是理性的思考或非理性的思考。想很多、很多，有時候甚至會停不下來，尤其是在狀況不佳時。這時候我們幾乎變成想法的奴隸，未能駕馭的想法如脫韁野馬，拖著我們到處亂跑，此時「想法等於我」，甚至於「想法大於我」，整個人困在想法裡，這其實是非常痛苦的。覺察念頭想法的練習，能拉出我們與想法之間的距離，也許

想法還是如脫韁野馬，但那根拉著我們到處亂跑的繩子，會漸漸鬆脫。隨著練習的深化，我們可以看著想法到處奔馳，我們卻不致全然受其擺佈。

四階段覺察念頭想法的靜坐練習引導

【階段１】歡迎所有的想法

(1)先做呼吸覺察的練習，幫助穩定自己。有關呼吸覺察的坐姿、練習方法或重點提示等，請參閱前文。

(2)慢慢地把注意力帶入觀察腦袋裡浮現的任何想法，對每個想法都「歡迎光臨」。

(3)溫柔地觀察念頭或想法的變化歷程：升起、停留、消失或轉換到下一個想法。

(4)如果發現自己已經越想越遠了，好像不是在觀察想法而是在演繹想法，就先暫停一下，用幾個深呼吸幫助自己回到當下。穩定後再重新開始。

覺察想法的練習彷彿獨自靜靜地坐在河岸邊，觀察河水流動，而不跳入水裡。河上也許有魚、有蝦、有落葉、有浮木、有喜歡的或不喜歡的，但都允許河水與河中物自由流動，不刻意抓取任何河中物，也不截斷或改變航道。若我們不慎落入河裡一起上下漂泊，在發現的時候，還可以讓自己爬上岸邊；覺察當下的身體感覺與呼吸，稍微暫停一下，再繼續觀察想法之流的變化。

覺察念頭的練習也很像在看電影，看著螢幕裡上演的任何劇碼，即便很多時候這些影片都是我們自編、自導、自演，但在這段練習的時間裡，我們就只是**觀察員**，而不用成為導演、編劇、演員或評論家。任何時候如果發現角色錯亂，例如跳入螢幕大展身手，記得把自己回復成觀察員的角色就好。

【階段 2】觀察想法就只是想法

允許念頭來來去去猶如空中浮雲，而我們也確實覺察到念頭的變化無常，有些也許跟事實有關，有些也許實中有虛、虛中有實，有些則是全然的想像。想法會飄到過去，也會飛到未來，到處穿梭、隨機串連……當我們清楚看到想法無定性的本質時，會領悟到「**想法就只是想法，想法不一定等於事實，也不一定跟真實有關**」。

(5)當有念頭或想法出現時，無須解釋或進一步思索「為什麼」會有這些想法。不用去分析想法的內容或合理性。也不用歸類或演繹想法成為一套理論[3]。

(6)暫停我們對這些想法的慣性反應，或者說學習不對想法或念頭起慣性反應，就只是觀察它們的升起、停留、消失或轉成另一個念頭想法。

(7)想法猶如瞬息萬變的雲朵，覺察是廣闊無垠的天空，能涵容所有一切想法。

(8)慢慢地讓念頭與想法成為可觀察的對象，如此一來，想法與自己之間長期那種「你泥中有我、我泥中有你」攪和在一塊兒的現象，才能稍微有些區分——「我是我，想法是想法」。

透過持續的練習，在想法與自己之間，開始有些空間，這空間隨著練習而持續擴大。

漸漸地，「我是我，想法是想法」會越來越清晰。我們有機會成為想法的主人，而不再是奴隸。我們能從想法無遠弗屆的掌控中脫身，我們越來越明白，「我不等於想法」，甚至於「我大於想法」。這是非常強大又有力的領悟，就像許多癌友在練習中領悟到「我不等於癌症」，或焦慮症患者領悟到「我不等於焦慮症」一樣，那是一股由內而生、不假外求的力量。同樣這句話，別人講，就只是聽起來很有道理的一句話，沒太大影響。但如果這句話是透過自己實踐練習所浮現的領悟，那就步入療癒大門了。

華人正念減壓中心的夥伴陸美惠曾有這樣的分享。有一次在騎機車時她臨時想到一件事情，越想越難過，越想越難過，胸口好悶，呼吸急促。多年正念的練習讓她知道這時候不能再繼續騎了，她找了個安全的地方停靠下來，讓奔馳的身與心都停下來。就在這時候，她突然領悟所想的東西一部分是事實，一部分其實是因為擔憂而對未來產生的虛構，原來，這顆心已經在編故事了，越編越遠、越遠越不愉快。然後她調皮地想到：「嗯，這個劇本不好，我來改寫一下劇本好了。」幽默的底層，透顯出她對想法已能自主的力道，彷彿航行海上，她回到船長的位置掌舵，而不再是任由想法的強風決定船的方向。帶著平靜與淡定的喜悅，美惠再度發動車子，安全地騎到她要去的地方。

有時候，當我想一件事情，越想越覺得揪心時，我會稍微暫停一下，問自己：「現在這顆心被

3這點很重要，但對大多數人是陌生的。多數人也包括許多助人的方法，著眼於想法的「內容」，會在想法的內容上多加琢磨、分析、解釋、溯源等。但正念的練習，更關注的是自己與想法之間的「關係」。

什麼綁得透不過氣來？」可能是被憤怒綁住、被擔憂綁住、被評價綁住或被恐懼綁住，各式各樣，腦海中浮現一個心被緊緊綁住的痛苦畫面。然後我深深地吸一口氣，自己把繩子鬆開，讓心免於被綑綁而僵硬，恢復正常的彈性。我告訴自己：「想法就只是想法，想法不一定等於事實，也不一定跟真實有關。」煩還是在，但至少沒那麼惱人。痛還是在，但至少沒那麼苦。事情還是急，但至少不需要躁[4]。

【階段3】觀察想法所產生的影響

想法其實很少單獨存在，想法很容易瞬間勾起情緒、行為、身體感覺，甚至是另一個想法，想法繁衍的速度與影響的幅度其實非常驚人。這些影響有時候是顯著的，更多時候是相當隱微的。因此在日常生活中時時覺察這顆心在想什麼、帶來什麼樣的影響，也是很重要的練習。例如當心中升起不喜歡某人的想法時，肚子可能就感覺一陣緊縮。又如，坐在公車上才稍微覺得有點太涼時，手可能已經在調整冷氣孔了。在靜坐覺察想法的練習時，讓我們有機會仔細地觀察到：

(9)想法與情緒經常是孿生兄弟，覺察想法如何勾動情緒，或者情緒如何勾動想法。

(10)想法與行為息息相關，現在的行為許多是更早之前的想法所種下的種子，覺察想法與行為的關連性。

(11)想法，尤其是不愉悅的想法一定會帶動身體的感覺，但對於這個層面我們經常處於不知不覺的狀態。試著當想法出現時，觀照當下連動出什麼樣的身體的感覺。

(12)想法繁殖想法的速度可能比世界上任何生物的繁殖都快，觀察如何從看到一個影子就生出一個孩子（臺語俗諺），如何從一個想法擴散為令人難以承受的威脅或不悅。

此外，想法很多與評價息息相關，練習正念沒有要做到不評價，這是不可能也不切實際的，畢竟所有的選擇與決策都需要有評價才能進行。但正念練習可以做到非評價，讓我們清楚看到內心的評價如何影響了自己的思路、立場與價值觀，讓我們更容易看透想法中的虛與實，也分辨什麼要勇敢提起、什麼該瀟灑放下。覺察想法所產生的影響，才有機會終止這般迅雷不及掩耳的骨牌效應。

【階段 4】驗證想法的真偽

在日常生活中有太多太多的想法或信念，引領著我們生活的方式，但這些想法或信念很少被拿出來檢視。例如，如果我們深信，小孩子要考上好學校才有好的出路，才有美好的未來與人生。那麼我們就會把逼孩子讀書視為理所當然，成績至上就難以避免了，孩子真實的身心狀況會在這樣的想法下被合理地忽視。人，都會選擇性的關注，對於所相信的事情，不論是開心的或不爽的，我們都會更容易找到相關佐證資訊來證實自己是對的，因為這些與我們想法相符的，比較容易被我們接受和吸收。

4 煩而不惱，痛而不苦，急而不躁，這些一輩子慣用的語詞竟然是可以分開的，有種破解密碼的喜悅，真不禁深深敬佩前人的智慧，也感謝能生長於如此豐沛智慧的傳承中，即便只是啜飲其中的一瓢。

因此覺察想法到這個階段，邀請您：

(13)經常且刻意地檢視自己的各種想法、信念與價值觀，甚至刻意地找些不同的觀點來玩玩。

(14)不需要太嚴肅，抱著好奇與開放的態度，讓自己試試從截然不同的角度看待熟悉的人、事、物。

(15)溫柔地邀請這顆心多點彈性，減緩僵化與固著化的速度。

心，其實被我們視為理所當然的各種想法、信念、價值給困住。為了免除心受困所導致的不舒服，這個年代最容易的方法就是躲入手機裡，用別的刺激來掩蓋那強烈的不適。長期而言，這種自我忽略對身心健康與成就發展肯定是不利的。因此，除了特別挪出時間進行的正式練習，所有上述練習也可以運用零碎時間操作，例如坐公車或坐捷運時，多多進行觀察想法的練習。

觀察想法的升起、停留、消失或衍生其他想法。

觀察想法神速的繁殖力與牽連力。

觀察心被什麼給綁住了。

觀察想法中的評價……

然後深深地吸一口氣，輕輕地告訴自己：「想法就只是想法，我是我，不需要被想法或信念給綁架了。」

讓心自由，自己也自在。

10

［靜坐練習5］開放的覺察

無所倚賴的覺醒

前面的幾項練習，我們都有清楚的覺察對象，從專注於呼吸、身體、聲音到想法，一個層次接著一個層次地開展，練習專注單點的能力，也練習觀察變化或歷程的能力；增加注意力的彈性，亦提升內在韌性。此外，這些練習同時培養對身體、聲音與念頭的覺察能力，如此方能不受其全然控制，促進整體身心的平衡、喜悅與自在。

開放的覺察（open awareness）是在正念減壓課程中有關靜坐練習的最後階段。不同於上述練習，在開放的覺察中沒有特別選定的對象，因此也叫無選擇的覺察或無揀擇的覺察。過程中，就只是單純地與自己、與周圍環境同在，心是清澈的但無所依。此時如果呼吸是比較明顯的存在，就覺察呼吸。如果聲音較清楚，就覺察聲音。如果情緒或想法浮現，就覺察它們的出現、停留、消失。全然地允許與開放，允許一切自來自去，心依然保持一瞬間接著一瞬間的覺察，但身體是鬆的。這是一種沒有任何倚賴而仍保持清醒覺察的狀態，一種單純的同在（being）。對於習慣抓些什麼才有實在感的現代人而言比較不熟悉，因此一定需要前面的基礎。

常有夥伴對這項練習提出疑惑：「這是不是放空？」

開放覺察的練習很容易與放空搞混，這需要先界定什麼是放空。對一般人而言，放空是一種昏沉不覺，有點像白日夢，對周圍的感官暫時封閉的狀態。在這個定義下的放空，與開放覺察或正念練習是沒什麼關係的。正念訓練清晰、穩定、不緊繃的覺察力，開放的覺察培育無所依的清醒能力，感官是處於開放接受狀態，既非向外追逐，亦非渾噩關閉。

正念減壓訓練的靜坐練習有四十五分鐘，有多不同景致。五層次的練習層層開展，每一項練習的時間其實不長。老實說一開始我很不習慣，覺得時間太短了，來不及一個一個慢慢覺察；此外，大量的指導語也需要適應。但經常練習後發現，這樣的方式對現代人來說十分友善且好處多多。這年代生活中的各種刺激已經瘋狂到二十四小時毫無停歇地強力播放，讓許多人很難長時間集中注意力。這樣短時間且融入生活的覺察練習，確實更容易做到。此外，練習的層面廣，從呼吸、身體、聲音、念頭等，都是與生活息息相關的層面，於是，練習就在生活裡，生活本身就是練習。所有的練習都鑲嵌在生活裡，不與生活脫節，這是我最喜歡正念減壓課程的地方。

最後要強調的是，靜坐練習後一定要記得不需要給自己打分數。每一次的練習都是好的練習，即便念頭紛飛、到處痠麻，這就是當次練習的樣貌。不管怎麼樣，都要鼓勵自己。不需要練習完之後還射自己一箭，覺得「練得真差」。好吧，萬一真的有這樣的現象，就停下來覺察一下，看看自己是如何慣性地嚴厲地對待自己，然後記得送給自己溫柔的慈心祝福。**當我們慢慢學習慈愛地對待自己之後，才知道如何友善地對待他人，不然很多時候，我們自以為的好，背後其實都隱含許多的期待、恐懼、擔憂、投射，很多傷害會隱藏在愛裡面，隱藏在「我是為你好」裡面。**透過正念練習，真正落實活在當下而不只是嘴巴說說，大量減少胡思亂想的慣性，心越來越清澈，腦袋也會比較清楚，由此開展出新的良性循環。

PART 4

成為自己的主人
── 覺察情緒與想法的正念練習

覺察並直視情緒，雖然不是我們所熟悉的，但長期而言是比較能帶來身心平衡與成長的策略。透過覺察練習，你有機會真正地看到自己的情緒與想法，溫柔地與其同在，不排斥、不抗拒、不閃躲、也不受其綁架或勒索。然後，學會從慣性反應到有覺察地回應，你就可以改寫自己的人生劇本。

開啟心的探索之旅

情緒與想法對身心健康的影響很大，而且經常是孿生兄弟，本部並沒有要討論一般常見的歸類、分析、解釋、提供解決方案，而將採以縱觀的方式，開展對情緒與想法的深度觀察與探索。因此，這裡不會提供特定症狀的教戰守則，例如治癒焦慮的十個方法或面對憂鬱的七個步驟等。然而，透過練習，你有機會真正地看到自己的情緒與想法，溫柔地與其同在，不排斥、不抗拒、不閃躲、也不受其綁架或勒索。

透過練習，你有機會體悟原來負面情緒是生命的重要信差／使者，來告訴我們需要探索或尚待成長的地方。

透過練習，你有機會不再老把自己當成受害者，而看到所有的關係都是共同相互建構，分辨哪些地方可以施力而哪些地方只能放下。

透過練習，你有機會在覺察中發現更多的選擇，為自己打造開啟自我監禁牢籠的鎖匙。

不過，我不建議單獨只閱讀或實踐本部的練習，請務必記得搭配【Part 3】身體覺察的練習。在正念練習中身體覺察是基本功，是穩住自己最快速直接的方法，之後再覺察情緒或想法才能事半而功倍。畢竟想法與情緒的本質就是飄忽不定，不受時間空間限制，以身體覺察為基底，照顧好身體，心也會比較容易安頓。

本部所討論的，有些需要持續的練習，有些是觀念的說明。各篇重點都是在提升對情緒與想法的覺察程度，當我們有機會不偏不倚看清楚當下一切後（身體、情緒、想法、行為、環境、整體脈絡），會更知道採取什麼樣的行動是明智的選擇，也許是向後退、也許是向前進或暫停。至於如何選擇，老實說都需要有彈性地因時、因人、因地、因整體環境脈絡而制宜，對甲有利的方法，援用到乙可能剛好有害。

因此，與其學習枝微末節的技術，不如好好扎實強化自我內在亮度，也就是提升覺察力，以植樹比喻，正念練習直接施肥於根部。

本部的練習是來自於我所知道的正念減壓培訓課程，當然覺察情緒與想法的練習，不會只有文中敘述的幾項，但這些確實很好用，尤其有表格的部分例如愉悅或不愉悅事件記錄練習，建議至少跟著連續做一到兩週，會對自己與周遭人事物有新的發現與認識。

覺察情緒與想法的三個練習與三大根基

下頁上圖為本部的邏輯與呈現架構，並逐項說明：

（一）覺察普遍的想法陷阱——九點連成一線的練習

（二）情緒綁架是因為都混在一塊兒了——覺察愉悅與不愉悅的練習

（三）沒有良好的溝通品質，哪來好的人際互動——正念溝通的練習

【根基1】養成善意，減少敵意／怨懟／切割／封閉的慣性：慈心靜觀練習

【根基2】在沒完沒了忙碌中的自我滋養：行動中嵌入同在模式

【根基3】改寫人生的劇本：從慣性反應到有覺察的回應

（一）覺察普遍的想法陷阱：在日常生活中，行為幾乎都受想法所決定，這些年練習下來，我發現再小的起心動念都可能影響到日後的想法或行為，因此對腦袋裡所出現的想法保持高度覺察實在是有必要的。然而，即使是很有創意的人，都會有慣性的思維模式，在「九點連成一線」的練習中，透過簡單遊戲來探索影響我們至深的思維慣性。詳見本部第一篇〈九點連線遊戲〉。

（二）覺察愉悅與不愉悅的練習：情緒，對有些人來說是頗為陌生的，尤其對相當重視工作效率的人來說，情緒經常被視為沒意義或太私人，許多男人也常覺得情緒太難以捉摸而避之唯恐不及。記得有次我在醫院給醫護人員上課的時候，多數人在面對不愉悅事件時，夥伴竟然只有認知想法而沒有情緒心情，對情緒的高度忽略可見一斑。這種現象不會只出現在醫院，大多數的職場幾乎都是如此，尤其是在高壓的環境下。雖然可以理解這種只重視事情而輕忽心情的現象，但這對個人或機構長期而言，終究不是好現象。畢竟沒有妥善處理的負面情緒，很容易演化為敵意或消極的抵抗。

慣性忽略情緒，其中一個重要原因是：以為一旦重

視，情緒就會變得高漲、複雜、強化而難以控制，因此忽略／忽視或催眠自己時間可以沖淡一切是最安全的。然而，未適當重視情緒，在面對情緒突然湧現時，因急於壓抑或掩飾，一時或短期間也許可行，長期下來反而容易被情緒控制或綁架，甚而做出令人震驚或匪夷所思的行為，典型的例子就是人生勝利組的自殺或傷他案件頻傳。

覺察並直視情緒，雖然不是我們所熟悉的，但長期而言是比較可能帶來身心平衡與成長的策略。在愉悅與不愉悅事件記錄表的練習中，我們有機會溫柔安全地深入覺察情緒、想法與身體感覺，觀察到我們的心到底被什麼鉤住了而不得自在。詳見本部第二篇〈愉悅事件記錄練習〉，第三篇〈不愉悅事件記錄練習〉。

（三）正念溝通的練習：在八週正念減壓課程中，溝通練習安排在第六堂課，是比較晚出現的一堂課。原因主要是，前面幾堂的訓練幫助我們先有效地關照與穩定自己。畢竟，需要進行溝通都是雙方意見不一致時，此時如果以平衡的態度和覺察的心智來面對，一定比焦躁對立或紊亂波動的狀態好。混亂的雙方攪和在一起，除非奇蹟出現，不然還是一片混亂。然而，雙方中只要有一個能保持覺察，不跟著亂了方寸，局勢就有機會改變。在正念溝通的練習裡，我們學習把覺察、尊重和同在，帶入日常生活大大小小的人際互動。詳見本部第四篇〈正念溝通練習（之一）知己知彼的覺察〉、第五篇〈正念溝通的練習（之二）全然專注地聽〉、第六篇〈正念溝通實踐的實例分享〉。

除了上述的覺察練習，在情緒與想法的覺察中或者更廣義地說在正念練習中，還有三個很重要的共同根基，在這些根基下，上面的各項覺察練習會更有效能。

【根基1】養成善意的習慣。老實說，即使是很善良的好人，都很可能在跟別人意見或想法不一致時，內心深處充滿敵意、怨懟或傲慢，很想要跟對方切割並封閉自己，即使是對自己所愛的人。這樣的慣性相當隱微，有時候外表很難看出來，甚至於當事人自己也不知道。然而這樣的慣性會像個小蛀蟲，默默侵蝕著內在的平安、祥和與寧靜，當然也侵蝕著彼此的關係品質。慈心靜觀，練習把美好的祝福送給自己也送給他人，在無聲無息中培養內在的溫柔、善意與平靜。詳見本部第七篇〈慈心靜觀的練習〉。

【根基2】能滋養身心的同在模式。隨著網際網路與全球化的快速發展，人們越來越忙。所有完成任務的效率與效果，其實都取決於行動模式（doing mode）的執行效能。行動模式指的是從思考規畫、執行、追蹤到達成目標的過程。優異的行動模式帶來達成任務的成就，但任務越來越多時，思維與整個身心都會緊繃，達成任務的開心程度可能越來越短少。如何在忙碌生活下自我滋養？經常性地回到與生俱來卻被長期忽略的同在模式，是安全、可靠、有效的方法。同在模式（being mode）就是正念練習，溫柔地讓身與心合一，調節不斷地做、做、做的緊繃，讓身與心在動態甚至動盪中，仍有適度的和諧與平衡。詳請參閱本部第八篇〈行動模式與同在模式〉。

【根基3】選擇有覺察的回應。當我們把覺察帶入情緒與想法時，就會觀察到大多數行為慣性背後都有某些想法或感受支撐著。個人生命之流順著這些或隱、或微、或大、或小的慣性錯綜複雜地推演著。當我們大量開展對情緒、對想法、對身體的覺察後，視野變得開闊清晰，更多的可能隨之開展。在有覺察下做出明智的選擇，並回應一切人、事、物，相對於充滿自以為是的慣性反應，當然可以因此而改寫自己的人生劇本。詳見本部第九篇〈從慣性反應到有覺察地回應〉

後文將依循上述的說明次序，詳述逐項的練習方法。

01 覺察慣性思維的正念練習

九點連線遊戲

正念減壓的課堂中有個很好玩的回家作業，我有時簡稱為連連看，比較正確的名稱是九點連成一線的練習。像左圖的九個點點，要用四條、連續的、直線串連起來。以英文字母T為例，是兩條直線，但沒有連續；L則是有連續的兩條直線。

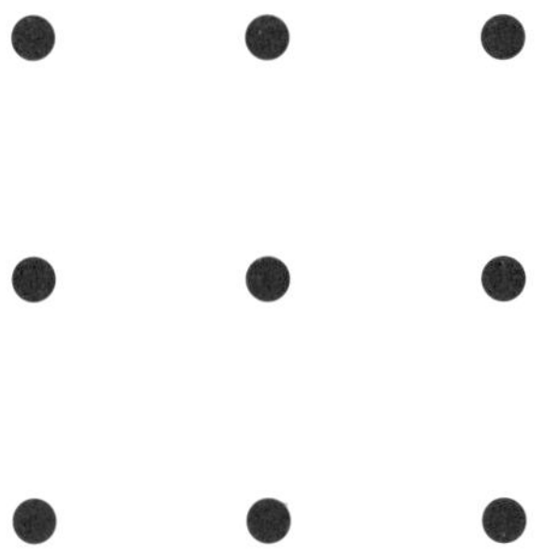

（圖1）

當初這個練習我做了一個禮拜，還是沒畫出來，但有人琢磨琢磨就出來了。建議您先暫停閱讀，一起來玩玩看。不用擔心畫得正確與否，就只是好玩試試看，如果你不想在書上直接畫，也可以拿一張紙自己標示距離一樣的九個點點，練習看看。能不能解出所謂的標準答案不重要，重要的是允許自己動手嘗試。其實所謂的標準解答也不只一個，所以何不放膽地在紙上比劃比劃呢。

再提醒一下，連連看的重點有三：(1)四條線，(2)直線，(3)連續，也就是一筆完成。試試看囉！

課堂中，我會邀請兩三位夥伴，在白板上畫出自己的圖。大家的反應很有趣：

有夥伴說以前做過這個練習，所以已經知道答案了。

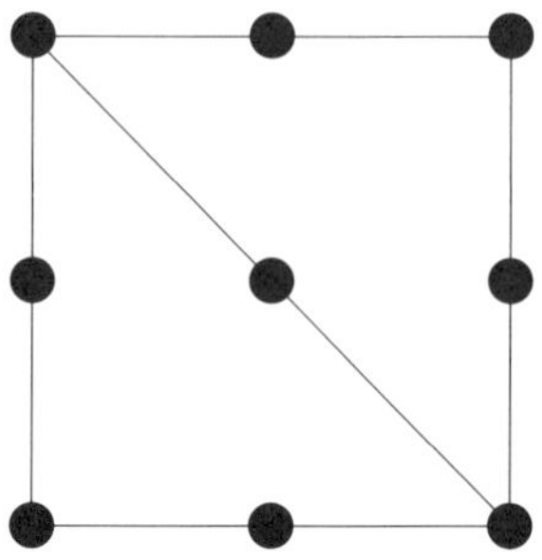

（圖2）

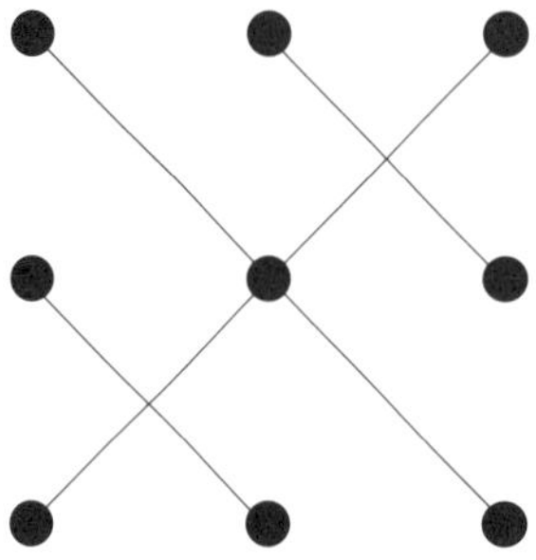

（圖3）

有夥伴說都想不起來，就上網找答案了。

有夥伴說都想不起來，乾脆就不做了。

大夥兒七嘴八舌，其他夥伴認真看白板上所畫的圖形，也核對一下自己所畫的。

通常會有夥伴畫出這樣圖(2)的圖形（你的也差不多是長這樣嗎？）。

這個像盒子般的圖確實用連續的直線把所有的點都串連起來的，但多畫了一條線。我開玩笑說如果這夥伴是賣東西的，一定要跟他買，因為他很大方，會買四送一。其實我當初也是這麼畫的。

也有夥伴畫出圖(3)的圖形。

這很像我小時候電視天線的圖形，規律中帶著突破，確實只用了四條直線，只是每一條都不連貫，也就是彼此都沒有銜接著。畫出這個圖型的夥伴大笑：「哎呀，我只聽到說要用四條線，沒有注意到線跟線之間需要連貫啊。」我也笑著回應他：「沒關係的囉，訊息接收不完全，是每個人多少都會有的狀況啊。」

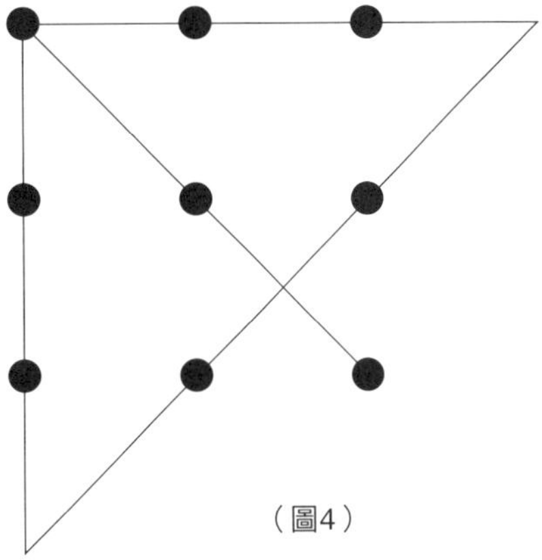
（圖4）

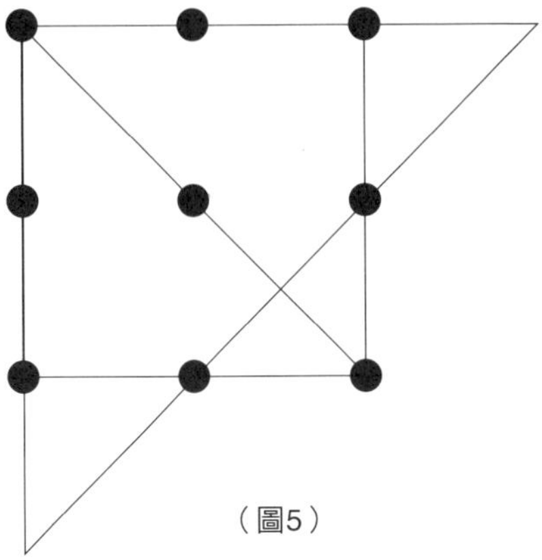
（圖5）

在遊戲中練習突破自我設限的框架

一般而言，也會有夥伴畫出圖(4)的圖形。這個像風箏般的圖形，用四條、連續的、直線，串起每一個點。（你的圖形也是長這樣嗎？）

仔細看，能分辨這圖形跟前兩個圖形最大的差別在哪兒嗎？一般而言，當我們看到這九個點，很容易感覺到有一個正方形的框框。

然而，在圖(5)中我們會發現至少有兩個區塊是在框框之外的（左下方與右上方的三角形）。換言之，要順利完成這個練習，需要能超越框架，超越我們心中所設定的框架，也就是超越思維的框架或慣性。然而，超越思維框架很多人都會講，但如何著手？這情況猶如不識廬山真面目，只緣身在此山中。

我們再來仔細看這九個點點：

對多數人而言，這九個點幾乎顯現一個完美的正方形。

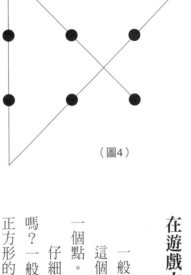

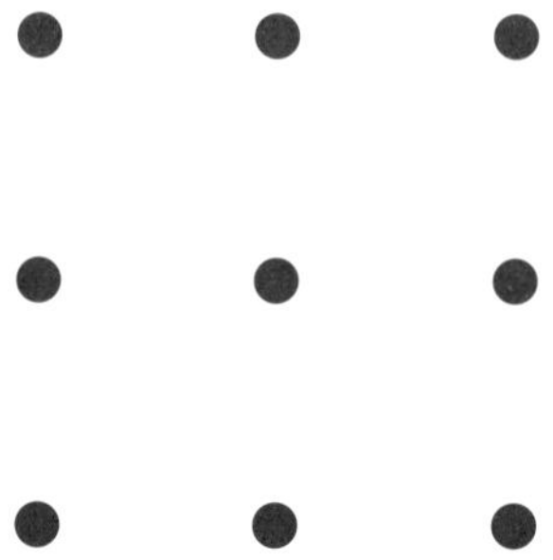

（圖6）

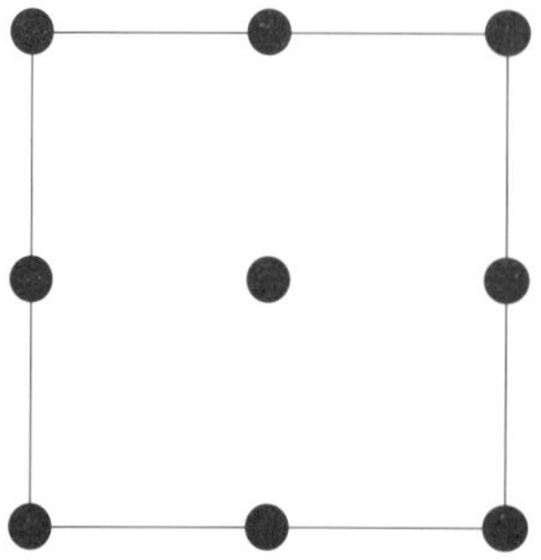

（圖7）

然而，真實的狀況是原圖只有九個點（如圖⑥），並沒有點與點之間的線條，這些線條是我們的心自動畫上去的（如圖⑦）。這四條原本不存在的線，透過心以光速的推論或假設而自動存在，推論速度太快幾乎沒引發任何的懷疑，理所當然地認定它們的存在。換言之，心的假設或推論在未經驗證下，立即直接成為事實。於是：

假設＝事實

這樣的思維慣性處處可見，臺語俗諺講的「看到一個影子，生出一個孩子」或者成語「杯弓蛇影」都是典型的例子。這是關於想法很重要的自我覺察訓練，因此以下再舉幾個例子：

【例1】面對一個很能表達自己或外顯強勢的人，我們心底可能就開始嘀咕這傢伙一定不好搞。

【例2】面對一個重病診斷，立刻覺得這輩子完了。

【例3】愛讀書的孩子，自然覺得這孩子未來一定很有前途。

【例4】同事今天對我冷淡，心裡嘀咕：「他不知道在對我不爽什麼？」瞬間感覺自己對他也不爽。

【例5】面對一個態度很好的人，我們很容易就認為他是好人。

【例6】練習靜坐時，念頭紛飛、靜不下來，就快速下結論：這練習我做不來。

生活中有太多、太多這種把假設直接等於事實的例子。這樣的思維慣性，來自於不自覺地編故事進而上演內心小劇場，也來自於欠缺分辨假設與事實的訓練。讓我們一起來區分這些例子中的假設與事實。

【例1】面對一個很能表達自己或外顯強勢的人〔事實〕，我們心底可能就開始嘀咕這傢伙一定不好搞〔假設〕。↓也許這個人沒心機、不假掩飾，是個能推心置腹的朋友〔不同的可能〕。

【例2】面對一個重病診斷〔事實〕，立刻覺得這輩子完了〔假設〕。↓在臨床上我們看到很多罹患癌症者，因著生病反而翻轉生命〔不同的可能〕。

【例3】愛讀書的孩子〔事實〕，自然覺得這孩子未來一定很有前途〔假設〕。↓這孩子遇到讀書無法解決的重大困難時，可能很難跨越〔不同的可能〕。

【例4】同事今天對我冷淡〔事實〕，認為他一定有所不滿〔假設〕，導致自己對他也不爽〔因假設所引發的行為〕。↓也許他是身體不舒服〔不同的可能〕。

【例5】面對一個態度很好的人〔事實〕，我們很容易就認為他是好人〔假設〕。↓也許他別有用心〔不同的可能〕。

【例6】練習靜坐時念頭紛飛、靜不下來〔事實〕，就快速下結論：這練習我做不來〔假設〕。↓假以時日也許會有不同的體會〔不同的可能〕。

從這些例子討論來看，我們明白：

假設 ≠ 事實

假設後，有太多可能可以開展，但，如果我們誤把假設當事實，就會無知得不知不覺，不知道自己不知道。年輕時善於思考的我很容易把假設當事實，還篤信不疑，這給我帶來很多苦頭，尤其是結婚、生小孩後，很容易小事變大卻還自以為是。學習並教導正念多年後，透過這個遊戲，有一天我領悟到，**原來好多導致不悅甚至是痛苦的想法，問題出在我們習慣性地透過編故事，錯把假設當事實。**

因此，分辨想法中哪些是假設、哪些是事實，其實是很重要的。好消息是，分辨的方法其實很簡單：所有的事實都是建構在過去或現在，而假設大多與未來的推論有關。再回頭看看例子的分析就清楚了。

【例1】面對一個很能表達自己或外顯強勢的人（事實，過去或現在），我們心底可能就開始嘀咕這傢伙一定不好搞（假設，未來的推論）。

【例2】面對一個重病診斷（事實，現在），立刻覺得這輩子完了（假設，未來的推論）。

【例3】愛讀書的孩子（事實，過去或現在），自然覺得這孩子未來一定很有前途（假設，未來的推論）。

【例4】同事今天冷淡（事實，過去或現在），認為他對我一定有所不滿（假設，現在）。

【例5】面對一個態度很好的人（事實，過去或現在），很容易就認為他是好人（假設，未來）。

【例6】練習靜坐時，念頭紛飛靜不下來（事實，過去或現在），下結論這練習做不來（假設，未來）。

下次當你有不舒服的想法出現時，可以試著依照這樣的次序「這是屬於過去或現在的事實，還是屬於未來的假設」梳理一下心裡所想，也幫助自己看到思維的慣性與框架。平常沒事時若能多加練習，遇到困難時會比較容易看穿思維慣性，避免後續所引發的痛苦。

〔練習看看〕（盡量寫）

- 心中有哪些想法浮現：____________
- 上述想法中哪些是事實：____________
- 上述想法中哪些是假設：____________

這個書寫練習在正念減壓課程裡不會有，基本上是我個人的領悟與實踐，課堂中我通常也不會讓大家寫這個，只有在這本書裡提供這個練習方法。

當我開始對心中的煩惱想法能分辨出哪些是事實而哪些是假設後，接著練習「讓假設就只是假設」，我可以選擇相信多少，也可以選擇暫放一邊等待驗證。而針對事實，我則可以選擇存而不論或者在適當時機再來處理。

區分假設與事實猶如明辨虛實，比較不會被自己太多的想法兜著轉。區分假設與事實還有另一個最大的好處，就是煩惱會少很多。事實，差不多就是那個樣子，已經是過去式，也改變不了。煩惱，多建構在假設上，既然是假設，就可以天馬行空，煩惱自然也跟著無邊無際了。當我有能力區分出假設與事實時，許多消耗在假設的精力省了下來，這時恍若烏雲散開，朗朗清空，便毫不費力地自然呈現。

也許有朋友會說：「我們之所以會如此假設，就是因為有過去的事實支持啊。」確實，大部分的假設都有過去若干的事實做基礎，也許之所以有這樣的假設，八〇％是奠基於過去的某些經驗或事實。然而，別忘了還有二〇％仍然只是假設。換言之，我們至少要保留二〇％的空間給未知，允許不同的可能與彈性。

正念是練習覺察。透過身體掃描、瑜伽、靜坐我們提升對身體的覺察能力。透過身體的覺察，可以直接有效地訓練這顆慣性飄移不定的心，安住於當下。接下來，我們開始練習覺察心中的念頭與想法，慢慢清楚分辨什麼是假設，什麼是事實，才不會以假亂真或真假難辨。慢慢清楚分辨我們給自己哪些框架、哪些牢籠，才有機會跨出框架、走出牢籠。有覺察且了了分明的腦袋，時時刻刻幫助我們做出明智的選擇，相對於渾渾噩噩的腦袋，日子會輕鬆愉快許多。

02 愉悅事件記錄練習

提升覺察愉悅情緒的敏銳度，儲備情緒存款

臺灣經過數十載的努力，現在大家比較重視食品安全，於是越來越多人開始留心栽種或養殖的方式，進而選擇有機或自然農法、添加物少、營養且較無負擔的食物。畢竟所有吃進身體裡的東西，不是成為身體的養分就是成為負擔。如果吃進很多垃圾食物，身體不但無法汲取養分，還會形成消化與吸收上的負荷。因著很多善心人士的推動，大家開始對這些有形食物有更多的覺察、分辨與選擇能力。

辨別會透支身心存款的不良情緒毒素

然而，除了有形的食物，我們每天其實吃進更多、更多無形的食物，包括耳朵所聽的、眼睛所看的、嘴巴所說的、心裡所想的。對於這些自己或他人餵給腦袋的食物，如果沒有覺察、分辨與選擇的話，無形中就會吃進很多不良或有毒物質，例如：冷嘲、熱諷、憤怒時所說的話、無根據或隨意的批評、無意義的酸言酸語等。這些毒素光聽到就足以大量耗損我們身心的能量，此外，也很容易形塑我們如何看待別人、如何看待這世界的觀點，嚴重性實在不低於有形的有毒食品。

有形食物我們可以從它的顏色、外觀、型態、栽培方式等外在表徵，進行分辨與選擇。但是對於無形食物的分辨與選擇，就困難許多。不管真實與否，我們很容易照單全收而不自覺。例如聽到某甲對自己的批評，感到難過、無辜、氣憤，膠著在複雜的情緒裡。但我們很少花力氣分辨甲對自己真的了解多少、甲的話有多少真實性、需要照章全收嗎？也許這些話只是甲的內在投射，或者是甲有自己的立場或利益考量等等。

如果用銀行存款的概念，這些無形的不良或有毒物質是身心的提款，提到無法再提的時候就透支。麻煩的是，這類的透支沒有底線，所以通常自己也不知道正處於透支狀態。因此在發展出對情緒與想法有高度覺察之前，學習能累積身心的無形存款是有必要的。這部分在正念減壓課程裡，最有意思的練習就是書寫「愉悅事件紀錄表」。（請參閱後附表格）

累積心情存款，從記錄愉悅事件開始

【練習時間】每日填寫一則愉悅事件，至少持續一週。

問題是，什麼叫做愉悅事件？如何認定愉悅事件？如果心中的愉悅事件是：小孩聽話、老公主動幫忙做家事、老婆溫柔體貼、老闆自動加薪、中樂透彩……雖然這些事情的確也令人開心，但發現到了嗎？這些愉悅事情發生與否的決定權，幾乎都在別人手上，如此一來，愉悅的機率自然低落。在這種情況下，生活越來越貧瘠乏味，「沒什麼好值得開心的」成為越來越熟悉的感覺。然而，每個人都需要為自己的生命負責，因此愉悅事件千萬不要只繫在別人身上，不論那個別人是老公、老婆、小孩、父母、公婆或工作夥伴。愉悅事件也千萬不要只繫在外在物質、成就、聲望等。

如此一來，無形中我們已經把快樂的能力寄託在外，請他人保管。但事實是，沒有任何人有義務要負責我們自己的快樂。**快樂不假外求，不是靠別人賦予，而是需要自己培育的能力。**

還記得有一次我在外面辦事情，當時很想上廁所，但一直找不到，只能憋著繼續尋尋覓覓。然後有個店家願意借我使用，哇塞，當時超開心的。從此以後，只要在我想上廁所時有乾淨的地方可以方便，我心底都感到滿愉悅的，不論是在家裡、辦公室或購物場所。這是典型的短暫愉悅，但通常不會留在我們的記憶中，好像這沒什麼，像這樣嚴重慣性忽略大小愉悅的傾向，讓我們的情緒存款很少。最慘的情況是，外人都覺得這個人很幸福，但這個人自己一點感覺都沒有，心中還不斷哀怨，像是坐擁金山喊沒錢。

原來，真正貧瘠的是心，沒有刻意練習的心很容易只關注並記住不愉悅的事情，愉悅事情卻如過眼雲煙般地揮霍。輕忽愉悅的慣性讓生活越來越乏味鬱悶，越來越需要靠外界刺激，渴望別人幫我們製造快樂，讓我們滿足。但我們所寄望的人，可能也正貧乏地等著別人給他們快樂啊。

如何能停止一味向外追求快樂的慣性，如何自主累積情緒存款？每日填寫「愉悅事件紀錄表」大概是最簡單的方式之一了。透過天天填寫「愉悅事件紀錄表」，一段時間後，我們開始對愉悅經驗從不知不覺到有知有覺，才能不偏食地只在意不愉悅的經驗。當我們的注意力也能覺察到生活中的愉悅時，這顆心開始練習平等地關照時時刻刻，而不再被不開心所綁架。然後我們會發現生活中可以開心的點滴還真多，再忙碌都不會錯過，例如：夕陽的光芒、微風的吹拂、真心的微笑、路樹的搖曳、花朵的綻放、鳥兒的啾叫聲、夥伴的成長、工作完成小段落、生活的新體會、餓時有東西吃、睏時有床鋪睡、渴時有水喝、想上大小號時有廁所、廁所按一個鍵就清掉所有汙穢、講話有人在乎（即使是爭吵）、天冷洗澡時有熱水、垃圾有地方丟、腳可以走路、躺下去睡得著……

有覺察的愉悅事件，才能培養自主喜悅的能力

原來，生活中充滿大大小小的恩典，這些都是愉悅的，但我們卻不以為意，總是視之為理所當然。這些年浸泡在正念的領域裡，讓我深刻地體會，沒有任何一件事情是理所當然的。幸福不會理所當然，健康不會理所當然，好的關係品質不會理所當然，工作能力與場所不會理所當然，反之亦然。每一個人事物不論再微小，都需要很多、很多、很多的條件充分配合與良好運作。擁有的時候沒有覺察，哪談得上珍惜；失去的時候又怎麼可能沒有遺憾、悔恨或懊惱。**記錄愉悅事件讓我們逐漸建立起不假外求的喜悅能力，累積自己的心情存款，讓開心能真正進入腦袋，存入保存記憶的海馬迴資料庫裡。**生活依然忙碌，病症依然存在，困難依然煩心，但至少可以平等看待而非全然淪陷，身心的平衡亦得以維持。

需要說明的是，在參閱「愉悅事件紀錄表」時會發現，表格的第三欄有「是／否」的選項，這其實是在提升對愉悅事件覺察能力的提問。如果在事件發生的當下，能覺察到這是一件開心的事情，就填「是」。如果當下不知道，在寫此表格時才想到，那麼就填「否」。一開始也許「否」多餘「是」，慢慢填寫一段時間後，「是」會增多而「否」減少。這表示當下的愉悅立即能有所覺察與體會，生活色彩將隨之豐富有趣。填完「是／否」之後，表格接下來的欄位分別書寫：

(1)在那當下身體的感覺。

(2)當時心裡的感受、情緒或心境。

(3)伴隨感受而來的想法為何。

細分成三個層次能幫助我們覺察、檢視與區分一個事件／經驗的內容與影響。通常我們對這三個層面鮮少理會，任其交互作用、相互影響而毫無覺察，無形中它們也形塑了我們所認定的一切。因此，在累積心情存款的同時，也學習分辨什麼是身體感覺、什麼是情緒、什麼是想法。這是重要的練習，尤其之後在面對不愉悅時，這三類的區分會很有幫助。

最後一欄「記錄此經驗時，浮現什麼想法」，再把注意力帶回此時此地，覺察當下的念頭，訓練把心再帶回當下的能力。

透過刻意訓練對愉悅事件的覺察，我們從不知不覺到有知有覺。讓我們從經常只記住不開心事情的慣性，在腦袋裡開放一些空間，留給本來就存在的愉悅狀態。這個練習不是刻意要去做些什麼事情來讓自己開心，而是覺察生活中本來就存在卻被忽略的愉悅。這是很有趣的練習，不用多花任何金錢或精力，也不用特別去到哪裡或跟誰在一起，就可以發現生命本來就存在的豐富與喜悅。如果可以的話，讓自己每天至少記錄一則，至少持續一、兩個禮拜。如果能繼續練習，到養成時時覺察愉悅經驗的習慣，累積的情緒存款會越來越多，不假外求的開心能力就這麼無聲無息地建構起來了。

■愉悅事件紀錄表

日期	描述事件的內容	＊	當時身體的感覺	當時心裡的感覺、情緒或心境	伴隨感受而來的想法	記錄此經驗時浮現什麼想法
		是／否				
		是／否				
		是／否				
		是／否				
		是／否				

＊：當下是否覺察到這是一個不愉悅的經驗

注：本表引用自《正念療癒力》。

03 不愉悅事件記錄練習

提升覺察與處理不悅情緒的能力

上文我們討論到覺察日常愉悅事件的重要性，但生活絕對不會只有愉悅，一定也有不愉悅，而且有很多，本文我們要來討論如何覺察、承接、面對不愉悅。正念，讓我們學習好好照顧自己，我們也將討論到在面對不愉悅時，如何落實照顧好自己。在大多數情況下，壓力幾乎都是不愉悅經驗的累積：一開始也許只是小小不爽的情緒，沒管它。之後再增加一點，還是沒管它，也沒處理。再持續累積，依然視而不見。直到有一天受不了，火山爆發，傷人傷己，傷身又傷心。

練習覺察不爽火苗，才有機會處理它

換言之，大多數的不愉悅通常是累積出來的，即使有些表面上看似突發，但深究後的底層，多多少少都會有若干小不爽的累積。因此，對於不愉悅事件，最好的處理方式，就是在它還沒變大與變嚴重之前，就能發現而適當處理。當然如果能在成形之時或形成之初就消融掉，那就更好了。然而，這一切沒有覺察做為基礎是不可能的，尤其是【Part 3】所提到的各項身體覺察。

透過記錄不愉悅事件，幫助我們覺察大大小小的不爽，有覺察才能處理，有處理才可能化掉。

於是，每一個不愉悅才能不累積、不蔓延、不牽連；允許它來、它停留，它消失時也不緊抓著不放。在沒填寫不愉悅事件之前，我總是以為自己脾氣很好，肚量很大。誠實填寫後，才發現我沒有自己想像的那麼不在意、也沒那麼大的肚量。**藉由覺察與記錄，我遇見更深層的自己，於是也活得更加真實。**

不愉悅事件記錄表的填寫方式和愉悅事件紀錄表一樣，書寫方式請參閱第？頁，此處不再贅述，而表格請參閱第？頁。可以的話，每天寫一則；如果一天有很多不愉悅，那就多寫幾則吧，不用拘泥於一則。畢竟這是幫助自己發現內在情緒變化的方式，細心填寫才有機會妥善處理。

書寫一個禮拜後，建議您可以重新閱覽所寫的內容，也許會發現一些共同的模式或某種慣性，也可能發現原來會讓自己生活不開心的，差不多就是那一兩個人或是某個領域的事情。心情的不悅猶如身體的疼痛，沒妥善處理的話，相當容易迅速蔓延擴大，從一分的不舒服膨脹變為十分的不爽，大概只要一秒鐘吧。其中的九分如果有覺察且適當處理，將能有效降低。反之，就可能把不爽再擴大為十九分或九十分。

以下我借用並改編課堂夥伴的分享，說明不愉悅經驗的練習。

小華提到主管臨時交辦一個緊急任務，不論就時間或內容都很難在期限內達成，小華感到莫大的壓力。依據「不愉悅事件記錄表」的架構，我探問小華在這個經驗下的想法、情緒與身體感覺，彙整成左頁表格：

統計結果如下：想法有二十二個，情緒有十一個，身體感覺只有兩個，想法的數量是情緒的兩倍，身體感覺的十一倍。這結構其實跟很多人的狀態類似，當遇到不爽時，想法很多很多，情緒不少，但對身體的感覺卻少之又少。

想法	情緒	身體感覺
老闆怎麼可以這樣	很煩	呼吸急促
我才來不到一年耶	生氣	冒汗
為什麼不叫A做	難過	
每次都臨時給任務	擔心	
這家公司值得待嗎	不公平	
好想辭職	緊張	
家裡需要這份薪水	壓抑	
希望老公可以賺多些	無奈	
是不是該換工作了	疲憊	
我需要找人幫忙	想逃	
這樣身體受得了嗎	懊悔	
我的能力不夠好		
還需要再加油		
後悔沒去讀研究所		
希望有人可以協助		
問同學看會不會		
老闆要磨練我嗎		
這是重用還是濫用		
怎麼運用正念啊		
又要加班幾個月		
孩子怎麼辦啊		
努力撐過再說		

以身體覺察，聚焦棘手的不悅情緒

然而，身體真的都沒有感覺嗎？其實不然，只是我們慣於忽略身體感覺，習於在想法上一直轉一直轉，不論是分析、解釋、抱怨或鼓舞自己。我們以為越想會越清楚，但真實的狀況是越想心越不平／煩躁／糾結／痛苦。因此，在面對不愉悅時，從想法入手，表面上很理所當然，但其實是比較難處理的。因為面對不舒服情境時，我們第一個慣性反應通常是「為什麼是我」，再來就是「努力想要解決問題」。但靜下心來認真看待會發現，很多事情根本不是我們想解決就能立刻解決，因為總會牽涉到其他的人、事、物。

另一方面，面對不舒服時，我們也相當容易落入無效思維的陷阱，例如反覆地思索是非對錯、為什麼會發生這種事情、當初如果怎麼樣就好了……想法中混雜著過去、現在、未來，也參雜了想像、責難、期待與各種相對應的情緒。

情緒與想法息息相關，彼此總是推波助瀾。慣性地在各種想法與情緒中打轉，無形中更快速消耗所剩不多的能量。當然我們也不需要壓抑任何念頭想法的浮現，但確實要小心的是，勿因想太多而強化或餵大任何不悅。

其實，在不愉悅的第一瞬間，最重要的不在於思考是非對錯或因應方案，而在於先把自己照顧好，即使只是一分鐘。照顧好自己首要的關鍵，就是把內在這股強大的能量放對地方。將能量放在想法或情緒，容易治絲益棼而成為負面能量，之後反而需要花更大的力氣來穩住自己。

能量若導入不熟悉但很真切的身體覺察，由於聚焦清晰，處理起來自然相對容易。因此，此時要練習大量把覺察帶入身體，領受當下所浮現的各種身體感覺，**不要只是籠統的「全身都不舒服」，最好找出一個或兩個最不舒服的部位**。在如此不悅的狀況，身體一定會有對應的不舒服位置，甚至有多種反應，但卻被我們慣性地忽略而導致身體感覺相對模糊。

慢慢來，持續練習身體覺察就會更敏銳。身體不舒服的反應區域，正在告訴我們該部位當下需要被關照。因此，當聆聽到身體的訊息之後，我們採取什麼樣的選擇是很重要的。不理睬或過度強化、擔憂、緊張於身體的訊息，都是極端。不理睬讓身心繼續受苦，強化等則是加重身心的苦，也很容易演化成慮病症。比較妥善的方式，是當覺知到身體不適時，刻意採取「不增不減」的態度，讓身體感覺如其所是地存在，然後——

(1)確定身體最不舒服的位置，溫柔地聆聽它所呈現出來的感覺：痠、麻、腫、痛、癢、刺、悶、緊等。為了提升大夥兒在壓力或不愉悅狀態下的身體覺察，彙整幾類常見的身體壓力反應以供參照。

- 與頭部相關：頭疼、頭暈、頭皮冒汗、血壓升高。
- 與臉部相關：呼吸短淺急促、講話速度變急變快、咬緊牙關、下巴緊繃。
- 與軀幹相關：肩頸緊繃或痠痛、胸悶、心跳加快、胃痛、腸絞痛、拉肚子、頻尿、便祕、吃不下、很想吃東西、皮膚癢。
- 與四肢有關：手腳發冷、手心冒汗、握拳、肌肉緊繃、大腿僵硬。

(2)確定了最不舒服的地方後，再覺察當下的身體需要什麼，也許需要大口呼吸數次，或者需要帶著覺察擴胸伸展，也許需要帶著覺察地喝杯水，或者需要正念地走去上個廁所（過程中有行走靜觀與如廁靜觀）。聆聽身體的訊息，給身體當下合宜的關照。

(3)除此之外，也可以在清楚定位出不舒服的身體部位後，大口吸氣，觀想氣息進入不舒服的部位，感覺它彷彿因此有點鼓脹感。大口吐氣，觀想氣息從不舒服的部位往外送出，領受它因此而有微幅的鬆沉感。持續如此關照身體最不舒服的部位，直到那不舒服的部位稍感舒緩。這過程也許只是一兩分鐘的暫歇與關照，但卻能送給身心若干能量、鬆沉與平衡。

關照好身體↓安頓好心↓好好處理問題

【練習】每日填寫「不愉悅事件記錄表」，至少持續一週。

一般來說，當遇到不舒服情境時，大部分人都是習慣先處理「心」，不論是想法或情緒。但此時我們的心通常很亂，東想西想，可能比平常更不受控制。或者此時的心可能會突然變得很硬，過度理性，只有事情沒有心情，所有想法與情緒完全被抑制住。所以如果從心入手，會比較麻煩，不是太紊亂很難整理，就是太堅硬打不開，或者過度自以為是而不自覺。

這時候最容易處理的其實是「身」，因為身體只活在當下，不會跑到過去、未來或想像。身體也不會鬧脾氣緊鎖大門或訊息混亂，只要把覺察帶入，現在身體是什麼感覺一定會忠實呈現。因此在面對壓力事件或不愉悅事件時，關照身體其實比關照心理來得容易、直接、有效。

身與心是高度交互作用，身體獲得照顧與安頓，通常心也會在不知不覺中跟著穩定下來，至少不會再狂飆亂衝。身體獲得關照，重新恢復平衡後，比較有能量，腦袋也不至於太紊亂或太堅硬，真的要處理事情，更有機會抓對方向，做出明智的選擇與決策。正念就是在這樣的連鎖反應下發揮作用的。

因此，在面對不愉悅狀態時，正念的面對方式，不是壓抑、快速昇華、假裝沒事、刻意轉念、掉頭走開，也不是一直往內挖，無止境地探索想法源頭或關聯。正念修習開創出一條新的道路，允許一切的存在，但在覺察中溫柔趨近身心真實不舒服的感覺，不逃跑也不強化，不強迫淨空腦袋也不編撰更多故事情節，而是溫和承接當下，照顧好「身」也看護好「心」，但先取得身體的平衡穩定，再進入思緒與問題的處理。我常開玩笑地說，即使安頓後最後還是需要去吵一架，身心平衡下的執行效能也會比較好。

不愉悅事件記錄練習在正念減壓的課堂上會連續進行一週[1]，您一起來試試吧。

1 根據麻州大學正念中心（CFM）正念減壓課程的教案，愉悅事件記錄練習和不愉悅事件記錄練習都寫一週。在華人正念減壓中心，我們會讓不愉悅事件寫兩週，以更清楚看到自己在不愉悅時的慣性並進行有覺察地回應。在這裡您可以依據自己的需要，也許寫更多週，幫助自己更了解自己，也更明白在哪些狀況下自己會進入不愉悅。

■不愉悅事件記錄表

日期	不愉悅事件的內容	＊	當時身體的感覺	當時心裡的感覺、情緒或心境	伴隨感受而來的想法	記錄此經驗時，浮現什麼想法
		是／否				
		是／否				
		是／否				
		是／否				
		是／否				

＊：當下是否覺察到這是一個不愉悅的經驗

注：本表引用自《正念療癒力》。

04

[正念溝通練習1]知己知彼的覺察

提升人際互動的品質

溝通，壓根兒不是件容易的事，它涉及了議題、時機、人物、價值觀、期待、衝突、妥協、方法、目標、耐心、自己的狀態、對方的狀態等等。很多人因而懶得溝通，不然就是以退讓或要脅替代溝通。害怕衝突而喜歡和諧的人，容易傾向息事寧人，以為這就是溝通，但不滿會慢慢累積在心中與體內。目標導向者容易過於強勢，以溝通之名行命令之實是常見的。如果是目標導向又害怕衝突，那內心的糾結就多了。其實溝通不是一味的忍讓，也不是一味的要求，而是在這兩個極端間，找到即使未能完全認同但彼此都可接受的區域。

溝通的效能幾乎決定了人際互動的品質，不論是夫妻間、親子間、親戚間、同事間、部屬間……畢竟人跟人在一起就是會有摩擦，尤其是發生不悅的事情，在哪兒都一樣，因此無須幻想美好的烏托邦。慢慢學習增加溝通的能力是一定要的，也是一輩子的功課。我們自己會改變，周圍的一切人事物也會改變，原本好用的溝通模式，物換星移後可能完全不適用。好消息是，學對了方向，慢慢就會看到效果，即使過程也許仍有崎嶇顛簸。

溝通困難事件紀錄表，從混亂中梳理出問題癥結點

【練習】填寫「溝通困難事件紀錄表」，至少持續一週。

正念的練習讓我深深體會，**溝通的良窳不在於運用了什麼技巧，最重要的是我自己真實的身心狀態**。當我們提到需要溝通時，肯定是兩方或多方的意見不一、想法互異，此時呈現的狀態可能是膠著、冷漠、衝突、有話不講、冷眼旁觀、進退維谷等令人不舒服的狀態。

這些年來我有一個深刻的發現，如果我自己的狀態不好，例如身體疲憊、心裡煩躁、身心不平衡，那麼溝通的效能一定很差，我會比較沒耐性，負面情緒也容易一瞬間就衝上腦門。麻煩的是，我的煩躁一定會勾動對方的不悅，於是經常越溝通越不爽，到後來只剩下誰比較有（權）力或誰聲音比較大或者誰先放棄。相反地，如果我的身心狀態是平衡且穩定的，所釋放的訊息是友善且真誠的，內在沒有強烈負面情緒的巨幅波動，那麼對方也能感受到善意而無須急著防衛、對抗、攻擊或閃躲，溝通上自然比較沒那麼費勁或原地繞圈。

這呼應了正念減壓訓練的課程安排，在八堂課中前五堂課多在學習如何照顧好自己，如何觀察到自己的慣性，進而練習有覺察地回應。累積了前面幾堂所蓄積的正念能量（讀者您則是累積了從第一章到現在，數篇文章的同步修練），大夥兒逐漸發展出在混亂中穩住自己的能力，因此在第六堂（現在）練習人際溝通時，自己就比較不會亂。否則紊亂、煩躁、焦慮、過度擔憂的心所進行的溝通，通常只是激起更多的狂亂與挫折。

這部分在正念減壓練習中，有一個連續寫一週的「溝通困難事件紀錄表」，請參閱本文最後。鼓勵您也跟著起練習一週，練習後再回過頭重讀本文，會更有體會[2]。

2 說實話，正念閱讀都是如此，有實踐與未實踐，實踐1次、5次或10次，體會絕對不同。

「溝通困難事件紀錄表」內容包括：

(1)溝通狀況的描述（日期、人物、主題）。

(2)溝通困難的狀況是如何產生的？

(3)針對當時的人物或情境，你真的想要的是什麼？你實際上得到的是什麼？

(4)針對當時的狀況，對方想要的是什麼？對方實際上得到的是什麼？

(5)在這過程中，你有什麼感覺？

(6)事情過後，你又有什麼感覺？

利用這個表格可以幫助梳理清楚溝通困難狀態下的混亂，也可以讓我們更清楚自己是否走在對的方向。

有覺察的溝通，從了解自己和對方的需求開始

溝通，比較麻煩的狀態是，原本的目的是想往東走，但所採取的溝通方式卻恰恰朝西行。在沒有覺察下，只是順著自己的慣性或習性，這種情況特別容易發生。例如孩子晚歸，我們內心深處的真實情感是擔憂，希望透過溝通，孩子可以明白體會這般擔憂而下回早歸；但外表呈現的卻經常是責備與生氣，甚至溝通後變成憤怒，無形中把孩子越推越遠。下次若又晚了，他可能更不想早點回家。又例如工作分配嚴重不均，內心深處的真實情感是生氣不爽，但因不善於溝通或不敢溝通，外

表呈現的卻是溫馴配合。這樣的溝通慣性，要不是有溝無通，讓人感到相當挫敗而漸漸相信溝通無效。要不根本是自己悶著，不敢開啟溝通之門卻抱怨無法溝通。

- 溝通困難另一類常見的問題是沒有核心主軸。
- 沒覺察自己要什麼，於是越扯越遠完全失去焦點。
- 沒覺察對方要什麼，於是各說各話，不歡而散。
- 沒覺察你我之間更高層次的共同關懷是什麼，於是只在較低層次的問題上打轉，製造更多的對立。

溝通不良還有一種現象是，此路分明行不通，但出於慣性還使勁地往前衝撞。這現象很像被困在室內想往外飛的小鳥，再怎麼衝撞透明的玻璃，都出不去。假如這是一隻有學過正念的小鳥，在多次循環飛撞後，會疲憊又難過地發現此路不通，這方法根本無效。

終於，牠選擇安靜下來，靜坐一段時間，覺察呼吸讓自己穩住。覺察念頭／情緒，讓自己不被想法念頭與情緒淹沒。覺察身體感覺時，領受到非常、非常微弱的風，吹拂在右腳處。腦袋於是浮現「右邊可能有出口」的猜測。

結束靜坐後，牠帶著覺察往窗子右邊飛去，發現一個小到足以讓牠飛出去的縫隙，小心翼翼地側身不讓翅膀被傷到，從窗臺外側飛出，然後展翅高飛。

小鳥的比喻說明了有些溝通障礙是不容易發現的，我之前也常犯這樣的毛病，正確地說，上述所有的不良示範我都經歷過了。因此如果覺得這些現象跟您似乎有幾分吻合，不用難過，我也是如此，您並不孤單，我們可以一起透過正念覺察練習持續進步。只要不放棄自己，一定有很多機會可以學習與成長。

一般而言，我們很清楚知道身體健康需要不斷保持，但很少人注意，溝通能力也是一輩子的修練。我們所處的環境總是持續不斷地變化：孩子長大、父母變老、職位變動、同事異動、工作轉換、經歷累積、自己身心狀況改變……因此，養成時時刻刻把正念覺察帶入溝通情境，再加上照顧好自己，經常性與自己有良好的溝通，這是培育溝通能力，萬變中的不變。

■溝通困難事件紀錄表

描述溝通狀況（日期、人物、主題）	溝通困難的狀況是如何產生的？	針對當時的人物或情境		針對當時的狀況		在這過程中，有什麼感覺？	事情過後，又有什麼感覺？
		你真正想要的是什麼？	你實際上得到的是什麼？	對方想要的是什麼？	對方實際上得到的是什麼？		

注：本表引用自《正念療癒力》。

05

〔正念溝通練習2〕全然專注地聽

提升人際互動的效能

溝通其實是複雜的人際互動，上文所提到的高度覺察，是有效溝通的必要條件。除了覺察之外，在溝通過程中「同在」（being）的程度也是影響溝通效能的關鍵。假設你我正在溝通，同在，是指我有多少的專注力真的投注在你身上，這經常也會影響到別人的專注度。老實說，我們未必可以決定別人的專注度，但至少可以決定自己的專注度。舉例來說，如果我邊用手機／電腦邊溝通，此時也許只有三〇％與對方同在（七〇％與手機同在），那麼溝通品質絕對不會高於三〇％。換言之，同在程度越高，溝通品質越好。那麼同在要高到什麼程度呢？好友如此形容：「在這當下，我眼裡只有你。」

三階段練習與對方「同在」的高品質聆聽

溝通時，發揮同在最重要的是在聆聽的階段，也是很多人最忽略的階段。下文我將分享在課堂中如何進行溝通的實做練習，從聆聽、映照到提出意見／忠告／想法。長時間的正念溝通練習，對於提升互動品質會有很大的裨益。但練習不等於保證進入一帆風順或陽光普照的狀態，過程中一定會踢到鐵板、深感心灰意冷，甚至是挫敗沮喪，難過療傷後，再繼續，可別幾次不順就放棄。方向對，要調整的就是方法。一直在改方向，卻從不改變方法，那才不妙。

課堂中我邀請大家兩人一組，選定甲乙。我會設定一個題目，邀請大家選擇適合分享的內容，詳細程度自行決定，練習次序如下。

【第一個階段】分享與聆聽

由甲先，這是百分之百屬於甲的時間，甲可以自由分享，如果甲已經講完了而時間還沒到，兩人寧可維持安靜，讓甲隨時想補充都有空間。

乙完全不講話，專心聆聽，同時觀察自己的注意力是否飄散他處，覺察內心好想分享、給建議或提問的衝動，盡可能維持高度同在。實際同在的程度到下一個階段就見真章了。

時間到時，我敲鈴結束這階段，大夥兒回歸到自己裡面，短暫安靜片刻。

【第二個階段】映照

乙用自己的話語，映照（reflect）剛剛所聽到的內容。不須死記活背甲所說的，像鏡子般忠實並盡量不參雜自己的意見、想法、經驗、建議地映照出甲所分享的內容，或者縱使參雜自己的意見也能清楚明白、分辨與呈現。可以的話盡量採用甲的語彙，這過程中可以採用第一人稱或是第二人稱式地映照。

這是百分之百屬於乙的時間，而甲只需要專心聆聽乙的映照，不需贊同、更正、補充或進一步分享。

映照，是一般人比較不熟悉的經驗，有時候我會在白板上畫下這些圖以方便說明。

左圖是甲所描述的內容：

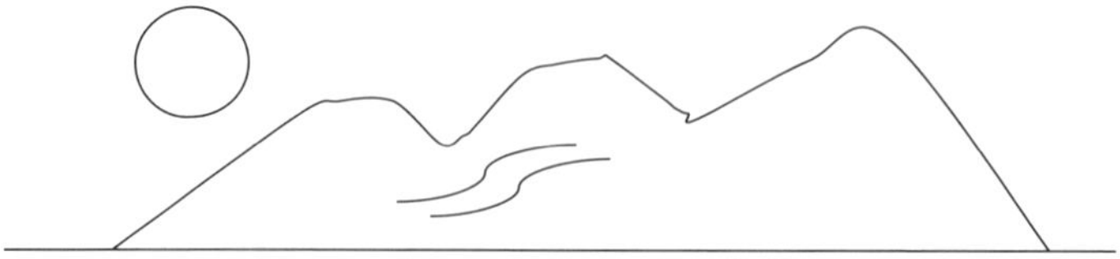

橫線的上方是甲的敘述，橫線的下方是乙的映照。
而乙有以下三種不同的映照。

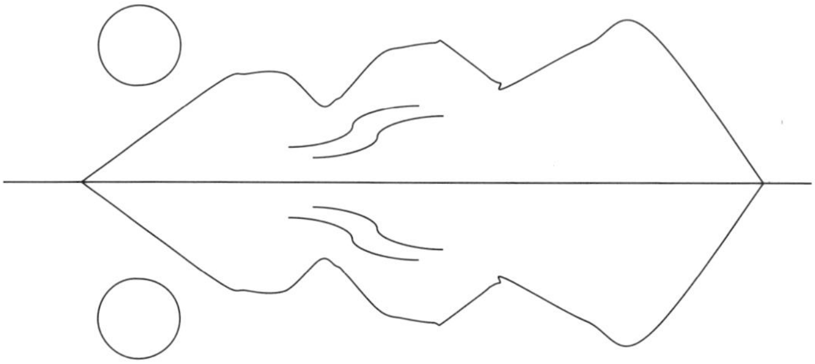

〔映照一〕乙所映照的幾乎全是甲所說的內容，
高度全然專注的同在。

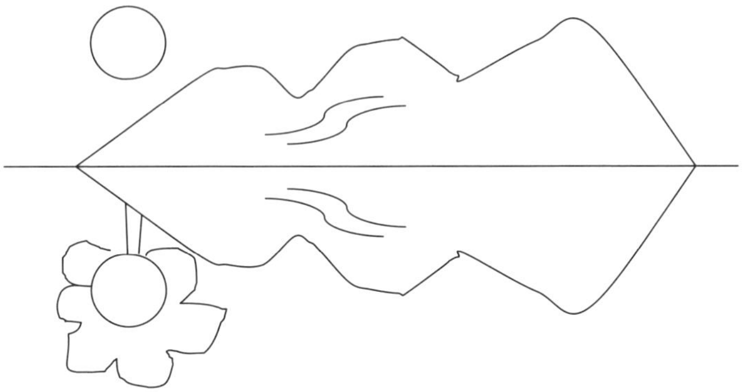

〔映照二〕這個映照大部分都很好，但在某個點上明顯地加入個人的想像。

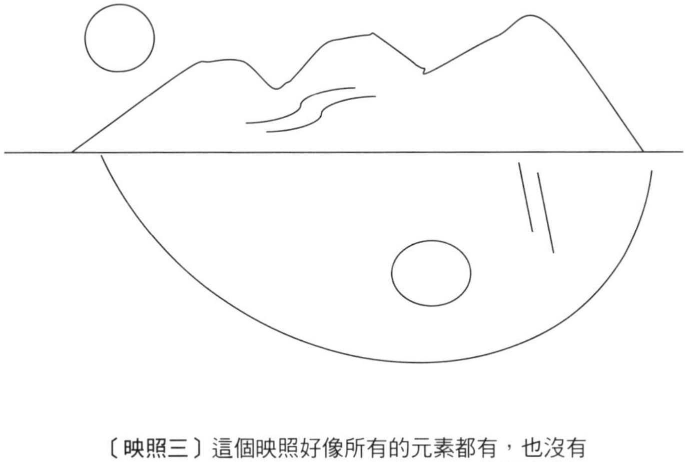

〔映照三〕這個映照好像所有的元素都有，也沒有加新的元素，但實際上是乙的想法或詮釋而非甲的真實。

【第三階段】交流

甲先分享練習過程中，聆聽乙映照自己經驗時的感受與發現。乙再分享自己的歷程。之後雙方自由交流。

一輪結束後，角色互換。整個練習結束後，需要特別提醒團體保密原則：為了保護每一位夥伴，要求大家絕不將夥伴所分享的內容傳遞給第三個人，下週見面時也不用再關心夥伴的最新發展狀況。讓練習結束就真的結束，不要讓練習成為負擔，也無須讓關心成為壓力。

簡單三步驟，實踐有覺察的正念溝通

這個練習讓許多夥伴發現，在聆聽別人講話時，自己其實沒有想像中的專注。一分神，映照就無法如實呈現，一定會卡住。在聆聽的過程中，很多時候我們會想要分享自己類似的經驗、給忠告或建議，想著何時可以插入提問，想著解決方案等。這些時刻，心其實已飄移他處，沒有真的在聽對方講話，即使繼續點頭做聆聽狀。然而只要一做映照，很快就發現對方在這些時刻所說的內容，自己竟然完全沒有印象。

聆聽，真的沒有想像得容易，在映照的歷程中，我們是否認真聽對方說話，馬上原形畢露。日常溝通中我們很少做映照練習，所以也不容易觀察到自己沒完整聽進對方說話的內容。多數人習慣直接給建議或忠告，縱使出於好心，但很可能只聽了三分之一或十分之一就驟下判斷，然後還不承認沒聽完，或者堅持雖沒聽完但已經完全掌握對方的重點。

溝通過程中，我們常出於好意，希望協助對方找到出口或處理方案，於是很用力地給對方我們覺得重要的意見或忠告。卻很少人會停下來思索一下，到底是我的意見重要，還是對方找到出口重要？理智上，我們知道對方找到出口比較重要；行為上，我們卻經常落入這樣的圈套，認為「我的忠告＝對方最佳出口」。於是，當對方沒有表現出我所期待的認真聆聽模樣時，我們就會不高興。

正念溝通的練習一次又一次地提醒我，有時候，真正能幫助對方的，不是我的忠告或想出什麼解決方案，而是全神貫注地聆聽。在這一刻，我眼裡只有你，我跟你全然同在，我聽到你在說什麼，而你也知道我聽到了。**當對方由衷感到被聽到、被了解時，自然會從內產生一種被接納的非語言力量，而能停止一直在自己的想法或情緒裡繞圈或循環的狀態**。因此，重點不在於我講什麼，也不在於你有沒有在聽，而是我有沒有安頓自己的身與心，好好地聆聽你在說什麼。這般全然同在的溝通可以化解許多怨懟、冷漠與爭執。

溝通的第一要件是聆聽，練習聆聽最好的方法就是映照。是否真的聽進去，一做映照馬上就知道了。經年累月地練習映照後，能大幅改善與提升溝通品質，尤其是家有青少年的家長，父母是否真的聽進去了，是否在乎自己的意見比孩子的需要重要，孩子幾乎都會毫無修飾地反饋。

在日常生活中，我們完全不做映照，就直接給對方我們認為重要的建議或忠告，甚至連對方的話都沒有聽完。這其實經常都是無效的溝通或者有溝沒有通，更糟糕的情況是越溝通越心寒，卻不知道該怎麼辦，最後只落得放棄或漠視。從今天開始，不急著爭是非對錯，不急著告誡這個或提醒那個，先提升自己聆聽的品質與能力吧。

彙整簡述正念溝通練習步驟如下：

【步驟1】專心、真心、全心地聆聽。如果希望關係溝通品質好的話，這是最基本的動作，不論是跟伴侶或孩子、父母、同事之間的關係。專心，指在這當下我只做這件事情，而不是邊滑手機邊講話，或是邊看文件邊回應。真心，指表裡一致，不是表面專注、微笑、點頭，而實際上一直在想怎麼回答對方，或只想趕快敷衍了事。其實，很多時候根本不用擔心等一下該怎麼回應，那只是慣性的焦慮緊張在作祟。真實的狀況是，當我們專心聆聽時，反而更知道如何回應，也能回應得更準確。

【步驟2】簡單映照＋核對。不須像課堂上的映照練習那般完整，但至少簡單地確認自己所聽到的，是否就是對方想表達的。或許我們可以這麼說：「讓我確認一下我是否聽清楚了，剛剛聽到你提到關於……的事情，是嗎？」這裡的「……」就是映照。映照傳遞的訊息是：我跟你同在，我在聽，我真誠尊重你，如果錯了歡迎糾正我。當然被糾正時要有雅量誠心接受，而不是希望別人糾正，但別人真的糾正時自己又不悅，這樣就不妙了。

【步驟3】最後才分享自己的想法。如果有忠告也是這時候才給。

然而日常生活我們大多是這樣做的：
聆聽，隨便聽一下；
映照，從來沒做過；
想法或忠告直接脫口而出。

請記得將心比心，換做是我們大概也沒太多興趣直接聽忠告，因為我們根本無法確定對方是否真的聽懂了啊。一般而言，我們最容易打開耳朵的時機有兩個：一個是有需求時，一個是感覺被聽懂時。因此請不要輕忽專注聆聽這項修練啊。

多多練習正念溝通，這是可以做一輩子的練習。溝通品質決定了人際互動品質，而人際互動品質相當程度地決定了活著的品質。下次在提出意見或忠告之前，請記得先核對並確認自己真的聽清楚對方所說的，至少能做到簡單的映照，慢慢練習從慣性的溝通模式，轉換成有覺察的正念溝通模式；也慢慢地從隨便聽聽，轉換成人在心在的專注互動。

06

正念溝通的實例分享

從強風來襲到微風輕拂

本文不是案例討論，而是分享改編自課堂上兩三位夥伴的小經驗，並透過這些小實例討論一些在溝通上值得留心的事項。在實際上的課堂中，有更多、更多的溝通經驗持續流動與分享著，其中不乏感人肺腑與幽默逗趣者。溝通，不是一個獨立存在的現象，而是身心大整合的活動，因此更多與溝通相關的練習散見於本書各處。若真心希望提升自己的溝通能力，不假外求，就先從穩住自己開始。話又說回來，不論是穩住自己或是溝通能力的提升，第一個受益人都是自己。何樂而不為呢？

〔案例一〕他要什麼？

學過正念溝通後，在課堂中學員小雅跟大家分享自己的經驗。

小雅的媽媽心中很多哀怨，怨自己沒有受到好的教育、怨爸爸不夠體貼、怨公婆大小眼、怨鄰居難相處等等。小雅實在聽得很煩，也很擔心這樣下去媽媽會越來越難相處，於是總覺得需要對媽媽曉以大義，好好教育她如何正向思考，努力讓媽媽知道其實她已經很好命了。麻煩的是，不論小雅從哪個角度切入，媽媽總是會提出許多反證，小雅感覺自己越來越沒耐性。兩人很難有交集，小雅感到懊惱，媽媽也覺得生氣，經常不歡而散。

上過正念溝通課後，小雅想把課堂所學試用在媽媽身上看看，因此在回娘家前就先給自己心理建設，告訴自己多聽少說。

(1)回到娘家，當媽媽又在抱怨東抱怨西時，小雅清楚感覺到幾乎要脫口而出的不滿。此時她不著痕跡地深吸一口氣，提醒自己：「閉嘴！只聽，別試圖教她什麼。」小雅承認這真是件超級困難的任務。

(2)在快要忍不住又想開導媽媽時，小雅覺察一下呼吸與身體感覺。這才發現身體已經相當緊繃，尤其是下巴、胃腸與肩膀。然後小雅微幅動一下，調節放鬆這些緊繃，再繼續聽媽媽抱怨。

(3)小雅一方面練習自我照顧，在覺察中維持自己的身心平衡，其他的精力就用來好好聆聽媽媽說話。這次，小雅完全沒有打岔，沒想要做這個或教那個，就只是單純專心地聽，也沒給任何建議。

(4)小雅盡量讓自己融入媽媽所說的情境，有時候竟然還會跟她沆瀣一氣地抱怨對方不夠意思，小雅自己也嚇到。

(5)聊完後媽媽開心地笑了，覺得自己很好命，生了一個貼心的女兒。

小雅分享說：「我真的什麼都沒做，就只是聽她、陪她，要求自己穩住、穩住，媽媽就一副心滿意足的樣子，真是讓我傻眼耶。」

「那就是她想要的啊！」坐在旁邊的夥伴笑笑地說。

「所以以前我的方向都錯了喔，我一直想要改變她，希望她過得更快樂，很怕她跟我一樣得到憂鬱症。尤其我們之前不是說過，你餵大腦吃什麼就會是什麼，所以我一直希望她的大腦能吃些愉快的東西。但一點用都沒有，她反而更堅守自己的立場。上次我真的一點兒都沒想要改變她，就只是跟她同在，她倒是自己鬆動了。」

「沒有人喜歡被改變，包括你跟我都是啊。大腦餵食的隱喻是指，我餵自己的大腦吃什麼，在覺察中，主動選擇對自己大腦是營養的食物。而不是我覺得別人的大腦應該吃什麼，然後強迫對方要吃下那些我覺得健康的食物。」

「這意思是說我們都不要想改變別人囉？」

「反過來看，我們能改變誰呢？改變每天睡在旁邊的伴侶？」

大夥兒輕輕搖搖頭。

「改變每天一起工作的同事？」

大夥兒再搖搖頭。

「自己的小孩？」

大夥兒頭搖得更厲害了，尤其是那些家裡有青少年的夥伴們。

「認真一想，我們無法改變任何人。如果我們以為可以改變任何人，那也是對方的心門願意敞開。那麼，我們能改變誰呢？」我問大家。

「自己。」

「是的，唯一能改變的就只有自己。老實說，能改變自己其實就非常厲害了。所有的修行都是在修自己，不是在修別人，不是嗎？但有趣的是，人與人的關係是共同建構的系統，系統中有個點開始轉變，相關的元素就會跟著連動變化，只是有時候幅度尚小，我們沒有感覺而誤以為沒差異，但實際上還是有差別的。正念覺察學習讓心安住於當下，唯有心安住了，不躁動，才能覺察每個當下細微的變化。那麼請問，小雅剛剛的分享，先轉變溝通模式的是誰？媽媽，還是小雅？」

「小雅。」

「是的。小雅溝通模式從強風吹襲式地總希望媽媽有所改變，這次在覺察、同在與自我照顧中，強風默默轉化為輕拂的微風，在毫無所求下，小雅風量的變化反而讓媽媽願意打開心門。」

「聽起來好像北風與太陽的故事喔。」

「哈哈哈哈，有像喔。」

〔案例二〕急，擠掉了空間與可能

接著，小吳也舉手分享，他說上次正念溝通的練習讓他感觸很深，這兩週他在辦公室特別認真練習。

有個新同事一直讓小吳很頭痛，能力很強但動作很慢。上週這位同事應該要交一份文件，但時間到了還沒有提交任何東西。小吳很不高興，叫他進辦公室。這次小吳沒有先說教或責備，刻意提醒自己抱持著開放與好奇的態度試試正念溝通。

(1)小吳溫和地詢問這同事做了些什麼，是怎麼樣的狀況讓他無法正常交件等，盡量不一開始就落入「指責／防衛」的氣氛。

(2)耐住好大的性子聽他一一講完，過程中小吳觀察到自己急促的呼吸與一直想打岔的衝動。

(3)一段時間後小吳發現他不是什麼都沒做，而是卡在一個需要客戶主管定奪的環節。幾乎一直聽到最後，小吳才發現這同事行事細膩，避免了一個不小的連貫失誤。

(4)小吳深吸了一口氣，差點兒錯怪對方。

(5)小吳再深深吸一口氣，原來彼此的溝通習慣如此不同——小吳習慣直接進入結果，同仁需要鋪陳過程才講得出結果。

「以前工作時，不覺得溝通有多重要，任務就擺在眼前，沒做完就趕快拚命完成，不須講太多，大家的工作狀態或態度比較相近。到了這個年代，差異好大，你不好好跟下屬溝通，也不知道他是什麼狀態，難免就會用自己的角度去揣想對方，也許想錯了都還不知道。這樣就會產生誤會與不爽，我不爽對方，對方也不爽我。我覺得他怎麼什麼都沒做，他覺得自己做了很多，落差很大。唉，只要多幾次這類不爽經驗，難保彼此不產生心結，心結不論大小都會影響對彼此的信任與工作的推動啊。」

「那麼，你覺得這次的溝通與之前最大的不同是什麼？」

「我刻意提醒自己要有耐心，不要急，別急著直接下結論或岔話，聽他把話講完。我也試著提醒自己做一點點的映照，這能幫助我好好聽他講話，把腦袋帶回他正在講的內容，不然各種想法或解決方案很快會一直、一直湧現，當然也少不了評價對方，更別說接納了。這真的比想像的難。好多時候我都會在心裡嘀咕：『這不是重點！然後呢？』很沒耐心，即使我已經把時間空出來要來討論這件事情了。」

「嗯。那麼身體有什麼反應嗎？」

「有耶，呼吸比較急促，呼吸跟心一樣變得比較急。然後當我很想追著他講重點時，肩膀會比較緊一些，好像有點微微聳起來，太陽穴也會比較緊一些。以前我從來不知道在溝通時身體會有反應。然後我也發現好像身體越緊繃會越沒耐性呢，於是我就再呼吸深一點，放掉肩膀。沒多久後一下子又緊繃了起來，就繼續呼吸更深一點，再鬆掉一些緊繃，循環好幾次喔。直到我最後聽到他其實做的不錯才完全放下。」

「好棒啊！身心的交互作用觀察得很清楚呢。」

「是啊，我自己也滿訝異的。這才比較明白課堂上你常說的『穩住自己』是什麼意思，當我心很急的時候，身體也會跟著煩躁，但沒有覺察下，身體的躁會加重心裡的煩，攪和在一起就會更沒耐性，心更急，不知不覺中擠壓自己也擠壓他人。然後，當我把正念帶入，即使只是一兩秒的時間，關照一下自己，覺察當下自己的真實狀態，而不是百分之百地只專注在對方或要解決的問題上，好像情況就會很不一樣耶，實在很奇妙。」

「是啊，這一兩秒的轉圜看似沒什麼，卻發揮很大的槓桿作用，也是這幾個星期不斷練習後產生的內在能力與能量。」

溝通裡的似是而非

「前面兩位夥伴分享的正念溝通都有愉快的結局，但是我的正念溝通就完全沒效耶。」小陳這麼一說吸引了所有人的注意，「上禮拜我跟小孩試著用正念溝通，叫他把自己的東西收好，可是他還是沒理我，東西照樣丟得到處都是啊。」小陳幽默的口吻讓大夥兒都笑了。

「哈哈，正念溝通又不是神藥，未必每次立竿見影，需要不斷地練習。有些練習可能一做就很有感覺，有些練習做了很多次可能都還沒有明顯轉化，這是很正常的。放下對練習效益的期待，讓練習單純就只是練習，這本身就是練習。哈哈，會不會很像在繞口令?!但話說回來，沒有覺察的溝通，品質只會更糟，不是嗎？」

話題一轉，我提出這個問題：「假設我們兩個正在溝通一件事情，你有你的想法，我有我的立場，如果你不跟我站在同一立場，我就要生氣、受傷或難過，請問這是溝通嗎？」

「不是。」

「真的嗎？但我們好像經常如此，在溝通過程中，當別人想法或立場還是跟我們不一樣時，內在很容易受傷。也就是表面上是溝通，但骨子裡很難接受對方說『不』。」

在這樣的情況下我們其實不是在溝通，而是以溝通之名行命令之實。但大多數人的互動經常如此，我自己也花了多年時間才慢慢調整。**建議大家下次進行溝通之前，先給自己心理建設：允許對方不認同我們的想法或立場，允許對方有說「不」的空間。**如果內心深處感覺這件事情沒有說「不」的空間，那麼寧可講清楚，對方未必贊同但至少理解。最好不要表面是溝通，但只有一個選項可接受，這種給人期待又不講明白，最是麻煩。萬一對方真的說不時，不論再怎麼準備，內心多少還是會覺得不舒服，此時別忘了在覺察中好好照顧自己。

此外，我也提醒大夥兒，**不是只有語言的訊息才叫溝通**，有些人傳遞非語言的訊息可能比語言的訊息還多、還擅長、還熟悉。如果因為自己只熟悉語言式的溝通，對於非語言的溝通視而不見或抹煞其重要性，那麼溝通就非常狹窄又困難了。舉例來說，如果是對方的錯，對方雖然沒有用言語表示道歉，但兩個小時後來問：「要不要幫你買便當？」或者對方順手幫忙拿個你需要的東西給你，或傳個問候的手機貼圖來等等，這些都是非語言的善意訊息。假如一味的認定只有語言訊息才叫溝通，那麼就會因為完全聽不到對方的任何回應而抓狂，而對方也會感覺不到善意回應而挫折。

正念溝通，一輩子的探索之旅

為了便於日後的實作練習，稍微梳理一下正念溝通的學習重點：

首先，明智地選擇合宜的溝通時機相當重要。時機的選擇不只是我方，還有對方，溝通前請記得關照對方是否處於適合溝通的狀態。只要任何一方身體很疲憊、手邊的事情多又急，或者心情極度惡劣，都不是溝通的好時機。以前我常犯這樣的錯誤，因為自己覺得很重要，即使已是深夜了還覺得必須講清楚，溝通到後來總是兩敗俱傷。

其次，在溝通中一定要帶入正念覺察，好好照顧自己，讓自我身心相對處於平衡穩定狀態是非常重要的。因為在失衡下，不可能專注且真心地聆聽，只會想怎麼反駁、說服與打倒對方。對方當然也會嗅到煙硝味，如此氛圍下的溝通，自然會導向攻擊與防衛的爭戰，沒力氣或懶得吵就直接進入冷戰，既沒意思也很累人。

然後，全然專心聆聽。尤其是對重要的人，孩子、伴侶、父母、同事等，盡量不要邊看手機邊回應，有沒有認真聆聽是騙不了人的，可參考下面的溝通自我檢視表。

■溝通自我檢視表

		外表的樣子	
		一邊做其他事情	沒有做其他事情
內在狀況	邊聽邊想著其他事情	雙方很容易處於雞同鴨講狀態	表面的聆聽，經常會聽而不聞
	心無旁騖地聆聽	別傻了，完全不可能	專注、同在、尊重

周圍一切的人事物包括自己，隨時都在變，昨天溝通得很順暢，很可能今天就受挫。就像其他正念練習般，切勿貪戀美好的經驗，也不用害怕或討厭不舒服的經驗。不害怕溝通，才可能有效溝通。

以非評價和接納的態度，觀察自己的溝通慣性，也觀察並允許他人的溝通慣性。

學習相信自己，也信任對方。

以耐心和非用力追求來融入溝通的過程。

以放下和初心來承接溝通的結果。

正念練習的七大原則，隨時都用得上。然後，我們會發現每一次的溝通都是不一樣的，如同呼吸，每一口都是新鮮的。正念溝通是不斷跨越舒適圈的挑戰，也是有趣的實作練習，更是一輩子的發現與學習之旅。我們一起上路吧！

07

培養善意的習慣

慈心靜觀的練習

在我上的八週正念減壓課程中，每次課堂結束時，我都會邀請夥伴們一起進行三分鐘左右的慈心靜觀（lovingandkindness meditation）練習。這是我二〇一〇年在美國上課時從恩師那邊學到的，實行後一直覺得很好，夥伴們的反饋也都正向。幾年後，我在麻大正念中心上更進一步的師資培訓師訓練時，才知道這不是正念減壓標準教案裡面會有的內容。有趣的是多年實踐後，我發現這項練習精準地符合了卡巴金博士後來所加的兩項正念練習基本原則——感謝與慷慨——而且是用不著痕跡、毫無說教的方式溫柔傳遞，因此我決定保留這項練習，清楚說明並以大家都能一起參與的形式來進行。

慈心靜觀，是把美好的祝福先送給自己，再送給周圍的人，最後送給一切眾生。如石落水，波紋由內而外的擴散，送慈心祝福時溫柔能量也從裡而外地開展。

讓心回歸平靜溫柔的慈心祝福練習引導

課堂中的練習方式非常簡單，在課程結束之際進行，差不多就是依照下面所描述的程序。不過，為了降低進入障礙，通常在第一次練習或有第一次進團的夥伴時，我會稍微把此練習的目的與程序說明一下（相關音檔，請掃描QR CODE《正念減壓自學全書》練習音檔）：

(1)邀請大夥兒採用舒服的坐姿，通常也是腰直肩鬆的姿勢，眼睛輕輕閉上，溫柔地把注意力帶回此時的身體，領受身體的感覺，覺察身體裡的呼吸。

(2)短暫身心合一之後，我唸誦一句，大夥兒跟著唸誦一句[3]。邀請大家在唸誦的過程中，盡量打從內心深處地把祝福送出來，而不只是從嘴巴，因為這是每一個人都需要的祝福。唸誦慈心祝福的聲音語調就跟平常講話是一樣的，完全不須矯情的溫柔，也不須刻意地拉長拖慢。所有正念練習都沒有要成為另一個人，而是朝向成為更真實的自己。

(3)然後我開始一句一句地唸出慈愛的祝福。這祝福的內容其實不是制式固定的，而我最常用的兩個版本如下：

【極簡版】

願我平安、健康、快樂。

願你平安、健康、快樂。

願眾生平安、健康、快樂。

《正念減壓自學全書》練習音檔

【祥和版】

願我沒有敵意。

願我沒有危險。

願我沒有身體上的痛苦。

願我沒有心理上的痛苦。

願我安詳快樂。

願你沒有敵意。

願你沒有危險。

願你沒有身體上的痛苦。

願你沒有心理上的痛苦。

願你安詳快樂。

願眾生沒有敵意。

願眾生沒有危險。

---

3 這種帶領者唸一句，學員跟著唸一句的形式，對西方人而言簡直是不可思議，但我們從小就很熟悉這樣的方式，倒也很快就做得自然，沒有太多適應上的困難，也多能領受團體祝福的底蘊能量。在麻大正念中心時，我的老師採取的做法是她唸誦祝福，所有人都安靜聆聽。

願眾生沒有身體上的痛苦。
願眾生沒有心理上的痛苦。
願眾生安詳快樂。

(4)送完祝福後，再度領受當下身體的感覺，覺察身體裡的呼吸。然在祝福中結束當天的課程。

這是一個潛移默化的薰陶，練習後無須討論或分享。有些夥伴第一次聽到這些祝福詞並不習慣，有些夥伴則是一開始就很喜歡這項練習。有夥伴分享他每次靜坐練習後，都會送慈心，讓他有種愉悅安定的感覺。很快的這成為課程結束時簡單溫柔的練習，在下次見到彼此之前，把慈愛的祝福送給大家，領受運用語言卻又超乎言語的關懷與連結。

然而，在送慈心祝福時還是有兩點要留心的：

【注意1】首先，請先祝福自己，或者至少記得祝福自己，不急著一味的祝福別人，亦勿只祝福別人而忽略自己。祝福自己不是自私，而是自我慈愛。一個人只有能對自己慈愛時，才有可能對他人慈愛，不然所送出去的愛，經常是出於某種期待、渴望、價值觀等的投射而不自覺。這樣的愛，拖泥帶水，送者累，接收者也累。

【注意2】其次，在送出慈心祝福的時候，一定要慷慨大方，送了就送了，千萬不要期待對方因為自己送了慈心祝福，就要有所不同，這樣就不是送而是要脅了。送祝福，單純就只是送祝福，沒有別的意念、想法或期待參雜其中。

這麼一來，慈心祝福就很簡單，走在路上看到一個拄著拐杖的老先生，可以祝福他：「願你平安、健康、快樂。」聽到一個娃兒在哭，可以祝福娃兒平安、健康、快樂。去醫院、坐公車、地鐵、捷運，可以廣泛地祝福在這空間內的所有人：「願大家平安、健康、快樂。」甚至樓下小狗半夜吵群架，也可以祝福牠們和平相處。

所以日常生活的慈心祝福很簡單，也很純粹，隨時都可以送，不用唸出聲音，也沒有一定要唸誦上述的詞句，就看當下想給什麼祝福，直接送出就好。**唯一的要求是心純意正，不須很刻意或勉強。送完之後就放下，不要有任何的期待或想像，更不須有「我在做什麼好事」或「我在幫助別人」的自戀。**切勿把慈心祝福當成是某種應該或交換，那就走錯方向了。另外，慈心祝福的詞不用太多，簡單重複，不要成為碎碎唸或變成長篇禱詞。

課堂中慈心祝福練習實例分享

【案例１】狀況：被孩子氣得半死

小青舉手分享他的經驗，他說有一次跟正值青少年的孩子吵架，被孩子氣得半死。當時實在不知道該怎麼辦，很想好好教訓孩子，但經驗告訴他這時候任何嚴厲的教訓最後好像都會失焦；很想海扁孩子一頓，但孩子也長大了；很想解決問題，但孩子又不理你……小青進退維谷，膠著在憤怒、失望、難過、擔心的複雜情緒中。當時小青的身體明顯感到不舒服，呼吸短淺急促、肌肉緊繃、下巴緊緊咬合住。

小青突然想起課堂上說的：「**此時重要的不是爭是非對錯，也不在趕快倒出心中的想法，而是先要好好照顧自己，讓失去平衡的身體能夠被關照到。**」小青於是——

(1)給身體幾個深呼吸，專心地把氣息大口地吸入身體，感覺身體的鼓脹。大口地吐氣，身體鬆掉一點，心中怒火彷彿也跟著吐出了一點。

(2)連續幾個高度覺察的深呼吸之後，小青的怒火稍緩，隨即想到每次課後的慈心祝福。於是他開始在心中祝福孩子：「願〇〇沒有敵意，願〇〇健康快樂。願〇〇沒有敵意，願〇〇健康快樂。願〇〇沒有敵意，願〇〇健康快樂……」〇〇是孩子的名字。在單純、直接、重複的祝福過程中，高漲緊繃的情緒逐漸紓解，心中那塊硬硬的石頭好像軟化了。

(3)然後，小青發現他忘了祝福自己，於是也把慈心送給自己：「願我沒有敵意，願我健康快樂。願我沒有敵意，願我健康快樂……」

(4)小青的心情漸漸平和，身體也逐漸放鬆。幾分鐘後，沒想到孩子的口氣也緩和了許多。雖然彼此沒再多說什麼，也未針對問題討論或爭辯，但那晚，彼此都睡了個好覺。

小青分享後我補充說明，敵意，其實是我們在爭執時，經常存在但長期被我們忽略的內在底層細微狀態，無形中會大幅左右或強化當下的情緒和想法。因此在爭執時，「沒有敵意」的祝福，對自己、對對方，其實是很重要的。

【案例２】狀況：被老闆罵

不久小靖舉手提問：「在不爽的時候送慈心，送得出來嗎？是真心的嗎？我就覺得很困難耶。像上週老闆罵我，我一度想到慈心，但就是不想祝福他。心裡根本覺得他很過分，沒詛咒他就已經很客氣了，還送慈心咧，怎麼可能？」

「確實，在這個時刻是很難送慈心給老闆，而且也不宜送。當我們發現到心裡想要詛咒大於想要給祝福時，就不要欺騙自己，寧可不送，也不要送出含有雜質或毒素的祝福。無法送給對方，至少可以送給自己：『願我沒有敵意、沒有危險，願我平安快樂。』如果這時候不想送慈心，也可以用其他方式好好照顧自己。」

然後，當自己感到稍微平衡一些後，也許可以送慈心給眾生：「願眾生沒有敵意、沒有危險，願眾生平安快樂。」

眾生包含自己與對方，也包含更多更多的人……這樣的練習，讓我們不硬邦邦地與不爽正面交鋒或自我扭曲，但也沒被不爽全然綁架或控制。

我經常強調慈心祝福是一種自然流露，不要勉強，更千萬不要成為某種教條或圭臬而不假思索地奉行。**即使是進行慈心祝福時，都是有覺察的狀態，而不是口在心不在。**

在正念的練習過程中，我們慢慢地練習身（行為）、口（表達）、意（想法）的合一，也就是所做的行為、所表達的話語、心中的想法，是日漸趨於一致的。身口意合一，在複雜的社會環境中，對外也許難以全部適用，但至少對自己絕對是可以的，也是邁向愉悅人生的必要修練之一。這點，在慈心祝福時尤其如此。值得一提的是，身口意的合一練習不是拿來要求或衡量別人，而是一種安靜漸進的自我修練。

因此在八週正念減壓課程中，慈心祝福都只是輕輕帶過，只有到第六堂與第七堂中間的一日靜觀時，才會做完整版的慈心靜觀練習4。我們在無法慈愛自己之前，是難以真心慈愛他人的。因此，照顧自己是非常重要的，而照顧自己也正是落實對自己的慈愛。所以在正念減壓課程中的慈心是鑲嵌在日常生活的具體行動裡，而沒有特別額外的培訓，但在其他場域，慈心練習就可能會成為訓練主軸了。

【案例3】狀況：和同事吵架

小澄舉手，針對剛剛小靖的提問，他想分享自己最近的經驗。他說上週跟公司同事吵架，心裡實在非常不高興，因為那件事情分明是同事有錯，但他就是狡辯，而且還在開會時影射是小澄的不對。小澄覺得被冤枉、被誤解，甚至是被曲解，超級不爽……

(1)會後小澄帶了一杯溫開水，走到公司大樓的一個角落透透氣，想要舒緩一下自己。小澄隨意看著周圍景物，對自己承認：「心裡真的非常不高興，覺得那位同事實在很不應該，自己平常待他不薄，他怎麼可以這個樣子……」小澄越想越難過，也想到很多他們互動的經過。

(2)此時，一個周圍的聲響，讓他突然意識到自己的心已經越跑越遠了，這樣衍生再衍生的想法，沒什麼用處，只是讓他更不開心。靈機一動，心想「來練習正念看看吧」。於是，他採用飲食靜觀的方式專心一意地喝一口水，他清楚感覺到水滋潤了口腔、喉嚨與身體。之後再來幾個有覺察的深呼吸。小澄想到也許可以試試慈心祝福，於是小澄祝福自己，「願我沒有敵意，願我沒有危險，願我順利平安快樂。願我沒有敵意，願我沒有危險，願我順利平安快樂……」

(3)幾分鐘後，小澄心情平靜許多。有一種淡淡的領悟，覺得大家都只是混口飯吃，那位同事應該不是那種人，也許，其中真有什麼誤解。於是，小澄淡淡地也祝福這位同事，「願○○沒有敵意，願○○沒有危險，願○○順利平安快樂。願○○沒有敵意，願○○沒有危險，願○○順利平安快樂……」○○是那位同事的名字。

(4)然後，小澄把水喝完，帶著比較平衡的心情回到辦公室，未再跟那位同事講話。

(5)沒想到，當晚同事竟然打電話給他，表明他如何產生誤解並跟小澄誠心道歉，小澄也表達心裡的不悅並接受道歉，兩人言歸於好。

我趁機問大家：「聽了夥伴分享自己的慈心祝福體驗後，有沒有覺得很神奇，下次跟別人吵架時也來用用看啊？」

「是啊，一定要試試，可能對方就會跟我道歉啦，哈哈哈哈！」

「哎呀，如果帶著這樣的心情來做慈心祝福，保證反效果啊！為什麼？」我把問題拋給大家。

「因為送慈心是不能有任何期待的。」另一位夥伴回答。

「甚是！甚是！所以啦，高段的練習就是吵架時或吵架後，還可以真心送對方慈心，不論吵架

4 完整版的慈心靜觀練習，是漸進開展的祝福，《正念療癒力》第13章222～225頁有清楚的說明。

的對象是伴侶、孩子、學生或同事。但非常重要的是，可千萬不要期待對方或自己有任何改變喔，練習就只是練習。大方點，送完就放下，這就是慈心練習的精神。」

建議慈心靜觀練習不要等到不爽才做，平常就多多練習，例如：送給所探望病人、共同搭乘大眾交通工具的人、辦公室同事、家裡小孩、父母、伴侶、親戚、店員、路人甲……不分對象、時間或地點，睡覺前、被惡夢驚醒時、剛起床時……我可以舉出無數適合練習慈心靜觀的例子。**這麼說吧，只要可以做呼吸覺察，就可以做慈心靜觀，自然無矯情地把慈愛送給自己、周圍的人與一切眾生。**

慈心祝福，提醒我們一個不爭的事實：人與人之間、人與萬物之間，其實都是高度相互連結的。即使有時候我們看不懂或看不到有什麼連結，在憤怒時甚至會希望：「誰要跟他連結？最好不要有連結！」但有機會靜下心來體會一下，誰能孤獨地活著呢？即使在山洞裡閉關的修行人，都需要有人供養或汲取大地的養分，這不是相互連結嗎？更何況是生活在城鄉的我們。經常練習慈心祝福，少一些痛苦時的孤立感，少一些內心慢性的僵化或硬化，多一些滋潤情緒與想法的養分，多一些由內而外、不拖泥帶水、不求回報的溫暖。這樣的練習誰不需要？

08

成就與快樂的平衡

行動模式與同在模式

當我們把覺察帶入想法與情緒時，若能分辨行動模式與同在模式，對於調節長期累積的緊繃慣性會很有幫助。行動模式（doing mode）指的是從思考規畫、落實執行、追蹤監控進度，到最終達成目標的過程。這能力從我們進入校園就開始不斷訓練，是一個人要在社會立足的必備能力，也是成就感的重要來源。同在模式（being mode）強調對覺察的重視，對當下充分的感知，包括對自己的身體狀態、情緒、想法、整體脈絡與周圍一切的覺察感知。這能力是與生俱來的，是內在喜悅與身心合一的重要來源，但很容易被磨平且忽略。同在模式即正念狀態，這整本書都在闡述如何練習正念，亦即如何培育同在能力。下面表簡單呈現兩者的差異：

如此分開列示只是為了方便說明，不等於兩者是二擇一的。本書有一個假設：行動模式大家都會，因此無須額外說明。然而，如何增加同在模式，**讓同在模式多多融入於行動模式中，以增加忙碌生活中不假外求的平衡、祥和、喜悅、自在，是本書的目的。**

以看夕陽為例來說明同在模式。幾乎多數人都有過看夕陽的感動，炫麗

■「行動模式」與「同在模式」比較表

	特性	著重	時間	創造
行動模式	思考	邏輯	期待未來	外在成就
同在模式	覺察	感知	專注當下	內在喜悅

耀眼的金黃光芒，照耀在大地萬物與遼闊天際，整個人陶醉在美麗動人的光影變化，大自然的神奇創作，言語難以道盡的無限感動。此時沒有時間，超越言語，單純的喜悅洋溢。這是同在，與天地同在，與夕陽同在。除了看夕陽，典型同在的經驗如：跟好朋友聊到完全忘記時間與煩惱，享受一頓美食，看著熟睡小孩的滿足喜悅，工作或讀書專心到渾然忘我……在這些同在時刻，心是清澈的，只有眼前的此人、此景、此物、此事、此時；沒有過去或未來，只有當下。剎那，於是成為永恆的回憶。

達成目標、成就人生的行動模式

生活中除了同在模式，老實說，更受重視的其實是行動模式。準備考試是最常見的典型，尤其在華人區域，從小考到大是家常便飯，因此就以大家都有的考試經驗來說明。小明三個月後要考高中英文第三冊，此時他在未來的某個**時間點**（三個月後），有個清楚需達成的**目標**（考好英文第三冊）。為了要達成這個目標，小明需要做**計畫**，規畫每個月與每星期的讀書進度。然後小明需要落實**執行讀書計畫**，執行一段時間後，還需要**監控與評估**行動與計畫的差距，以即時做調整，不論是調整計畫還是調整行動。「計畫、行動、評估」這三項持續循環執行，直到達成目標為止。

■行動模式示意圖

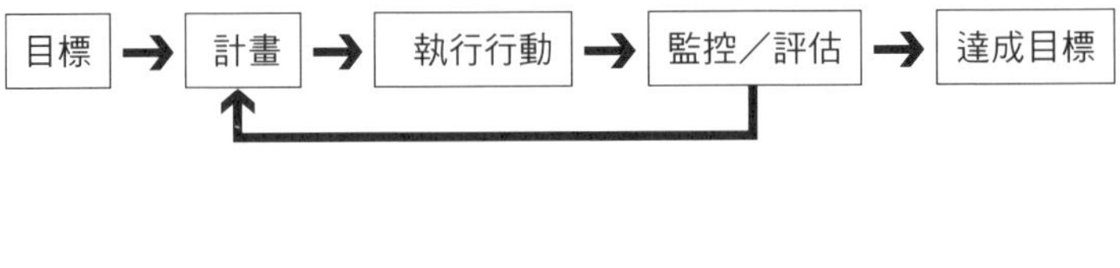

這整個歷程叫做行動模式，可以想見舉凡考試、求職、搬家、安排旅行、上正念課、管理公司、統御國家、飛到月球……都要靠有效能的行動模式才能完成。設定目標、做規畫、落實執行、監控與評估執行狀況，缺一不可。行動模式是一個人能否在社會安身立命的關鍵，非常重要，所有看得到的成就都要靠良好的行動模式來達成。

達到所設定目標會有成就感，也有快樂的感覺，至少在剛達成的那段期間、那幾天、那一天或在那個瞬間。但在行動模式下，達成目標的快樂時間通常會越來越短，因為很快就會有下一個目標，不論是自己給的、還是他人設立。也許是更高的目標，也可能是不同的目標，總是一直追逐著。如果沒有刻意地把覺察帶回當下，心會慣性地一直牽掛著下一刻、下一個目標。心裡彷彿有個馬夫不斷甩鞭子在馬身上喊著：「快、快、快！」我們既是馬夫，也是馬。路途的艱辛，身心的疲憊，拋諸腦後，只為達成一個接著一個的目標。沒有照顧自己這回事，只有緊繃地衝、衝、衝。有些人撐下來了，有些人撐不住、倒了。生活如果只有行動模式，會帶來工作或專業上的成就，但不一定快樂，尤其是對那種發自內心、不假外求的喜悅更加陌生。所以，行動模式雖然很重要，但活著不能只有行動模式，還需要能帶來祥和平靜的同在模式。

滋養生活的充電機制——同在模式

行動能力是後天學習並被高度重視，同在能力是與生俱來卻被遺忘的。行動模式給我們帶來成就，同在模式讓我們平衡。只有行動模式會太緊繃壓迫而不自覺，只有同在模式會太鬆垮而無以為

繼。對正念修習者而言，兩者等量重要，只是對大多數人而言，學會行動模式後，同在模式就日漸被消磨殆盡，幾乎忘了還有這個能力的存在。因此在正念練習過程中，我們才需要強調同在模式，而不強調大家已經非常熟悉的行動模式。透過正念練習，同在模式得以隨時鑲嵌在行動模式中，讓過度運轉的心智有機會休息片刻，尤其是在情緒與想法緊繃的時刻。

舉個例子，在工作繁忙時，正念地喝一杯水，全然與此歷程同在，領受水實質滋潤了身與心。就在這短暫的喝水片刻，注意力放在當下喝水歷程的覺察，心溫柔地與當下正在喝水的身同在。無形中暫停了一直想著工作的緊繃，空出讓身與心暫歇的時空。或者，正念地走去上個廁所，全然與行走歷程同在，覺察身體重心的持續變化、腿部的用力、手臂的擺動、呼吸的韻律，領受身體獲得若干舒展與放鬆。再回到工作時，身體已經比較放鬆，頭腦也相對清楚……

下圖行動模式循環圖中的垂直線條表示同在模式運用的時機，只要練習得宜，同在模式隨時可以鑲嵌在行動模式中，在行動中持續獲得平衡與滋養。練習正念能讓人高度專注於當下，反而更能不焦躁地規畫、執行與監控計畫，進而成就未來。

因此，同在模式練習越多，整個身心受強烈或負面情緒／想法的干擾越小，行動模式的效能也就越高，不論在決策層面、執行層面、解決問題或人際互動層面，畢竟清晰放鬆的腦袋比緊繃壅塞的腦袋要好用多了。

■同在模式示意圖

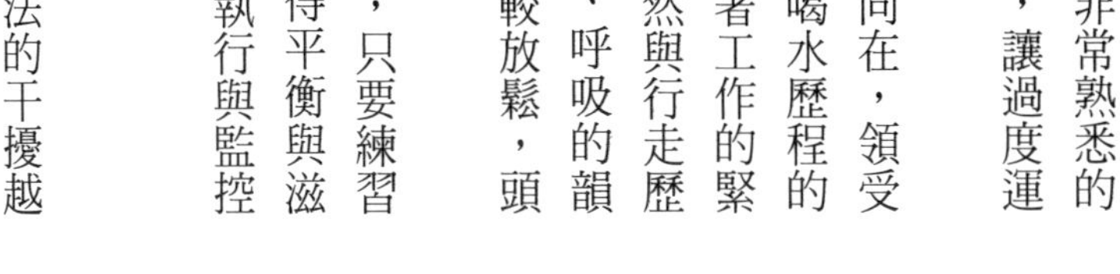

09 你可以改寫自己的人生劇本

從慣性反應到有覺察地回應

心理學行為主義中有個「刺激反應理論／S-R theory」，S指環境刺激，R是受到刺激所產生的反應，也就是行為。心理學家認為所有行為不論好壞，都是「刺激與反應」的學習歷程。以公式方式呈現為：

刺激（Stimulus）**↓反應**（Response）

然而在正念領域中，response是一個重要的關鍵字，卻發展出與行為主義截然不同的意義。從正念的角度看，刺激所產生的反應叫做慣性反應（react），以公式方式呈現為：

刺激（Stimulate）**↓慣性反應**（React）

這裡的慣性反應，是一種直衝式的、習慣性的、不假思索的、長期可能會有副作用的行為反應。這大多來自於長期以來的習慣、信念與行為模式。

舉個例子，有位夥伴小黑，從小就有個不喜歡麻煩別人的信念，那麼當小黑面對困難時，通常的慣性反應大概就是壓抑與忍耐，自己想辦法解決，不會想到可以求助於人。因為求助於人有違不喜歡麻煩別人的信念。

這類慣性反應很容易導致骨牌效應，A慣性反應引發B慣性反應，再引發C慣性反應、D慣性反應等等，會延續多遠，通常是看有沒有導致嚴重的疾病或事件，不論是生理性或心理性的疾病。小黑長期以來一直相當堅毅，後來他發現自己睡眠品質不良，於是每晚開始喝點小酒來讓自己放鬆，不知不覺喝成了酒精成癮。

也可能一直堅忍的小黑沒有喝酒，但睡眠品質不佳，不知如何調解也不願吃安眠藥，身心俱疲。強烈的責任感讓他覺得不能鬆懈，於是更認真賣力。直到有一天，小黑突然發現自己好像破了洞的氣球，軟趴趴全身無力，找不到任何活著的樂趣或熱忱，被憂鬱沉甸甸籠罩著。

當然，小黑未必都會這麼慘，也許在還沒如此嚴重之前，就透過網路搜尋，自力救濟地找到正念減壓中心。痛苦加上好奇，於是他開始前來試試，想看看正念是否能有所幫助。第一堂課，身體掃描，雖然是在練習身體各部位的覺察，但小黑竟然在講師的引導下睡著了，他超開心的。

飲食靜觀的練習中，他發現吃東西的樂趣。

呼吸覺察的練習中，他找回自己活著的感覺。

瑜伽伸展的練習中，他發現身體的僵硬與柔軟。

靜坐練習中，他看到思緒紛飛的心，也學習溫柔的對待自己。

他的正念發現之旅，從覺察身體開始，一步一步開展到想法的覺察、情緒的覺察，甚至是信念的覺察。他發現自己不喜歡麻煩別人的信念，形塑了堅忍不拔的性格，雖然樂於幫助別人卻不知如何請求他人的協助。而當他身心處在大困難時，面對別人小小的要求或請求，就更加容易煩躁不耐，覺得跟別人互動真是很麻煩。這對他的家庭關係與同事情誼的影響不小，卻是他之前完全沒有注意到也不希望如此的。

幾個禮拜的正念訓練下來，他學會時時覺察當下的身體狀況，他發現身體真的會發出警訊，只是以前他的心中只有要做與該做的工作或任務，完全不理會身體的訊息。小黑學會聆聽身體訊息之後，也學會回應身體的需求。

(1)當他下班搭捷運時，不管有沒有座位他都會練習呼吸覺察。

(2)如果回到家還是很疲憊的話，他不再靠滑手機或看電視麻痺自己，也不會跟小孩亂發脾氣。會跟家人說需要休息個二十至三十分鐘，然後躺在床上練習呼吸覺察或身體掃描，讓身心在覺察中充分釋放一天蓄積下來的壓力。不論有沒有睡著，通常當他再走出房間時都會有充電與滋養的感覺。此時的小黑對孩子也比較有耐心和愛心，不會動不動就覺得小孩很煩，只希望他們趕快去睡覺。

(3)小黑也從小地方學習表達需要別人協助的需求。學習在和別人意見相左時，如何不帶怨念地把心中想法跟別人溝通。學習接受別人可能、也可以拒絕他，然後自己不會感到很受傷。他深刻地發現，不想麻煩別人的底層想法，有一部分就是害怕被拒絕。當小黑比較不怕被拒絕時，他也漸漸勇於適度地拒絕別人，因為他發現拒絕沒有那麼恐怖，被拒絕也沒有那麼難為情。

(4)他領悟到自己不須成為別人心目中的好人，不用再一直擔心別人會怎麼看自己，重要的是他怎麼看自己，他希望自己是什麼樣的人。他發現生活少了別人按的讚，但多了給自己的鼓勵；少了對自己的打擊，多了對自己的打氣。雖然生活中還是很多問題，工作也遇到許多困難，但他知道如何照顧自己，看得清晰，就不會在黑暗中陷落，照亮他的是內在的覺察力。那是言語難以傳遞的踏實和愉悅。

小黑，開始改寫自己的人生劇本。如果用公式呈現，就是：

慣性反應（React）**↓正念覺察**（Mindfulness Awareness）**↓有覺察地回應**（Respond）

有覺察地回應，不是來自哲學的論辯，而是來自正念覺察的練習，時時刻刻不帶評價地覺察。在覺察中，身體放鬆而心神專注，頭腦清楚、看得清晰，才有機會做出明智的選擇，也才有機會把身與心的自由送給自己。否則，不需別人動手，自己就可以把自己綑綁上鎖。於是我們體會到這樣的循環：覺察讓我們發現不同的選擇，明智的選擇讓我們獲得自由，自由的心帶來更多的覺察（如下圖）。

正念練習讓小黑知道如何照顧好自己，允許身心的波動，也能隨時溫柔地善待自己、重獲平衡。自我可掌握度提高之後，小黑更勇敢且放心地嘗試並挑戰不熟悉的領域，擴展日漸縮小的舒適圈。小黑的正念覺察之旅，進行中……

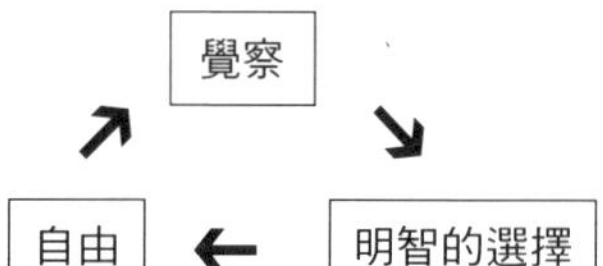

PART

5

融入日常生活的正念練習

整個八週正念減壓課程，最有趣的就是可以在生活中隨處運用。但這一切不會渾然天成，需要溫柔刻意地養成覺察的習慣：吃東西、走路、使用手機、洗澡……也可以在泡茶、沖咖啡、晾衣服、做菜、上廁所、打掃家裡時練習覺察。所有生活中的一切都可以拿來練習，不論是開心或不開心的時刻。

時時刻刻、無所不在的正念生活

學習正念最有趣與最實際的地方，就是可以融入時時刻刻的生活。因此要撰寫正念融入生活的練習，實在多得不勝枚舉。話又說回來，若能掌握練習訣竅，自然就能廣泛運用。因此在這裡我將分享在日常生活中最常見的幾項活動，包括吃東西（第一篇與第二篇討論飲食靜觀）、走路（第三篇分享行走靜觀）、日常生活（第四篇討論到使用手機的覺察與洗澡靜觀）。而在這講述各項練習的的最後一篇，我將討論一個重要議題：正念到底在學什麼？卡巴金博士曾說過：「正念就是關係。」雖然他沒有花很多文字闡述這部分，但這句話一直在我心裡放著、參著、悟著，也在第五篇〈正念——全面的關係重塑〉分享著。

01 飲食靜觀的練習

享受活著的美味

飲食靜觀（eating meditation）是一個相當有趣的練習。《科學人》雜誌曾報導一個研究顯示，人們吃東西不是真的感覺到餓才吃、飽就停，而是用眼睛來判斷與決定，眼睛看到食物沒了，才覺得應該停止。至於吃到什麼味道，經常就不是重點了。臺灣自稱是美食天堂，但我們吃到的美味是真的食物，還是食品添加物的組合？我成長的年代沒什麼食品添加物，但這個年代要吃到真正的食物，就需要費點心思了。

在八週正念減壓的課堂中，飲食靜觀通常在第一週練習，我給每位夥伴兩粒葡萄乾，一步一步引導大夥兒慢慢打開各種感官，直接體驗這個小東西，包括：

- 視覺——形狀，大小，長相，顏色，亮度，在不同光線下的色澤。
- 聽覺——在左耳與右耳旁的聲音，嘴裡咀嚼的聲音。
- 嗅覺——聞起來的味道，甚至是左邊鼻孔與右邊鼻孔的味道的些微差異。
- 觸覺——重量，摸在手指頭的感覺，放在嘴唇上的感覺，置於舌頭的感覺。
- 味覺——嘴巴裡品嘗到每一口的滋味變化，時時刻刻形狀的變化。

飲食靜觀的練習幫助我們打開所有的感官，帶著全然的好奇，真正地和讓我們賴以生存的食物同在。

飲食靜觀的練習很好玩，大夥兒也經常跟我一起玩得不亦樂乎。下文我將以課堂互動的方式呈現，盡量讓讀者有身歷其境的感覺，您看過後也要自己玩玩看喔。附帶說明的是，生活已經很辛苦了，我不喜歡把正念教得很嚴肅或上得很肅穆。我喜歡輕鬆而不浮誇，認真而不嚴肅，風趣中帶出重點，溫柔同在中和大家一起承接生命中的載浮載沉。因此我常跟夥伴分享，正念練習是很有意思的，至少對我真的是如此。學習正念覺察後再也不會無聊，生活中太多的變化不斷地發生在身上與心上、周圍的人事物上，時時覺察，時時調整，一點點進步，一點點轉化。正念讓我們看待事情的角度多元但又不失焦，雖然未必都是愉悅的，但以好奇初心的態度來面對，一切將顯得豐富而有變化，飲食靜觀的練習就是一例。

覺察與食物同在的各種歷程和感受

一般而言，吃葡萄乾的練習在正念減壓訓練課程中我們稱之為「飲食靜觀」，通常是睜開眼睛練習。但我個人偏好順著短時間的靜坐後，接著進行這個項目的練習，因此也就是閉著眼睛練習，關上視覺能更有效地開啟其他感官知覺。於是，在課堂上，我把葡萄乾放在大夥兒的掌心，邀請大家像科學家般地探索這兩粒小東西。將小東西放到大夥兒的手掌心後，各種好奇的聲音出來。

「是梅子。」

「蔓越莓。」

「果乾的味道，嗯、好像是葡萄乾。」
「喔。那麼是什麼樣的味道，讓您感覺好像是葡萄乾或梅子或蔓越莓呢？」
「酸酸的。」
「甜甜的。」
「好像有點鹹味。」
「不太好聞。」
「嗯，有曬過的味道。」
「沒什麼味道。」
……大家踴躍分享自己的發現。
突然間有人說：「好想吃喔！」大夥兒大笑。

我邀請大家繼續探索，把這個東西拿到耳邊聽聽看，聽到什麼樣的聲音？
放到手指間摸摸看，摸到什麼樣的感覺？
仔細用眼睛端詳，觀察到什麼樣的顏色、形狀、質地？
放在唇間輕輕摩擦，領受相互碰觸的感覺？
放在嘴巴裡用舌頭碰觸的感覺又是什麼？
停一下，帶著覺察地慢慢咬下第一口，覺察其中的味道。
咬下第二口，覺察味道的變化。
咬下第三口，覺察滋味的強烈轉折與唾液的完美融合。嘴巴裡的世界瞬息萬變，非常有意思。專心一意地咬下每一口，品嘗味道的變化，身體的連動，充滿好奇地運用各種感官來探索。

飲食靜觀，顧名思義，只要放入嘴巴的東西都可以練習，不論是吃的或喝的，進入嘴巴的前、中、後都可以把覺察帶入，領受其中的歷程與滋味變化，是完全不需額外花時間或金錢，就可以提升生活品味的練習。

夥伴們迫不及待地想分享這次練習的經驗。

「很訝異這個小東西的味道如此豐富，每一口的滋味竟然都不一樣。」很多人點頭附和著。

「平常吃東西都很快，好像只是個義務，即使是吃大餐，也都忙著講話，這好像是第一次品嘗到食物的美味。」

「因為沒有洗手，又摸來摸去覺得很噁心，不敢吃。」

「以前很討厭吃葡萄乾，但這次竟然覺得『不難吃』，也許下次可以再試試，不用習慣性地排斥。」

「發現用這樣的方式吃，雖然只是兩粒小東西，竟然有飽足感，覺得這種吃法應該可以減肥。」聽得大夥兒哈哈笑。第二次複訓的夥伴附和說，減肥未必，但帶入覺察吃東西確實比較不會胖。

夥伴小華分享時有點感傷，他說自己有嚴重氣喘，對生活的一切都非常小心翼翼。沒有洗手，他想到有多少的細菌在手上，一點兒都不敢吃那兩粒小東西。但聽到大夥兒如此豐富有趣的分享，他突然覺得，因為生病，在不知不覺中他已經讓自己隨時都處在擔憂害怕的狀態。這種如影隨形的高度警戒使他封閉自己，剛剛的練習才讓他發現，原來他不知道已經錯失了多少生命中的美好與可能。

我沒安慰、沒鼓勵，也沒有邀請小華下次試試不同的做法，就只是溫柔專注地聆聽與承接著，空氣中瀰漫著深深的喟嘆。小華也沒再說什麼，眼神深邃地看著我，抿著嘴唇，微微地點點頭，彷彿有些什麼領悟。我無言，僅回以微微地點頭，不是每個當下都需要講話。大夥兒學習如何真正與當下同在，不論是舒服的或不舒服的狀態。

不受限於過去經驗，每一次都是新的體驗

半晌後，我慢慢地提醒大夥兒，是否發現在這過程中我完全沒有為這兩粒小東西命名，沒給這兩粒小東西一個名稱。夥伴紛紛點頭。我緩緩說道，如果一開始就給出一個名稱，不論那名稱是什麼，大家很容易就迅速地在腦袋裡，蒐集與此名稱相關的資訊。即使只是蒐集到一點點的資訊，就會覺得「我知道這是什麼了」。於是，既然已經知道了，還有什麼好探索的呢？好奇心的大門戛然閉上！

然而，仔細想想，這些資訊是什麼時候建立的？過去。

換言之，當我們聽到一個名稱時，直覺的慣性反應是：以過去的舊資訊，套用在現在的新經驗。這麼一來，通常只是在印證原本已經知道或認定的想法，很難真正領略到當下真實的樣貌，遑論好奇與耐心地探索當下多元的呈現。於是，每一粒葡萄乾長得都一樣，味道也都差不多；日子每

天都一樣，存在的立體世界被自己磨平了。但我們剛剛的經驗是這樣嗎？真實的狀態是，每一粒的長相都不一樣。咀嚼同一粒時，每一分每一秒所釋放出來的滋味也都不一樣，何況是不同粒！

真實的狀態是，時時刻刻生命所開展出來的樣貌，也許表面類似，但確實都不盡相同。每一分每一秒都是獨一無二的。

因為過去經驗所歸納出來的名稱與意涵，讓我們可以快速地掌握人事物的梗概，累積很多知識，讓學習變得比較簡單，也方便人與人間的討論與聚焦。但確實也要小心，以舊資訊套用在新經驗時先入為主的可能偏見。這樣的慣性不會只出現在吃東西上，也會出現在生活中的方方面面。比如，有個小孩不乖，家長講了很多次還是不聽，家長很生氣地下了個結論「這孩子真不受教」。雖然這家長最希望看到奇蹟的出現（孩子變得很受教），但從此以後，這家長很難再看到這孩子受教的時刻了。為什麼？因為當家長跟孩子互動時，他會特別敏感於這孩子不受教的部分，自動過濾掉這孩子受教的點點滴滴。即使真的只是點滴，也還是有，但卻在無覺察中完全被忽略了。

類似的慣性做法我們其實會不知不覺套用在任何人、事、物，因此邀請大家，下次當我們百分百地認為「這個人就是××〇〇時」，不論這個××〇〇是令人覺得開心或不開心的，都試著就像剛剛吃這小東西的練習般，允許自己在下結論的前或後，稍微停一下，刻意地在心裡開闢與保留一點空間與時間，沒有歸類，沒有結論，不須聯想，但真正地領受當下所呈現的樣貌，也許我們會發現：「這個人不只是××〇〇……」

「這感覺好像在撕標籤喔，撕下原本貼在任何人事物上的標籤。」

「甚是，甚是。」

「問大家一下，自己一個人吃飯時，會邊吃東西邊看手機的人請舉手？」

七〇至八〇%的夥伴舉手。

「沒看手機，會看電視或書報的舉手？」

剩下的夥伴幾乎都舉手了。

現在很多人的習慣都是吃東西配螢幕，不論是大螢幕或小螢幕。吃，變成一個慣性的動作，這一口到底是地瓜還是南瓜，地瓜葉或波菜，可能都不知道。坦白說，能好好地吃東西是很幸福的，這表示身體許多器官功能都還正常，許多病患的舌頭、臉部、吞嚥、腸胃受損，難以如常運作，即使其他都正常卻無法自行咬合或消化吸收。能好好地吃東西是很幸福的，這表示還有經濟能力或社會資源，物流通暢、社會穩定，尤其每每看到有關流離失所者的報導時，更是令人不勝唏噓。

飲食靜觀練習引導

飲食靜觀，把覺察帶入進食的歷程，真正與滋養身體的食物同在，覺察食物的風味，領受這食物其實匯聚了難以計數的人力、物力與心力。

因此任何時候只要是自己一個人吃東西，都是可以練習飲食靜觀的好時機，不論是一片餅乾、一根香蕉、半個蘋果，什麼都可以。

【練習引導】

吃的速度不拘，快慢隨意。

吃的時候不看手機、不用電腦或平板，就單純地與食物同在。

領受看著、拿著、夾著、咬著、咀嚼著、吞嚥著的歷程。享受與食物的約會，享受身體各相關器官配合得天衣無縫。

請記得一口咀嚼完畢，吞下去之後，再咬第二口。

也觀察看看，會不會很習慣這口還沒吞下去，就咬了下一口。

如果會的話，覺察這急切的慣性，然後問問自己：「真的需要這麼急嗎？」

初期用這個方式練習，持續進行，練到後來不論跟誰吃、在什麼樣的環境下吃、吃些什麼、好吃、不好吃、喜歡的、不喜歡的，都可以練習，很有意思的。慢慢地我們將體會，飲食，是美好的祝福。（相關音檔，請掃描QR CODE《正念減壓自學全書》練習音檔）

《正念減壓自學全書》練習音檔

02

再吃一次，發現生活中的美好 飲食靜觀進階練習

本文接著分享課堂夥伴有關於飲食靜觀的發現與體會，為保護每一位參與成員，人名與內容均已改編。

【案例1】對食物更敏銳的覺察力

大夥兒討論在家練習狀況時，小雯說有一天弟弟在客廳喝一瓶飲料，她其實不知道那飲料是什麼，也沒看到飲料罐的成分標示。但她很篤定地跟弟弟說：「飲料裡面一定有香精。」

「怎麼可能，它標示百分之百純天然耶！」

「不然你看看成分嘛。」

一會兒後，「姊，真的耶，上面有香料耶！」

小雯有種飄飄然的喜悅，哈哈，感覺自己飲食靜觀練習真的有進步，對食物的味道敏銳許多。

其他夥伴也附和著，這段時間的練習，對食物的味道更有覺察。有人感覺東西更好吃，有人開始感謝食物滋養自己，有人嘗試了不喜歡的食物而發現沒那麼討厭。

我肯定大夥兒的練習，順此也鼓勵大家開始學習看標籤，先看食物或食品的組成成分，再決定是否要購買。這是一個食品添加物過度盛行的時代，每個人在不知不覺中，吞下好多專家認為安全的添加物。但所謂的安全，只是單就這個食物吃下去會不會很快出問題。但沒有任何研究顯示，當所有所謂的安全添加物統統加在一起吃下肚後，長期累積下來還真的還安全嗎？

飲食靜觀的練習讓我們對食物有更敏銳的覺察，此外，也學習分辨食物與食品，分辨裡面的添加物，更重要的是學會選擇。

【案例2】身體會告訴你，這東西身體喜歡嗎？

小明迫不及待地舉手想分享他的經驗。小明說他的工作非常繁重，每天晚上下班後，為了紓壓，他一定會去買一包鹽酥雞，喝著啤酒，翹著二郎腿，看著電視，享受放鬆時光。那天，他一樣是買了鹽酥雞，突然想到要做飲食靜觀的功課。

這次小明特別不開電視，一口一口地享受鹽酥雞，覺得真是好吃。

開心繼續地咬著、咬著，油漬漬的雞肉，奇怪，怎麼越吃越噁心……

到後來小明竟然吃不下去了，剩下的全部丟掉。

小明覺察一下當下身體的感覺，異常沉重，非常不舒服。

小明不相信，第二天再去買一包來試試，帶著覺察地吃鹽酥雞。這次，一樣沒吃完就丟了。連買三天之後，小明不再吃鹽酥雞了。這是他一直戒不掉的壞習慣，竟然在飲食靜觀的練習中，自動不想吃鹽酥雞了。

小明開玩笑地跟我說：「你看，害我現在沒有紓壓的方式了啦！」

「是啊，是啊，抱歉啦。那你現在身體的感覺如何？」

「輕鬆很多，以前感覺滿重的。」

「所以沒有紓壓，但直接減壓啦！」

「是啦，是啦，哈哈哈哈！」

帶著覺察吃東西，吃完之後一定會有感覺，有些東西吃完後身體感到很疲憊，有些東西吃完後口乾舌燥，有些東西吃完後身體感覺有能量，聆聽這些身體的感覺訊息，是選擇食物重要的指標。即使像麵包、咖啡、餅乾這種小東西，身體都會有反應的。要能分辨哪些食物對身體有益、哪些無益、哪些有害，還真的需要建立有覺察的飲食習慣，如果是邊吃東西邊看電視或邊滑手機，是不會有感覺的，畢竟對食物的覺察全被螢幕給吸走了。換言之，身體會告訴我們這食物／食品是否合宜，身體是否喜歡，如此才能選擇對身體有益的食物，而少吃對身體危害的東西。認真想想，吃對身體有害的東西，倒楣的還是自己，何苦呢！

【案例3】關掉慣性飲食模式

小伍舉手，他說在公司裡吃一個便當只要五分鐘，好像形成一種很固定的模式，實在很難改，他發現這似乎已經成為一種習慣。回家吃飯時，他依然不知不覺自然啟動了在公司吃飯的模式——

吃得很快。老婆因而經常抱怨他吃太快，但他就是慢不下來。

上週五晚上在家吃飯時，他突然領悟到，他可以不用把公司吃飯的慣性模式帶回家。在公司確實有很多事情等著他處理，但回到家，其實並沒有特別需要趕著處理的事情。因此他第一次刻意「關掉」在公司吃飯的模式，一口一口地咀嚼，跟太太隨意聊聊，從做菜歷程到當天發生的事等。那餐飯，從慣性的五分鐘，吃了三十分鐘，小伍感覺很開心，太太也很開心。

「像小伍那樣邊吃飯邊聊天，也算是飲食靜觀嗎？」夥伴提問。

「小伍在那過程中，可以吃出菜的滋味嗎？」我轉問小伍。

「可以啊，咀嚼的時候就可以吃出食物的味道耶。講話還是講啦，跟老婆吃飯不講話很奇怪。不過真的可以吃出食物的味道，所以才能跟我老婆討論啊！」小伍邊回想邊分享著。

「這就是我之前說的，進階版飲食靜觀練習，就是跟別人一起吃東西時，仍能覺察到食物的味道，也知道自己在吃什麼，對自己的咀嚼、夾菜等動作都還是有覺察。但需要講話時也能從容應對，不致呆滯或跟對方說：『喔，我在做飲食靜觀，別吵我。』這樣大家一定會奇怪地問：『你怎麼了？』小伍的例子就是把正念帶入日常生活的應用。**正念不是置外於生活，而是融於生活。**」

【案例４】餐桌上的小風暴

「我也要分享一個很有趣的經驗。」小敏開心地舉手發言。

「有一次我跟老公、小孩約好去一個餐廳吃飯，他們一起出發，我過去會合。來到餐廳時，看到大家的表情都很臭，不知道發生什麼事情。雖然還是點了菜，看到他們這樣子我心裡也不太舒服，但當時我靜靜深呼吸，不做過多的想像。然後，我開始輕輕地問發生了什麼事情。小孩首先發難，他說，這家餐廳是要排隊的，人家都在排隊。但老爸竟然一來就走進來，看到位子就坐下，還一直招呼他進來坐，實在丟臉死了。老爸也很無辜，他說他又不知道，進來就進來了，不然現在還在外面等呢。『我寧可在外面等！』小孩脫口而出。

「那時我心想，兩方說得都有理啊，怎麼辦，如果我站在孩子這邊，老公一定會覺得不平衡，而且他平常也不會這樣。如果我站在老公這邊，孩子會更氣憤，覺得你們兩個一樣沒水準。我只能表達理解兩邊，但不能選邊站。就在這進退維谷的時候，食物剛好送上來了。大家都沒講話，我選擇安靜地、慢慢地吃，我跟自己說：『來做飲食靜觀吧！』——爽口的小黃瓜，好吃！花素蒸餃，口感不錯！我心情還滿平穩地品味著食物。大家吃著、吃著，後來就開始慢慢正常講話了，真的很奇妙耶，**飲食靜觀讓我做到『不急著回應』，化解了一場可能的餐桌風暴。**」

【案例5】跨越擔憂恐懼

此時，小華也慢慢地舉起手，他說上次飲食靜觀的練習對他衝擊非常大，第一次真正地覺察到內心的擔憂恐懼給生活帶來多大的影響。

「我一直很喜歡狗狗，也好想養，但氣喘的緣故壓根兒不敢想。前兩個禮拜，我有一個好朋友臨時要出國，問我他家的貴賓狗可否寄放我家幾天？要是以前的我一定不假思索地立刻說不行。後來我就開始研究貴賓狗，赫然發現牠是唯一不會掉毛的狗。我想好所有可能發生的狀況，也做好萬全的準備，萬一臨時氣喘要怎麼辦等等。然後啊，我就讓他把狗兒送來了。哇塞，那個禮拜真是超開心的！而我的氣喘也沒有發作。真的好高興！飲食靜觀的練習竟然幫助我跨越多年的擔憂恐懼。」

老實說，我很驚訝大夥兒在飲食靜觀中的領悟，聽完分享後我邀請夥伴們為自己拍拍手，不論目前練習的狀況如何，也許頗有領悟，也可能沒明顯感覺，都沒有關係。持續練習，持續把正念運用到日常生活，帶著覺察過活比渾渾噩噩地活著有趣多了。

練習正念，千萬不要太過嚴肅，例如飲食靜觀，就非得要慢慢吃、吃得肅穆、吃得刻意對食物充滿感謝；或者飲食靜觀一定要在安靜、乾淨、優雅的環境下才能進行；或者不允許自己不喜歡某些食物，否則就叫評價；或者一定要正襟危坐，一定要用某種心態吃……這些方式不是不好，只是反而讓正念練習與真實生活脫節了。

練習正念，不是要成為某種偉人的樣子，或者某種美好的風範，能成為更真實的自己就很好了。喜歡吃某些食物的時候，知道心生歡喜，也覺察內在想要多吃的衝動。不喜歡某些食物時，知道心生厭惡，也能清楚覺察到內在那股想排斥推開的衝動。

覺察對食物的評價，卻不受評價全然控制，回到對食物當下真實的品嘗，覺察每一口每一口身心合一地進食，不論是一片餅乾、一個水果、一杯水、一口飯。飲食靜觀，讓生活更有滋味。

03 行走靜觀練習

還能走，你知道自己很自由嗎

行走靜觀（walking meditation）是在八週正念減壓課程的第三堂課練習（相關音檔，請掃描QR CODE《正念減壓自學全書》練習音檔）。對大多數人而言，行走是每天要進行很多次、很多次的動作，但我們都視之為理所當然，行走是如此自動化地完成，完全不須動一點點腦袋，因此我們幾乎不曾把覺察帶入行走的過程，好像也不覺得需要。

行走靜觀練習引導

在行走靜觀的練習中，我們練習把全然的注意力帶入行走的歷程。

練習的範圍有時候繞著教室周邊走，有時候在個人的瑜伽墊上進行，從站穩開始，就把覺察帶進來，領受抬腿、腳向前伸、腳丫子放到地板、重心移轉，跨出每一步的過程與循環。

許多人第一次如此仔細地感受行走的歷程，這才發現要能好好走路，沒有想像中簡單！

《正念減壓自學全書》練習音檔

我引導大家覺察行走中的身體，逐一細緻地帶領大夥兒領受行走中的身體變化，從腳丫子、腳踝、小腿、膝蓋、大腿、骨盆，到腹腔、胸腔、肩膀、雙手、脖子與頭，最後領受整個身體都參與了行走這持續性、了不起的動作。

原來，走路不是只有腿的運動，根本是全身的完美配合。

在練習的過程中，我會不時的提醒大夥兒：「觀察心在哪裡？還在這個正在移動中的身體呢，或者已經跑掉了？如果發現跑掉了，沒有關係，不須給自己任何的評價，只需要在發現到的時候，稍微知道是什麼把我們給帶開了。然後深深地深一口氣，順著這口氣，再帶回正在覺察的身體部位就好了。」

這是一種沒有隱含「你沒做好」的溫柔提醒，無形中也漸漸培養對自己的愛心與耐心。發現偏離軌道的時候，沒有苛責、沒有諷刺、沒有隱喻、沒有強硬的要求、沒有講一堆大道理，就直接單純地把心，從四處飄蕩中帶回來，安住在身體裡，安住在這個正在行走的身體裡……

一般而言，我們行走都是很有目的性，去接電話、去上廁所、去拿東西、去上班……行走是幫助我們達成想要做的事情非常重要的能力與方法。然而，因為目的性太強，我們幾乎完全忘記行走本身這個歷程，也忘記如果不能走，生活中可能有九〇%的事情都無法輕易完成。我經常問大夥兒：「如果有人要出價買下你的行走能力，你願意花多少錢賣掉？」許多夥伴回饋自己根本出不了價，無價的行走能力，我們卻零關注。這個發現讓大夥兒倒抽一口氣。原來，能走、能到處走、能享受到處走，是多大的自由與恩典！即使腳丫子只是被個小木屑戳到，行走就有困難了。然而，當我們學會走路後，就一直完全忽略這個老天爺所送的禮物。

夥伴們的行走靜觀練習經驗分享

體型很壯碩的小陳習慣走路很快，他說本來就走得好好的，走了這麼多年也都沒事。但在行走靜觀的練習過程中，發現走的過程中膝蓋還滿痛的，不知道怎麼會這樣子？

「那是怎麼個痛法呢？是持續的，還是間歇性的，或者在某個姿勢下特別容易痛？」

「好像是身體重心整個傾斜到左邊的時候，膝蓋就痛了。可能太胖身體太重了吧，哈哈！」

「那麼除了膝蓋痛之外，身體其他部位的感覺呢？」

「其他倒還好，沒有特別的感覺。」

「過程中，可以領受到身體各部位，在行動過程的變化或連動嗎？」

「嗯，可以。其他部位感覺還滿舒服的，就是左膝蓋不舒服。」

「平常膝蓋的狀況如何。」

「偶爾會有不舒服，不過沒什麼大礙。」

「當時有什麼樣的想法出現嗎？」

「就覺得自己可能太胖了，該減肥了……嗯……或者是我走路的姿勢不對，不知道耶。可是平常走快就不會痛咧，剛剛這樣慢慢走就很痛。」

「嗯，平常走的時候，注意力會放在身體的感覺上嗎？」

「當然不會，都想著趕快要去做這個、做那個。」

「所以很難確定平常膝蓋會不會痛，可能因為不是大痛而慣性忽略掉了。下次走路時可以再試試看，正常走，不用太快或太慢，然而關注行走中的身體，不過於擔憂也不要完全忽略，再觀察看看膝蓋的狀況如何。」

「嗯，好的。」

課堂中很多人會有類似的經驗，之前走路都沒問題，學了行走靜觀才發現這裡不舒服、那裡不順暢。這些不舒服不是練習所導致或引發，而是**心安靜下來後，身體的不舒服終於被自己感覺到了。**不須放大強化或壓抑閃避任何的不舒服，如其所是地承接，及時適切的關照，總是比問題嚴重後才注意到來得好。

小虹說生病後體力大不如前，從一樓走到二樓就很累、很喘。每次走上五樓的家，就覺得真是件超級苦差事，所以她不喜歡常出來，但醫師又說要多運動。

「上次啊，回家時一樣要爬五樓，抬頭一看，就覺得『啊，怎麼還這麼高！』不過那天我刻意練習行走靜觀，就把注意力放在每一步、這一步。

「感覺到這一步的呼吸，這一步的抬腿，往上一階踩，使力，大腿的用力，然後也覺察自己有沒有憋氣，覺察一呼一吸的頻率，覺察身體會不會緊繃，然後發現身體又上了一階。

「就這樣，我的眼前只有這一步。這一步。這一步。專注但放鬆地走著，竟然就到五樓了，感覺沒有像平常那麼氣喘吁吁耶。這是我生病以來，第一次感覺到身體是我的，超開心的！」大夥兒也為小虹感到很開心。

「眼前就只有這一步。這一步！」了不起的領悟與實踐。

小雅分享自己有憂鬱症，很常東想西想，吃了很多藥，也看了心理醫師，雖然有幫助，但好像還是脫離不了這個循環。練習正念之後，她覺得改善很多，會刻意地提醒自己將注意力留在這個當下，當下的呼吸，當下的身體感覺。

小雅說她最喜歡做呼吸覺察，這樣做可以穩住東想西想的心。但有些時候情緒一整個衝上來，連呼吸覺察都沒辦法了，她就會做行走靜觀的練習。剛開始快快走，把注意力帶回快速走動的身體，感到身體各部位的強烈震動與喘氣。情緒比較穩定之後再慢慢走，感覺身體與呼吸的舒緩，直到最後能夠穩住自己，不陷入思緒的洪流之中。她覺得這個練習特別有幫助。大夥兒不禁讚嘆小雅練習的堅持與創意。

重傷後，重新發現自己的力量

我也分享一個案例。二〇一四年在一個火災現場，當時有個小夥子原本已逃離火海，但他發現裡面還有小孩，這小夥子奮不顧身地衝回火場救那孩子。孩子救回來後，小夥子倒了，在加護病房昏迷了一個月。他在醒來後，腦部嚴重損傷，講話與行走能力都受到嚴重創傷。一開始他講話非常含糊，幾乎沒有人聽得懂，在專業醫療團隊與後續復健團隊的悉心照顧下有了大幅改善。但他還是沒辦法站、沒辦法走，站起來時，左右兩邊需要壯丁很有力地撐住他，不然就會倒下。我因為幫忙撐扶過，所以知道需要很有力。

因緣際會下，這小夥子上了八週正念課程，當大家在練習行走靜觀時，小夥子當然無法站起來跟著練習，於是我們的偕同帶領者瓊月就單獨陪小夥子練習大腿使力，同時覺察大腿與身體的用力。在觀察幾週後，我們假設只要小夥子的大腿漸漸有力，也許就有機會提升行走的能力。我們也進一步觀察到，在每一次課程結束後，當兩個壯丁幫忙小夥子站起來、走到門口去坐輪椅時，小夥子的步伐很亂也很急，全身顫抖得很厲害，左腳還沒踩穩，右腳就急著要跨出去，結果兩腳經常打在一起。這狀況其實跟我當年嚴重中風而復健中的公公非常相像。

於是我開始讓小夥子的動作放慢，所下的每一個指令都高度清楚且細緻，讓小夥子容易跟隨，過程中不斷與小夥子核對狀況，知道小夥子是否跟上每一個指引。我們以堅定溫和的語調引導著——

「注意呼吸，自然呼吸不要憋氣。」「沒有憋氣。」

「兩腳站穩，站穩了嗎？」「踩穩了。」

「站穩之後重心移到右腳，右腳站穩了嗎？」「嗯。」

「左腳抬起來，往前跨，踩地，慢慢來，很好。」

「有沒有感覺到兩腳踩在地板上？」「有。」

「穩穩踩住。」

「來，重心移到左腳，有沒有感覺到重心在左腳？」「有。」「很好。」

「右腳抬起來，往前跨，踩地。有沒有在憋氣？」「沒有。」「很好。」

「來，感覺重心放在兩腳……」

就這樣，不停反覆地引導小夥子練習行走，直到他坐上輪椅。上輪椅其實是更大的挑戰，因為需要更多細膩的動作，才能順利彎身、扶握把、坐下。每一個再簡單的小動作，對小夥子而言，都不是理所當然，都要身心合一，才能有那麼一點點的進步。就這樣，我們細細地分解每個動作，讓小夥子可以清楚跟著練習，也明白自己身體的感覺。幾週之後，他們發現到小夥子走路越來越穩，也越來越知道如何使力，兩邊攙扶的壯丁不再需要用很大的力氣撐著，只需要拉住小夥子的腰帶，協助維持平衡即可。

故事分享過後，我鼓勵大家回家多多練習行走靜觀，這練習隨時可以讓煩躁的心歸零，不論是走去上廁所、接電話、上班、開會、牽車、回家……**讓每一次的走路都是正念練習，讓每一次的練習都是溫柔的身心連結，多美啊！**

我的第一次行走靜觀——恐懼的消除

（說明：這是二〇一〇年夏天我在美國受訓時，對行走靜觀的體會分享。當時我們租了一個家庭式的學生宿舍，孩子們每週有五天去ＹＭＣＡ參加夏令營，我除了上課幾乎就是練習與讀書。）

週一到週五，我跟孩子們需要走半小時才能從住所到夏令營的集合地，我們走的路叫Main Street。對美國有點概念的人都知道，在美國市中心的居住環境是比較差的，Main Street顧名思義就是通往市中心的大街。有一段路常可以看到菸蒂、垃圾、酒瓶、碎玻璃等，只差沒有尿騷味，而身邊經過的常是個頭兒大我們很多倍的人，再不然也可以清楚看到他們恍惚的眼神或刺青的手臂。

孩子們曾表達會怕，每次走過這個路段都會握緊我的手。不過這是路線最短的一條路，單趟已經要走半個小時了，如果因為害怕而換路線，那得走上一個小時。因此，藉由邊走邊聊，我努力降低孩子們的害怕，同時也試著讓他們知道，這些看起來一點兒不光鮮亮麗的人，他們的生活可能是很艱困的。盡力讓孩子們輕鬆的同時，我也必須保持高度警戒，因為我也沒這麼天真地認為一切都很安全。

在目送他們上校車後，回程我一個人走在同樣的道路時，思緒其實是東奔西竄的，所有壓抑的恐懼統統衝出來，甚至自動放大，我害怕有人從後方撲向我、我害怕被拉進暗室強暴、我害怕有人找我麻煩、我害怕被車撞到而孩子們沒人照顧等等，心底其實有好多擔憂與恐懼反覆出現。難怪我走回家後都很累，一部分是身體的累，一部分的累來自太多內在擔憂害怕的劇碼不斷上演造成的心裡的累。

這一天下午的師資培訓課程，老師要我們每一位準師資輪流帶團體做十五分鐘的靜觀練習。巧的是近三分之一的準師資同學們都帶領行走靜觀。密集練習正念行走，開啟我走在大街上的覺察，這下子我才觀察到，原來走在這條大街時，我內心的擔憂恐懼是如此波濤洶湧，即使跟孩子們依然談笑風生。

平心而論，早上的大街是安全的，畢竟有鬧事潛力的人不會這麼早起。這天，我意識到心裡面喋喋不休的聲音，沒有壓抑它們，也沒追隨它們，就讓它們自由地來、自由地去。在安全的情況下，我把注意力放到雙腳的交互變化，覺察行走過程中的吸氣與吐氣，領受行走中身體的各種變化與感覺。

第一次，在日常生活中落實行走靜觀。

第一次，走在大街上沒有被紊亂的擔憂占據。

第一次，穿越路樹的葉子我看到湛藍的天空。

第一次，走在大街的身心是放鬆的。

04

品味生活的練習
生活靜觀

整個八週正念減壓課程，最有趣的就是可以在生活中隨處運用。正念是時時刻刻不帶評價的覺察，隨時領受當下的一切，包括身體的感覺、情緒的變化、想法的起伏，以及周圍的環境。這需要刻意練習一段時間，養成習慣後，正念覺察就會成為一種生活方式，一種由內而生的平衡喜悅，一種提起智慧放下煩憂的生活方式。但這一切不會渾然天成，需要溫柔刻意地養成覺察的習慣。也許最好的方式之一，就是在手機主畫面寫下提醒自己的字句，例如「覺察呼吸」，或在辦公桌、書桌、冰箱上貼張字條也可以，這些是我之前常用的方式，畢竟任何東西要養成習慣之前都是需要提醒的。有位法師曾跟我說過一句頗有意思的話：「自古成功靠勉強。」有段時間，我的手機主畫面寫的是「把孩子當聖人」，看習慣了，每當我要跟孩子生氣時，就會深呼吸、稍微退一步暫停一下，減少愛的暴衝。因此，非常歡迎您依照自己的創意，把正念融入時時刻刻的生活中。以下我將分享兩個正念運用於生活的練習，一個是使用手機，一個是洗澡。

把覺察帶入使用手機時——手機靜觀

二〇一六年臺灣有個數據，平均每個人一天使用手機的時間長達三小時二十一分鐘，其中二十

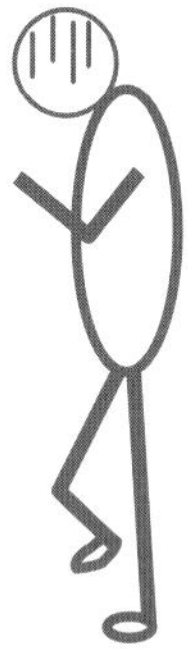
（圖1）

（圖2）

至二十九歲的族群甚至高達四小時。每天四個小時運動會成為該運動項目的高手，每天四小時閱讀會成為該領域的達人。每天四小時維持看手機的姿勢（如圖(1)），老實說沒人受得了，一定會出現很不舒服的肩頸痠痛、呼吸不順、胸悶、手臂痠脹等身體訊息。而我們勢必也會回應這些身體訊息，例如放下手臂、抬起頭、伸展一下。

然而如果手上真的拿了個小螢幕（如圖(2)），這個姿勢有可能持續四小時、五、六、七、八小時。神奇小螢幕成功地吸引了我們絕大部分的注意力，掩蓋所有身體傳遞的訊息——痠麻腫脹、呼吸壓迫、肩頸擠壓……彷彿所有感覺都被神奇小螢幕給吃了。

不幸的是，神奇小螢幕沒那麼大本事，它只能暫時讓身體忘掉這些訊息。直到身體被壓迫到極點而反撲時，就成了大家不得不正視的大問題：視力變差、乾眼症、黃斑部病變、頭痛、頸部與肩部肌肉損傷、手肘受傷、呼吸不順、肌腱炎、腕隧道症候群、幻聽、不安等。

每天為了四小時的休閒卻得到這些後遺症，如此得不償失，大家卻依然趨之若鶩，不禁讓我聯想到二〇一七年諾貝爾經濟學獎得主理查・賽勒（Richard Thaler）的非理性經濟學。賽勒認為之前的經濟學理論都假設人是理性的動物，這根本是一大錯誤。根據他的長年觀察，人基本上是非理性的，他認為經濟學理論應該建構在人是非理性的前提下來發展。因此如果我們希望自己生活的品質好一些，別還沒上年紀就一身是病，還真的需要刻意學習如何聰明地使用手機，從使用智慧型手機，升級到智慧地使用手機，讓手機成為生活的幫手，而非身心健康的隱形殺手。

這些年來我發現最簡單的方法，就是練習有覺察地使用手機。**除了小螢幕的訊息，也聽聽身體的訊息，身體絕對會告訴你，它何時受不了了。然後，做法很簡單，聽身體的，不然你長期不理它，有一天它也會不要你。**把覺察帶入身體的感知時，一定會感覺到脖子痠，於是我們會把手臂舉高一些，好讓頭可以稍微抬起來一點，就像（圖3）這個帥氣優雅的姿勢。

（圖3）

在這個姿勢下，手臂比較容易痠，但手臂痠的代價總是比脖子痠的代價小很多、很多。同時隨著手臂越來越痠脹，正提醒我們需要休息一下了。因此，手機還是可以使用，只是多了自動休息提醒機制。趁著身體還沒有被傷害到不可逆轉之前，把覺察帶進來，適度溫和漸進地調整，總是比造成永久性的傷害好多了。

除了使用手機的**姿勢**需要帶入覺察，使用手機的**時機**更需要有覺察。這些年來，很多的交通意外事故都是邊用手機邊走路造成的。許多人在走路時使用手機，總是在快要碰到前面的人時才稍微停一下。平心而論，真的有這麼忙嗎？非要當下立刻邊走邊用嗎？其實並沒有，很多時候可能是在玩遊戲、回覆瑣碎的訊息、看社群媒體或看影片等等。真的有這麼急迫嗎？也沒有。既然如此，我們為何要做如此危險又沒任何好處的事情呢？慣性使然。

在行走靜觀的文章中我們提到走路時就好好走路，覺察走路時身體的各種感覺與變化，領受能走路的自由與恩典，畢竟不是每個人都能一輩子擁有完好的行走能力。因此，在下次走路中拿出手機時，如果真的有很重要有緊急的事情要處理，寧可先站在安全的一側回覆完訊息再繼續走。如果只是慣性地掏出手機，那麼，就帶著覺察放回去吧！在這當下，為自己、也為他人做一個明智安全的選擇。

每天最舒爽的練習——洗澡靜觀

另一個把正念覺察融入日常生活很棒的練習是洗澡靜觀。我們每天都要洗澡，但是否曾經觀察過，洗澡時，您的心在哪裡？是真的在洗澡，還是還沒從會議中抽離？是跟別人對話，還是跟自己對話？想著心煩的事情？計畫著未來要做的事？此時，洗澡只是自動化的機械動作，一個需要完成的事情而已，洗完之後心煩還是心煩，意亂還是意亂，只洗了身沒洗到心。

帶入覺察的洗澡是一件超級爽快的事情，尤其在這個家家戶戶幾乎都有熱水器與蓮蓬頭的年代。還記得我小時候洗澡是要燒開水的，不是隨時想洗就可以洗。爸媽小心翼翼地將滾燙的水倒在已經裝了冷水的大盆裡，限量使用。停電時，點了根蠟燭，還須要留心不要被水潑滅。時至今日，洗澡沒這麼多前置作業了。對大多數人而言，只需要進去浴室，門一關，水龍頭一開，就有熱水了，那麼何不從門一關起來時，就來清楚領受每個當下呢？

領受脫衣服的肢體動作與靈活自由，身體少了衣服的感覺也許是清爽的、也許會打哆嗦。覺察適溫的水第一次灑在身上的濕潤，塗抹肥皂的滑溜，水第二次灑在身上的潔淨。

因為心一直在每個當下，整個洗澡的歷程更加清爽舒暢，不知不覺中身心都獲得洗滌。因著溫柔地覺察當下，心比較不會左思右想或編故事，即使有小劇場上演，也能帶著覺察溫柔地把自己帶回正在洗澡的狀態，畢竟這才是當下真正在做的事情。於是這顆心從紛亂的狀態，慢慢收攝與沉澱。即使煩人的事情還在，在洗澡歷程中，心從煩惱中釋放出來，不再纏繞緊繃。照顧好自己的身與心，讓身心處於相對平衡的狀態。回頭再面對所煩之事時，將更有處理的能量與創意。因此千萬不要錯過洗澡靜觀，不額外花錢但加倍享受，何樂而不為呢？

同樣的覺察習慣，可以運用在泡茶、沖咖啡、晾衣服、做菜、上廁所、打掃家裡等等。所有生活中的一切都可以拿來練習，不論是開心或不開心的時刻。這樣的生活靜觀其實非常有意思，每次的經驗即使類似，但一定都有新鮮的成分，因為我們一直保持覺察當下的習慣，而當下，永遠是新的，沒有哪個當下是舊的，開心吧！

原來，煩惱就是這樣來的

（說明：這篇文章是二〇一〇年在美國受訓時的經驗紀錄。）

還記得小時候看過一本書叫《十萬個為什麼》，在我從小到大的學習認知裡，會問「為什麼」才是聰穎的孩子。雖然我不是屬於聰穎的小孩，但剛好也很喜歡問「為什麼」。中學時有位老師對我的評語是打破砂鍋問到底，還問砂鍋在哪裡！（當時的老師真是辛苦了）沒想到上正念減壓的第一堂課，老師竟然鼓勵我們多問「什麼／what」，而不急著問「為什麼／why」，尤其我們經常在未充分明白當下所發生的一切，就急於透過為什麼的提問來找答案。我們總需要「因為A所以B」的思路，似乎唯有找出A與B，才有落地不懸空的感覺；至於A或B的真偽，就再說了。

認真一想，原來我們經常在沒有足夠資訊的情況下就驟下結論。換言之，**當我們在回答為什麼時，其實並沒有真正看清楚發生了什麼**。於是在資訊片段且不充分下，所給出為什麼的答案，只能取自於過去既有的經驗與想法，然後理所當然地用未經核對或驗證的觀點、想像、情緒，來填補空缺的部分。我們自以為聰明地找出了「根本原因」，實際上是幾乎都是在「編故事」而不自覺。這些我們深信不疑的故事，循環地影響了我們如何面對與看待之後的人事物，像個漩渦般持續下漩。

就在參加訓練的第一堂課後，我邂逅了這個思維漩渦……

在八週培訓開始前，老師知道我沒有交通工具上下學，好心地說她可以「順道」載我。但在第一堂課結束後，老師很抱歉地說，她忘了跟我講必須開例行教師會議。換言之，不能立刻帶我回住所。我跟她說：「沒問題，放心去開會吧，我可以利用這些時間做些紀錄或看些資料。」

於是，我打電話通知先生[1]，跟他說我會比較晚回去。打了幾通都沒人接，我開心地想像他與孩子們今天一定玩瘋了，才會連電話鈴聲都聽不到。好不容易接通了，並沒有出現預期中的快樂語氣，反而是不耐煩覺得被打擾的口吻，他(們)顯然在睡覺。我很訝異這麼美好的時光，六月下旬麻州陽光燦爛的午後，他們竟然在睡覺！他們竟然沒有把握時間好好去玩?!

1 當時全家赴美，兩週後先生返臺工作，我跟孩子們留下繼續學習。

他的口氣讓我覺得孩子們今天與他相處得並不愉快，他們可能開心地出去玩，哭哭啼啼地回來（這是在臺灣常發生的事），然後爸爸也很生氣地不理他們，最後大家都很無趣地去睡覺。相對於我在課堂中豐富喜悅的學習，與同學老師自在的互動，他們對於享受當地的生活似乎有很大的困難，我心裡有點罪惡感，心想著他們今天發生了什麼事情？遇到什麼困難或麻煩了嗎？他們會不會很後悔來美國？會不會很沮喪呢？很多可能與假設在心裡面兜轉，我小心翼翼地提醒自己不需要有罪惡感，避免挖洞然後自己跳下去。我告訴自己這不全然是我的責任，這是他們必須面對的議題：爸爸與孩子們的互動、面對陌生環境的能力、發現自己力有未逮的調適等等。回到家門口，懸著一顆擔憂至極的心敲敲門，我已經準備好要聽各方人馬的抱怨了。

「歡迎回來！聽了一天的英文，一定很累了吧！」開門的先生笑嘻嘻的說。孩子們爭著跟我講他們今天去艾瑪公園餵松鼠的有趣經驗。原來，他們今天過得好得很咧！

這對我是很重要的經驗，因為整個過程讓我清楚地體驗與觀察到：我是如何因為一個瞬間的訊息（電話中語氣）與先前的經驗（在臺灣外出遊玩的經驗），而開始編撰越編越遠的虛構故事，並且深信不疑；過程中，自己的心情與身體的感覺如何隨之高低起伏。這些故事讓我開懷，也帶來沉重的心理負荷，甚至於是罪惡感。

這整個過程讓我領悟，原來，煩惱就是這樣來的——慣性地問為什麼，慣性地從舊經驗找答案，慣性地把過去套在未來，慣性地編故事而沒驗證。正念大門，倏然開啟。

05 正念 全面的關係重塑

正念，練習一個瞬間接著一個瞬間不帶評價地覺察。以煩惱為例，正念練習讓我們在煩惱縈繞時，能區辨所思所慮的內容是否已經一再重複。雖然我們心裡想去除煩惱，但不斷地想反而把煩惱餵養得更大。如果發現思緒一再重複，表示我們已經定格在過去或某個假想的未來。我們可以透過覺察呼吸、行走、靜坐或伸展，幫助自己把注意力溫柔地再帶回這個當下，這個唯一真正活著的時刻。**在自己與煩惱之間，從一種緊繃、固著、僵化、敵意的關係，悄悄地轉向為允許、共存、流動、友善的關係。煩惱也許還是在，但微妙的變化已經無聲無息地開展。持續練習，開展的幅度與深度就會越來越顯著。**

正念，練習一個瞬間接著一個瞬間不帶評價地覺察。以人際互動為例，正念練習讓我們不會因為強調照顧自己，而變得冷漠自私、不關照他人或不重視人際關係。反而更能看清生命中哪些人對我們格外重要，相聚時更珍惜，同在的品質也更真實。正念練習使我們不會對在乎的人，慣性地心不在焉或者隨便敷衍，在緣分盡時卻又深感懊悔與掛礙。換言之，對於人際關係的品質會更敏銳也更能掌握到重點。

關係，決定一切

正念練習，是把覺察帶入關係的練習。從上述自己與煩惱的關係、自己與人際間的關係，到前一章自己與手機使用的關係、與洗澡的關係等等，擴及到自己與身體的關係、與想法的關係、與情緒的關係，與行為的關係等等。正念的練習，全面地開展與轉化各種大大小小的關係。

我們難以改變他人，卻可以調整彼此間的關係，例如敵對、友善或尊重。
我們難以改變世界，卻可以調整自己與世界的關係，例如投入、疏離或嘲諷。
我們難以改變自己的某些特質，卻可以調整自己與這些特質的關係，例如嫌棄、欣賞或好奇。

舉個比較具體的例子，許多家長都關心孩子的功課，如果我家孩子數學不好，這裡至少有三個層次可以觀察。第一個最顯著的當然就是「孩子數學不好」這件事。第二個是身為家長的「我」。第三則是「我」如何看待「孩子數學不好」這件事的關係。以左頁圖形表示：

「孩子數學不好」（右圓）是事實，從過往的考試中可以看出來，大多已經是過去式，但也可能是現在式。但「我」（左圓）跟「孩子數學不好」這件事的關係（連結兩圓的線條），就有多種可能與發展了。例如，我認為：

(1)孩子不夠認真➘失望與生氣➘找個更強力的補習班來好好操練。

(2)孩子不夠認真↓難過與放棄↓放牛吃草。
(3)數學很重要耶，無論如何一定要救起來↓緊繃↓送去補習嚴格監控。
(4)雖然數學不行，但他語文不錯↓放輕鬆↓送去補習，支持大於要求。
(5)孩子數學不好是應該的，因為他老爸數學也不行↓玩笑↓順其自然發展。
(6)怎麼可以呢，我的數學這麼好↓家長緊繃↓自己教。
……

這裡可以發展出更多不同的關係，左圓所採取的關係，直接作用在右圓。這裡的右圓其實可以填入任何狀態，例如肥胖、重大疾病、工作狀況、家人互動、做家事、成績、朋友、睡眠、壓力……簡言之，就是任何占據心思的人、事、物，已經呈現出來的結果。如果心力一直放在右圓，一味的想改變或消除右圓，不管我們花了多少的精神、力氣或資源，不是無效的舉動就是會產生副作用或反作用力。然而，如果我們把注意力從對右圓（事件）的專注，調整到對線條（關係）的覺察，也就是從對事件的關注調整到對關係的探詢，真正的在意並關照當下所呈現的，那麼歷史就會改寫。因為真正會產生影響的，其實是兩者間的關係，就是線條的部分。

已經呈現出來的結果，是過往的累積；而關係則存在於當下。過往無從改變，當下卻可以選擇。如果發現某種關係正處於固定不變的狀態，映

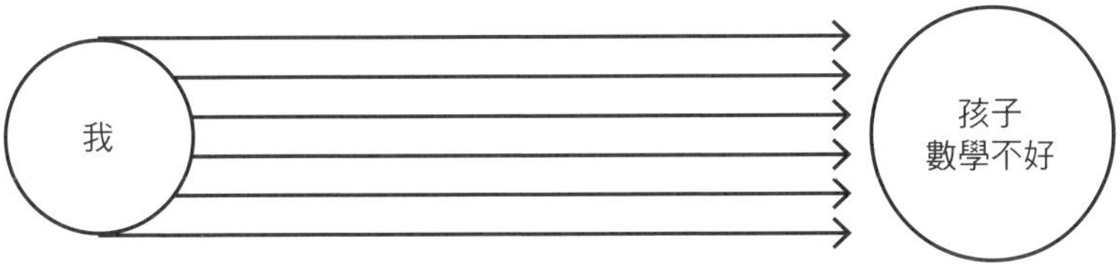

照的其實是正逐漸僵化的心，導致行為的固著、難以變通。

此時可以經常問問自己，我如何照顧好自己以維持身心的平衡？我想要什麼樣的關係？當下什麼是最重要的？什麼是對方想要的？什麼是我想要的？

問了就放下，這些提問都沒有標準固定的答案，因此不須絞盡腦汁追求快速理想解答或行動處理方案。但就是跟這些提問同在，不急著去哪兒找答案或修正什麼，但送給自己一些時間與空間來感受內在的變化與流動。如此，我們先活化與軟化自己，友善地對待自己，然後再明智地對待他人。把處理工作的行動模式與效能的注重，就只留在工作。面對關係，我們更需要的是同在模式，不論是對自己或對他人的關係。因此，正念練習不只是各項正式練習或非正式練習的總和，而是我們如何過自己的人生，在覺察中溫和重塑與生命各層面的關係，這才是核心，也是一輩子的課題與實踐，探索與發現之旅。

PART

6

正念的運用

「正念減壓」風靡全球近四十年，席捲國外醫界（癌症、愛滋、高血壓、睡眠障礙、慢性疼痛等）、心理學界（過動與注意力缺失、憂鬱症、焦慮症、強迫症等）、教育界（幼兒園、小學、中學、大學）、企業界（Google、Apple、Facebook 等）；在臺灣，正念也正蓬勃發展。文中分享這些年來我與正念夥伴們，以及許許多多圈內圈外的好朋友，共同攜手扎根正念種子於各領域：醫界、企業、家庭……

處處開花的正念種子

打從二〇一〇年底開始教正念減壓課程至今，大約已經上過八十梯次的八週正念減壓課程，兩百多場的演講與工作坊，不知道從何時開始，我已經不再統計這些數字了，更沒太多興趣公布我去哪兒上過課，因為不論是公益單位或大企業，我都一視同仁地對待。而當我靜下來，感覺一下這個主題「正念的運用」時，好多、好多、好多課堂夥伴的臉龐浮現心中，有笑、有淚、有徬徨、有堅定、有健康、有生病、有幸福、有不幸、有十來歲的小毛頭、有八十多歲的年長者、有待業者、有企業家、有不良於行者、有運動教練、有臺灣人、有大陸人……各式各樣的朋友，正念的運用，怎是能一言可道盡的主題?!

於是我只能做最粗略的經驗彙整，概括地分幾大領域分享一丁點兒的心得與體會，包括把正念帶給各種身心不適者，各類機構或企業，當然還有不斷滋養我的家庭，這些內容各分見於第一篇〈把正念帶給因傷病而受苦者〉，第二篇〈正念進入企業或機構〉，第三篇〈正念進入家庭〉。除了主文之外，在這部分有更多的真實故事與延伸閱讀，尤其有三篇是由癌症病友與憂鬱症康復朋友親自撰寫。除此之外，在這部分我還想討論一個很少人注意但很重要的議題，就是正念練習七大原則的運用。一般學習正念者很少知道正念練習的七大原則（請參閱本書【Part 2】），然而經過這些年來的實踐，我深刻發現這七大原則不但深入正念練習的精髓，更實用可靠。正念運用的良窳，與七大原則的理解和實踐程度息息相關。因此在第四篇我將以教養為例，討論七大原則的應用。

當然，正念應用的範圍不會只有這些，在本書其他篇幅也可以看到許多應用實例。此外，全世界各地隨時都有很多人將正念帶入社會的各個角落。在華人正念減壓中心，除了將正念帶給公益團體、醫療、大專院校和大小企業，我們還有許多夥伴對於把正念帶給校園內的青少年或兒童格外有興趣，他們研究出合宜的教案、進入校園、舉辦夏令營，用學生容易吸收的方式傳遞正念，也讓家長一同學習與成長。這些年來整個中心的夥伴們一路秉持著「愛、專業、涵容、成長」的信念與實踐，與許許多多圈內圈外的好朋友，共同攜手扎根正念種子於各領域。我深深明白，這部分的文章只是弱水三千中的一滴，更多正念之愛正發芽並成長於中外各正念老師與各專業正念機構間，也許，亦正發芽於您的心田……

01 把正念帶給因傷病而受苦者

心諮所畢業不久，吳毓瑩老師、賴念華老師與熊秉荃老師，邀請我進入他們的一個研究案，老師們想要了解正念減壓課程與表達性藝術治療對乳癌病人的影響。能參與這個研究方案，我感到非常榮幸也相當感謝。二〇一二年春，我們四個人坐一輛計程車直驅基金會。聽完簡報後內心百感交集，一方面感動於臺灣有這麼好的機構協助癌友面對生命中偌大的困難[1]，另一方面也心疼癌友所承受的苦痛。接下來的雙向交流，討論正念減壓與表達性藝術治療可以如何幫助他們。

很快地我們有機會進行課程帶領，這是我第一次接觸癌友團體，可能是臺灣很早期把正念減壓帶給癌友的團體，我內在處於一種高度謹慎與放鬆覺察的狀態。雖然我對癌症沒有了解，但我知道他們都走過辛苦的治療，不但承受身苦也耐住心苦。因此我不想把學習正念的氣氛弄得很肅穆，循序漸進的扎實與輕鬆幽默的上課風格，在這裡播種發芽。雖然我不懂癌症的病程發展，但我明白只要還有一口氣在，他們都可以透過正念為自己做些有益身心的練習。而我的任務就是透過上課的各種體驗，讓他們明白如何自行操作，而非一直仰賴外部的給予。雖然我對於建議他們吃些什麼或做什麼運動一無所知，但我可以邀請他們把所學的正念覺察帶入時時刻刻的生活，從聆聽自己身體的訊息中，獲得促進身心健康的智慧，而不再一味的向外尋尋覓覓。

雖然表面上我是團體帶領人，但我了解他們每一個人對生命的了解比我深刻太多了，千萬勿以一個專家姿態出現，在苦難面前我是謙卑的僕人。

正念是醫療的輔助，而非醫療的替代

因此，我從不擴大或輕忽癌症的恐怖，也不簡化癌症這件事情。一般而言，生病的人都比較脆弱，很希望抓住什麼特效的東西來幫助自己，關愛的家人與朋友更是如此。但平心而論，生病的成因其實是相當複雜的，所以我通常會鼓舞病友，與其東想西想，還不如做呼吸覺察練習，對自己的細胞復原與身心平衡都更有幫助些[1]。平衡穩定的身心對於藥效的提升，肯定比狂亂的身心好多了。

大夥兒熱切地學習，幾乎每一位夥伴回家後都確實練習，因此很快就聽到各種練習分享。

有人透過身體掃描練習發現自己可以安然入睡，在安全狀況下慢慢減少安眠藥的服用。

有人罹癌後體力大減，走個半個小時就氣喘吁吁。但當把覺察融入行走時，竟可以走一個多小時而臉不紅氣不喘，身心不再打架而處於一種和諧共融的狀態。

有人透過各項練習體悟到生命之間的相互牽扯，而放下對某些互動狀態的堅持，把能量移轉到好好照顧自己，培育由內而生的充實圓滿，停止從外在人事物找填補的慣性。

或快或慢，只要有練習的夥伴，都會獲得他們生命所需的滋養。這群夥伴讓我扎扎實實地參與並見識正念的力量，實在是我當時最好的正念老師。

還記得我在麻大的一對一督導老師凱薩琳曾引述麻大正念中心前執行長薩奇（Saki）的話說，

1 之後才知道小小臺灣這類機構還真不少，除了癌症希望基金會，還有歷史悠久的臺灣癌症基金會，致力於婦女的乳癌防治基金會、乳癌病友協會、臺中開懷協會、康泰基金會以及許多其他優質機構。這些機構都非常有愛心，也有許多重要好資源，病友可以多加接觸。另外，各大醫院也都有癌症資源中心喔。

「身為正念減壓的老師需要充分準備，然而一旦步入教室，就要把教案放在教室門口。」這意思是，教案要充分準備，卻也不能全然不假思索地跟著教案走，而要能真實承接每個當下，尤其是當下浮現的重大議題。在正念減壓的教案裡面沒有生死議題的討論，然而這議題在這個團體卻自然浮現了，大約在第七堂課吧。沒有閃躲、沒有催淚、沒有壓抑、沒有勸說教導，大夥兒溫柔而勇敢地分享心底的擔憂、恐懼、豁達與智慧。**關於成長，每個人都有自己的速度，不需要透過說教來表面拉齊每個人的進度。**

就在那堂課後，一位認真練習也學得很好的夥伴，跟我討論另一個重要議題，「如果一個人在正念的練習中很有感覺，也覺得幫助很大。那麼，是否可以不需要接受西醫的治療，只要繼續多加練習正念就好？」我知道許多身心靈團體希望生病的朋友相信他們的方法，而且經常吹捧為唯一有效的方法，卻延誤治療良機。因此我跟她說，正念是醫療的輔助，而非醫療的替代。我不是醫學與病學專家，醫生才是，是否繼續接受治療比較好應該跟醫生討論。

生病這件事情很複雜，涉及的範圍很廣，有的人透過一些非常規醫療的方法可以闖過，但同樣的方法放在另一個人身上可能行不通了。因此如果可以的話，我通常會建議該做的治療還是做，但在這過程中要多多練習正念覺察，少些對抗、少些煩憂、少些能量無謂地消耗，多為自己做些有益而非有害的事，跟優良的醫護人員站在同一陣線地幫助自己。然後把結果交給老天爺。課程整個結束後，該學員隨即住院治療。我這才明白原來她是在幫自己問，當時癌症已經移轉而她正猶豫是否要做進一步的醫療。她為自己做了正確的選擇，而我也深深地吸一口氣——在苦難面前，我只是謙卑的僕人。

真實故事

正念，療癒大道

（說明：這是正念實踐者卓佳蓉的真實故事，描述的時間點是在她發現自己乳癌移轉，而展開正念學習之路的歷程。本文原載於二〇一三年五月號《健康世界》。）

四十歲生日前夕，我發現了乳癌。這讓汲汲追求工作與家庭經營的我，被迫放下一切，接受化療和電療。當時只要一聽到什麼健康食品有幫助，我就會去買來吃，什麼氣功有助於抗癌，我就很認真練。不論什麼東西只要聽說對身體有幫助，有益於抗癌，我都會非常認真執行。我把抗癌當成目標，絲毫不敢懈怠！隨著病情慢慢穩定下來，我熱心參與病友間的活動，希望能藉自己的經驗陪伴新病友走出陰霾，甚至陪他們一步一步地走向死亡，和過世者家屬一同面對失去親人的哀痛。那時心中積累了許多惶恐，甚至覺得參加的每個告別式都是在為自己的葬禮作演練。所以我更積極投入活動，除了證明自己已經康復，更藉著鼓勵別人掩蓋我對未來的憂心！

將近一年前，定期的複檢發現體內的癌細胞竟然擴散了，而且是擴散到肝臟，攸關性命的臟器。醫師不樂觀地告訴我，平均存活率是兩年，甚至不到兩年！我瞬間跌入深不見底的谷裡，我好不甘心，為什麼我已經這麼努力了，卻還是無法將癌細胞趕出我的身體。我好難過，對生命如此熱忱的我竟然就要畫上句點。我好悲傷，這些年年邁的父母盡力照顧我，我還沒機會報答；女兒還這麼小，我還有好多事要教她；先生這麼愛我，我要背棄與他白首到老的誓言；我跟家人朋友的感情都這麼好，竟然就要因為癌症而離開他們。這是什麼道理，我還想活著啊，我盡一切努力活著啊！

錯綜複雜的情緒讓我築起一道道高牆，我不想跟任何人見面，不想接任何電話，我不想讓任何人找到我，那都是多餘的了，他們能對我說什麼呢，各種安慰的話語都無法讓我將病魔驅逐啊。我無語對蒼天，心中充滿了恐懼、無奈、無助、憤怒、悲傷……

容姐是我罹患癌症後的好朋友，雖然她年紀比較長，但完全不會倚老賣老，溫柔的她總是鼓勵我，她的電話是我少數會接的電話之一。那天她打電話來跟我說基金會有正念減壓的新課程，邀我一起去上。我心裡想著：不就是正面思考、人生無常、活在當下之類的嗎？我實在不想浪費時間在無謂的安慰鼓勵中。她明白我已經把自己封閉起來，依然持續邀請我，社工也多次打電話，甚至不斷地留言，最後才讓刻意失聯的我走進基金會上課。

當時我正在做化療，身體很不舒服，體能很差。課前迎新說明會我其實不容易專注，也不太清楚老師在說些什麼，有點不耐煩。直到有一句話突然打醒了我，老師說這是一趟有方向而無目標的旅程。突然間，我意識到，原來我一直設定各種目標，追逐各種目標，把所有的注意力都放在未來的某個目標。即便得了癌症，我所有的注意力都還是放在未來，渴望消除所有的癌細胞，渴望能跟老公白頭偕老，渴望看到女兒大學畢業，渴望能做這個做那個。曾幾何時，我好好地活在當下？癌細胞在我身體裡面已經四年多了，我一心只想殲滅它們，我還曾經想過挖開肚子把所有癌細胞一次解決。曾幾何時，我跟它們好好相處了呢？突然間，我醒了，學習活在當下，這就是我想要的，我決定要來上課。不過，我還是不放心，懷疑會不會只是課前說明會吸引人而已，於是我嗆老師說：「我對你的課程寄予厚望，你可別讓我失望喔。如果你讓我失望的話，下一堂我就不來了。」

八週下來，我仔細觀察老師，觀察她所教的與她的行為是否一致，是否又是講得很好聽但落實又是另一回事。學習正念的七大原則之一，接納，說得容易做起來難啊。我仔細觀察老師她是否真的做到接納，還是只是表面接納，實際上還是有自己的成見或想法。我不知道別人感覺如何，但這段期間我確實看到君梅老師將接納活出來，我感覺到自己被接納，來自深深的內心。於是，環繞在我周圍的高牆逐漸瓦解，第一次我真正靠近自己的心、自己的身，而不只是不停地希望它們如何依照我的想法呈現。**第一次我可以跟癌細胞和平相處而不急著殲滅它們，畢竟它們就在我身體裡面，已經是我身體的一部分。不論我喜不喜歡，接納它們的存在確實是我唯一可以做的事情啊！**我為什麼要花所有的力氣去跟它們對抗？我為什麼不將這些力氣用來好好地活在當下、好好跟所愛的人互動？生命的精采不在於它的長度，而在於真實活在當下的程度啊！

終於，我跟自己內在深層的自我療癒力量銜接上了，我知道不論我的病情如何發展，我不等於我的病，癌症確實在我的身體裡面，但我並不等於癌症，我的生活也不僅只是抗癌，除了癌症之外，生命中鮮活美妙的光景並沒有消失，它們都還在，家人、朋友、美食。我還有體力可以騎腳踏車看遍河濱風光，我可以一早起床為女兒做美味的便當，我可以跟很關愛我的先生分享許多心事，我依然可以關懷病友甚至是他們的家人，我可以繼續享受烏克麗麗的樂音，也可以繼續上山呼吸新鮮空氣，我還有許多美好的事情可以進行啊，帶著癌細胞一起。

想想，癌細胞也挺可憐的，所有人遇到它們就跟看到鬼一樣，所有人類的能量都只想將它們趕盡殺絕。如果我是癌細胞我會怎麼做呢？當然是竭盡所能的反撲囉。也許，這只是遐想；也許，癌細胞正是我裡面曾經被我厭惡驅趕的那部分自我的具體化。如果是這樣的話，生病只是「它們」的聲音大到終於讓我聽到了。如果是這樣的話，我何不趁著有生之年好好聆聽它們呢，尤其它們已經是我身體的一部分。接納它們，就像接納我所不喜歡的性格，這性格也許是我的、我女兒的、我先生的、我父親的、我母親的、任何周圍會影響到我的人的。接納，知易行難啊！終於，我領悟到決定我生命終點的不是醫師，而是我自己。我學會好好地活在當下，好好地與自己的身體、心靈、家人、朋友、環境真正地和平相處。這不就是精采的生命嗎?!

正念減壓課程讓我重拾生命的力量與溫度，我曾經想也許我只要好好練習正念就好，也許可以放掉西醫的治療方式，但老師不建議如此，所以八週課程結束後不久，我去切除移轉的癌細胞。電燒手術的疼痛讓我深刻體會能平躺下來休息是多麼幸福的事！那時為了讓自己安穩躺下，我試盡各種姿勢仍無法抵擋腹痛，所以只好坐著睡。麻藥漸漸退去，傷口痛到我根本無法站立。坐在病床上，我運用上課所學的身體掃描，仔細觀照身體的每一個部位，有癌細胞的部位、沒有癌細胞的部位，有傷口的部位、沒有傷口的部位。奇妙的是，痛到爆的感覺似乎慢慢消融，傷口的痛會導致全身的緊繃，而緊繃的全身又讓傷口更痛。**透過身體掃描的練習，緊繃的部位逐步鬆緩，傷口依舊疼痛，但只局限於傷口處，而不再四處瀰漫了。我知道傷口依舊會痛，但我也體會身體更大部分是不會痛的、是很正常運作的。我跟疼痛的傷口同在，也跟不痛的身體同在。**這次我沒有讓疼痛淹沒了我，我領受到內在強大的療癒力量，只要我願意真心地停下來、安靜下來、聆聽，不急著以慣性反應來應對，不對自己的傷口或病情喋喋不休，將能量平和平等地關照身體各個部位，而不是只注意疼痛部位，我就可以在疼痛中呼吸到新鮮空氣，為我帶來能量的新鮮空氣。

現代醫學對生理與心理有截然不同的劃分，心理的議題看精神科，生理的問題看是哪個器官就看哪一科，隱約透顯身心分離的概念，好像身體的問題與心理的狀態是兩回事。這段學習正念減壓期間，我了解身心原來是不分的，身體的狀況會立即影響心理狀況，反之亦然，身心交互影響的程度超乎我原先的認知，那感覺好像發現了新大陸。

前幾天我做完推拿的當天深夜，突然肋骨產生劇痛，好像有嚴重內傷，當時我痛到連呼吸都覺得困難。這突如其來的劇烈疼痛勾起我對死亡的深層恐懼，心想會不會時間已經到了，內心真的好害怕、焦慮更是難過。然而，我發現自己越擔憂恐懼，呼吸就越急促，幾乎快要喘不過氣。突然間，我憶起正念資料庫的心法——靜坐觀呼吸，我把注意力放到呼吸上面，專注於一呼一吸、一呼一吸、一呼一吸……焦躁引起的呼吸困難　如退潮般緩慢淡去，心理和身體交互影響在我身上再一次獲得驗證。

現在正念已經是我生活的一部分，而且是很重要的部分，我盡量讓自己的生活被正念擁抱，不管發生什麼事情，結果總是出人意外，就像有天晚上女兒回家後氣呼呼，我問發生什麼事，她一直不肯講。在我溫和的關懷下她終於說了，原來她中午的便當放在桌子旁邊被同學打翻了，她一口都沒吃到。當同學把飯從地上撿起來，看到沾滿灰塵的飯，女兒放聲大哭。我不了解她為什麼大哭，但我知道如果是以前，我一定會不高興地質疑她怎麼沒有把便當放好，才讓同學有機會弄翻。**我感覺當下自己身體的反應，覺察呼吸，我知道我並沒有真的搞清楚她的狀況——她為何會哭得這麼慘？於是我告訴自己別急著罵她，轉而溫和地探詢：「妳是不是肚子真的很餓，才會大哭？」**她說：「不是，妳不會懂啦！」我沒被激怒，繼續和緩耐心地問：「那是怎麼了呢？」慢慢地，她哽咽地說：「那是妳一早起床辛苦做的便當耶！」一說完就哭了，我也感動得掉下眼淚，我們抱在一起哭了好一會兒。原來，她心疼我，她難過沒有收到我給她的愛。因為我正念地探詢她，這位青少年對媽媽溫柔的愛才有機會流露出來。如果我依照慣性反應，只看到一點表面跡象就急著強行輸入我所認定（卻未必正確）的想法，那她將永遠沒有機會表露她的愛，我也不會有機會知道她對媽媽的愛，彼此間將只有誤會和生氣。這就是慣性反應與有覺察回應的差別，失之毫釐差之千里啊！

好開心，老師在星期六上午開新課程給一般民眾，很快地我幫先生報名。我希望透過這課程，讓一路陪伴我照顧我的先生，也能找到他自己內在的自我療癒力量，取之不盡用之不竭的力量，別人拿不走的力量，不論我有沒有在他身邊，這是我可以回報他最好的禮物了。

真實故事

撰文／卓佳蓉

正念伴我面對疾病

（說明：經過五年與癌細胞和平共處，二〇一七年末，老天爺給佳蓉一個大挑戰─第二次移轉。本文是佳蓉分享在這艱難的過程中，如何自我面對與自處。）

接觸正念減壓是二〇一二年乳癌第一次轉移到肝臟，正接受化療的時期。當時雖然看起來是積極接受治療，內心其實非常嫌惡遭癌細胞擴散的身體。對於如何照顧自己的身體感到茫然，非常擔心是否能挺過這一關，需要靠藥物調適情緒的我，選擇封閉自己。直到在正念減壓課程裡：**呼吸覺察的訓練**，讓我體會到每個流動且獨特的當下，於是我學著接受生病的事實。透過大量**身體掃描練習**，體悟罹患癌症並沒有全然剝奪身體正常運作的功能，反而因為這場意外，讓長期忙碌的腳步停歇，覺察生活一直都存在的美好。在**伸展肢體**的舒坦中，我感受氣息在體內順暢的流動，看著家人熟睡臉龐我心洋溢著幸福感。用**五感充分品嘗食物的滋味**，我感謝食物帶給身體的飽足感……雖然有些治療的副作用也確實很不舒服，但大部分都能與之和平共處。

這段期間我繼續跟華人正念減壓中心的夥伴們一起大量學習正念，從個人不斷地練習、實踐與融入生活，到慢慢地接受君梅幾乎是一對一的培訓與夥伴們的大量的滋養。我漸漸開始跟中心夥伴們一起把正念傳遞給大家，從觀摩、實習、督導，從帶領短時間的講座、半日工作坊、數日工作坊到教授八週正念減壓課程。我們一塊兒把正念帶入校園與各類單位，長達一年多的期間，我們每個月到遙遠的基隆長庚醫院情人湖院區，為癌友提供正念推廣講座（感謝王正旭醫師與葉北辰心理師以及中心多位夥伴的義務協助）。

正念，已經成為我的生活方式。定期回醫院追蹤檢查，也是。

癌細胞跟我和平共處了近五年，遠超過當初醫療預估的兩年。然而，在邁向第五年的定期追蹤時卻發現癌細胞第二次移轉，這次是到縱隔腔，一般人都沒聽過的身體部位。突然間，過去化療虛弱不適的經驗和可能面臨的病程不確定性一股腦地衝上來，我恐懼到幾乎僵住，瞬間從熟悉的世界抽離，身體有種失重的飄忽感，驚恐、無奈、沮喪的情緒接續出現，甚至質疑存在的價值和意義。

在混亂與驚愕中，我重回正念的懷抱，盤腿靜坐，覺察坐墊承接身體的重量，覺察被褲子包覆的雙腿，覺察雙腿互相接觸的溫度和觸感，覺察大腿內側肌肉的微緊感，覺察氣息進來通透全身，覺察暖暖的氣息從鼻腔離開，在覺察中我感受到平靜與自在。長期的正念練習讓我只要盤腿而坐，幾乎都能連結到自己內在，心可以與身體安然處於當下，思緒不再狂亂。感覺這是老天爺再度讓我放長假，腦袋清楚後，行動也跟著踏實起來。

第一件開啟的行動是看日劇。我一直很想看的《真田丸》，這次終於有時間了，一口氣就把它看完。那段期間跟著真田源次郎身陷危難，跨出重圍，經歷百轉千迴的時勢，內在有些說不出來的感覺被牽動與同理。深深體悟生命是充滿挑戰和冒險的，過去的經驗有時候不但不可靠反而可能成為負擔，未來本來就是一連串變動的當下組成。然而，**停駐在當下也需要勇氣和智慧，因為不是每個當下都是舒服自在的，需要在未知中帶著困難前進，承接生命中的起伏和平穩，掌握和放下都同等重要。**

治療期間我清楚地與身體的痛苦同在，覺察細微的感受，體會身體時時刻刻的變化；也清楚看到身體狀況如何迅速牽動心理的擔憂、恐懼、沮喪或東想西想。在這種情況下，我會把覺察帶到呼吸上，覺察氣息的進出，覺察心跳的快慢，覺察肌肉不自主的緊繃用力。漸漸地當身體的不適獲得緩解時，我也能清晰覺察與感知，內在的勇氣和信心得以隨之浮現。

例如有幾天雙腳麻刺和大肌肉痠痛讓我夜不成眠，全身不自覺僵硬，加上膝關節像是卡在某條肌肉，下床都吃力。看著雙腳難以彎曲，只能直直下樓梯，垂頭喪氣的樣子，覺得自己很像殭屍，心情很差。然後我聯想到港片常出現的殭屍畫面，突然間我笑了出來。回到床上後，我可以感受到床單溫柔的觸感和床墊穩健扎實的承接，上半身有種放鬆的感受出現，雖然只有幾秒鐘。我持續覺察身體，雙腳趾頭實在很痛，彷彿有人不斷地踩踏。然而在踩踏之間竟也有空隙，塞滿這瞬間空隙的是麻刺感，這麻刺感也穿梭於十根腳趾間。我心想，還好感覺踩在腳趾頭上的比較像是穿布鞋而不是高跟鞋，不然就更痛啦。此外大肌肉也感覺到痠痛發熱，好像有按摩師大力搓揉著。雖然痛到不能睡，**但是當我不再抵抗、厭惡或恐懼這些疼痛與隨之而來的感受，甚至順著疼痛的方向覺察，這顆心好像就不再那麼地害怕、煩惱、沮喪或無力了。**

治療過程中當然有很多煩躁不耐的時刻，尤其當疼痛以一種無法理解的頻率挑動著大肌肉和關節時，加上內心的不悅、不爽、不接納，胸腔常會有一股熱氣直逼喉頭。糟糕的是身體面對疼痛的慣性憋氣，讓莫名的窒息感一下子衝到腦門，搞得疼痛快速擴大。老實說，面對這樣的狀況，除了難以忍受的疼痛，我心底也會生氣。我讓心中怒氣出來的方式，就是張口輕聲但用力地發洩。然後，**我承認自己真的非常不舒服，允許自己在不適中載浮載沉。**再幾次帶著覺察的深深呼吸，通常這時候就比較不會整個身心都浸泡在不適裡，而有得以喘息的空間。

很幸運在每次化療後一段時間副作用均得以緩解，身體發揮神奇的復原能力，從原本需要攙扶散步，到邁開輕盈的步伐，到能夠到近郊爬山。**我實在感謝這身體始終支持著，讓我能走進大自然，感受清新的空氣，感受雙腳有力地踩在柔韌的綠地，享受舒展的軀幹被溫暖的陽光滋養著。在覺察中實在地活著，真好！**

治療經醫生評估，暫時告一段落，雖然身體的考驗結束，但餘悸猶存。念頭紛飛、心情煩惱時，我會讓自己找個安靜的角落坐下，用自我支持的姿勢坐著，感覺脊椎一節一節向天花板延伸。然後將注意力放在身體與環境接觸的感覺，深呼吸，觀察出入息，不糾結在某些想法與情緒裡，也覺察身心的交互作用。比如有一次我咳嗽不止，第一個出現的念頭就是懷疑癌細胞會不會轉移到肺了？內在警鈴瞬間大聲作響！我是否應該立刻去掛號，要求醫生再次檢查？接下來將要面對什麼樣的治療？聽說治療肺會很喘、很不舒服……心中很快地閃過好多想法，也覺察到身體的變化，其中最奇妙的是，當我一想到可能會很喘，立馬身體就跟著喘起來。這倒讓我發現心已經迅速影響身體了，於是我選擇坐下來觀察呼吸，幾次呼吸覺察後，發現我胸膛的起伏還算穩定順暢。雖然不排除其他可能，但也推測這強烈的咳嗽，可能是每年定期發作的過敏咳嗽作祟，也或許是感冒所引發，未必與癌細胞有關。然後我發現當不同的可能可以被看到，就能先在當下安住，慢慢地觀察變化，不再胡思亂想與焦躁不安。

老實說，再次復發對自己的打擊實在很大。原來健康到生病到死亡，這中間是持續變動的。如果現在是生病的，經過運動和調養，可能會往健康的一端走，未必生重病就會一路走上死亡。健康是需要持續付出努力的，而不管是走在哪個階段，都存在著許多的可能，值得發現、開展和投入。

如何讓每個時刻都能活得有品質，不使病症凌駕整個人生，需要時常帶著正念覺察，雖然不簡單，但我已經走在這條路上了……

真實故事

正念，溫柔開發長期忽略的療癒力

（說明：這篇文章是我撰寫關於另一位正念行者——James（詹姆士）的故事。描述詹姆士在正念修練過程中，如何看到更廣闊的生命脈絡，重拾溫暖、支持與愛。）

二〇一四年初秋，十月一個週末早晨，這天新的正念減壓班正要開始。只見一個高瘦、年約五十多歲的男人，帶著鴨舌帽，穿著及膝短褲，一語不發，站在門口徘徊。

我微笑問他：「請問你是要來上課的嗎？」

他沒正眼看我，轉頭過去冷冷地說：「沒有！我只是來看看。」然後轉身就準備離開。我對眼前這位不友善、充滿防衛又不正眼看人的男人感到十分疑惑，他的舉止很怪異，但直覺告訴我他不是壞人。於是我邀請他：「既然來了，就留下來聽聽看吧，不喜歡再離開也不遲。」我沒多問，心想他也許剛好走錯地方吧。

他一副不甘願的樣子走進教室，選了最靠近門與角落的椅子坐下。

我熱情地講述著何謂正念、何謂正念減壓課程，只見他表情冷漠、雙手環抱胸前、身軀後傾，雖然看似充滿敵意，但其實是認真地聽著。慢慢地，他環抱胸前的手臂開始放下，臉部肌肉開始放鬆，微有笑意。自我介紹時，他才說自己是醫院的心理師介紹來的。我心想：「還說什麼『只是來看看』，根本就是已經完成所有報名程序的新學員啊！」

即便早到，詹姆士幾乎從來不跟同學打招呼或聊天，總是一個人靜靜地坐在椅子上。當大家需要坐到地板上時，他說髖關節開過刀，右大腿處彎不下來，無法坐在地板上，因此只能坐在椅子上練習。隨著課程的進行，有一天他不忌諱地跟大家說，他年輕就賺了很多錢，事業家庭均得意，應該算人生勝利組，所以很早就退休了。但他滿身是病，除了大腿髖關節開過刀，有青光眼、癌症四期，有憂鬱症、焦慮症、酗酒等，到現在都還持續就診中。醫院的病歷差不多有一公尺高，看過各大醫院，然後細數著那些醫院的主任們……

課堂中的詹姆士是高度投入的。進入到正念瑜伽那堂課時，肢體僵硬伴隨著若干疼痛，讓他沒辦法做所有訓練動作。但他沒有因此而放棄學習與鍛鍊自己的機會，動作中，他認真專注地覺察自己的身體，適度溫和地探索並挑戰自己，又不使自己因為做過頭了而陷入危險之地。

課後的詹姆士非常認真練習，每次的家庭作業他只會多做而不曾少做。漸漸地他有明顯的轉化，大約四、五週後，我見證發生在他身上的正念奇蹟，從一開始完全不能坐到地板上，到能夠穩穩盤坐在地上。詹姆士的肢體放鬆，心，也跟著鬆了。他的面容持續迅速轉變，從一開始充滿敵意的撲克臉，漸漸展露笑容。課程進入中後期時，他幾乎都是帶著會心的微笑，滿臉慈愛狀。

越來越放得開的詹姆士有一天在分享時語重心長地跟大家說：「**正念需要練習，而婚姻是需要經營的。**」他說在上課前覺得自己的人生一整個都失敗了，罹病不說，太太堅持要跟他離婚，彼此都沒有外遇，也還深愛的對方，只是「她說她已經受不了我了」。孩子也因為他不穩定的脾氣與情緒狀態而跟他漸行漸遠，現在他一個人住。他說以前不知道要經營婚姻、經營家庭，只知道要經營事業，現在才知道，但已經太晚了。平穩的語氣裡有悔意，但沒有絲毫哀怨，更多的是一種深層自我觀照後的體悟。

這自我觀照來自於他扎實的正念練習。他說以前他是游泳選手，清楚知道紀律的重要。他把這樣的態度運用到正念練習上，他每天練習，也每天感受到自己一點一滴的不同。**透過正念覺察，他**

學會如何好好照顧自己，如何發現並調節自己的情緒，如此一來，對自己和對別人都會更加寬容與友善，他的前妻與孩子們是最直接感受到的人。先前猶如刺蝟的他，在不知不覺中已經轉變為溫柔涵容，孩子們開始越來越親近他，與前妻的關係也越來越和諧，兩人變成一種很特殊支持的好友。

後來幾乎只要是中心的課詹姆士都積極參與，不論是正念瑜伽、白天的讀書會、晚上的讀書會、週二晚上的舊學員團練等等，都可以看到清瘦挺拔的身影，在靠近門邊的角落練習。在一次夜間讀書會時，有學員提到正念練習很好，可以想練就練、不想練就放下，都沒有壓力，學習意願反而高。若干同學歡喜地贊同，只見詹姆士舉手，以慣有低沉響亮的語調娓娓道出：

「我不同意這樣的練習方式，老實說，身體掃描、呼吸覺察的方法與技巧，兩年前我就會了。但當時沒有老老實實地做規律的正式練習，所以情緒大海嘯過來時，我根本來不及應對，結果只能住院！**最近一次住院住了快兩個月，在醫院裡我天天練習，突然間，有一天我開竅了，正式練習對我來說變成一件喜悅的事！……**以運動選手而言，就算他姿勢多正確，技巧多熟練，沒有天天練習，肯定沒有好成績。我高中、大學都是游泳校隊，天天游天天練，除了技巧姿勢要正確外，持續不斷的練習才可能有實際成果。田徑球賽亦同，沒有持續正式練習到頭來都成了說一口好球，或是光會比畫游泳姿勢要如何才正確，一下水什麼都游不動！正念也是如此！**一定要實際練習，然後有一天把練習當成一種樂趣而不是功課，那才是大收穫！**」字字鏗鏘有力。

在讀書會中，每當時機成熟時，我通常會邀請大家分享，尤其是分享正念練習的帶領。那次詹姆士大方地接受邀請，他帶領大家一起做身體掃描與慈心靜觀的靜坐約三十分鐘，所有人都享受著他那沉穩、自然、平和、不做作的帶領。他的高度同在（being）感動了大家，結束後全場驚艷，紛紛表達讚嘆與欣賞，也希望他下次再繼續分享帶領。我跟大家說，這就是「教導來自於練習」

（teaching out of practice）的典範。

詹姆士持續精進，身體狀況也越來越好。原本他想參加二〇一五年十一月份在北京的正念專業訓練，十月上旬他傳簡訊跟我說一個壞消息：「上週檢查，我癌症復發，要排一個正子檢查，確定範圍，除了開刀還要化療與電療……我很好，每天練習正念三小時以上。」他表示自己的心態很健康，因著正念練習養成對身體有高度的覺察，因此一點點不對勁就馬上發現了。為了怕我們擔心，詹姆士開玩笑地寫道：「好人不長命，禍害遺千年。我死不了！」算算治療的療程，詹姆士發現到明年三月時他的所有治療應該都結束了，他還主動跟我提出要幫忙做中心大活動的招待，因為二〇一六年三月華人正念減壓中心邀請美國麻大正念中心的資深老師鮑勃（Bob Stahl）來臺授課。詹姆士說他可以做招待，於是他一邊準備治療，我們一邊輕鬆地討論招待的事情。

幾天後，詹姆士告訴我一個更壞消息，他的狀況無法做化療、電療或標靶，只能開刀清創，而且是十多個小時的大手術。在這段時間，他平靜而積極地找尋各種醫療資源，從南到北聆聽六位醫療專家或相左或相似的意見。在做好準備後，他決定開刀治療。開刀前做了核磁共振檢查，之後他分享：「核磁共振在密閉艙中做一個小時，有各種不同的機器聲音，兩耳都塞了棉花還是震耳！而且聲音變來變去！剛好在華人正念減壓中心的電子報提過Bob出家時雞叫的故事，所以我正念呼吸與身體掃描一遍後，就專注聆聽那吵雜的機器聲音！」之後詹姆士進一步分享了正子掃描的過程，患者需要在一個小房間躺著休息好讓身體靜下來。之後打顯影劑三十分鐘，再去儀器內掃描四十分鐘。詹姆士覺得這跟正念靜心很像，他也趁著這個時候練習正念中的身體掃描，他如此描述：「**反正機器掃描我，我也掃描自己！**」詹姆士的正念練習已經全然融入時時刻刻的生活中。

復發前他在《正念療癒力》進修會[2]時曾說，正念覺察練習加上一起讀書的分享與討論，讓他開始意識到自己的情緒。對許多男人而言，很容易看到事情，卻不容易覺察到心情，情緒太難捉摸了，因此忽視或否認它的存在是最簡單的。然而，這種閉上眼睛就以為不存在的因應方式，只會導致日後更多、更嚴重的後果。在這過程中，很年輕就事業有成而退休的詹姆士用他自己的速度，覺察與認識自己的情緒，不壓抑、不閃躲、不假裝沒事。當情緒來時，就溫和勇敢地面對與承接，正念地與各種情緒同在，允許它來、允許它停留、也允許它離開。

曾經有一次，超級強大且厚重的情緒海嘯直撲過來，詹姆士說：「當時什麼正念呼吸都沒用了，只能大哭一場！」

然而詹姆士的狀況又更棘手，因為沒藥可用，手術只有百分之三十的存活機率，最大的風險是直接在手術檯上掛掉。

詹姆士誠實地說到：「遇到了，當然會怕！一切都是未知數，只能盡自己的能力幫助自己！現在如果慌亂，會做出對自己不好的選擇。雖然沒有絕對，但朝最少傷害去進行，就是目前最好的做法。正念呼吸靜心真的有幫助！」

在紊亂、紛雜、擔憂、恐懼中，詹姆士先幫助自己不慌不亂，平常扎實的正念練習，再在加上心理諮商與醫療團隊的幫助，讓他迅速穩住自己，冷靜地聽取並模擬術後狀況，擬好治療與保養策略，之後還幫忙安慰家人。就在這時候，詹姆士領悟到什麼是「臣服」，深刻體會「臣服不等於投降」。他持續且單純地進行各項正念練習，不設定任何目標或期望，完全如正念減壓創辦人卡巴金所說的：「**練習，猶如你命繫於此；事實上也是如此！**」（Practice, as your life depends on it. And it is.）

勇者詹姆士，正念生活，也活出正念。

2 目前本課程在華人正念減壓中心是歸類為進階訓練。

將正念帶給病人的帶領者實戰心法

（說明：這篇文章撰寫於二〇一五年，我受邀至第二屆兩岸四地癌症康復論壇，分享正念對病友的益處。這其實不是當場分享的內容，而是會場手冊的內容。希望對於有心把正念帶給病友者，能建立有用的理念。）

正念減壓課程（MBSR, Mindfulness-Based Stress Reduction）於一九七九年由醫學教授卡巴金博士（Jon Kabat-Zinn Ph.D.）創立於美國麻州總醫院，打從一開始，這個課程就是為了協助重症病人。自從二〇一〇年我將課程引進臺灣以來，上過約八十梯次的正念減壓課程（MBSR）。數百位學員中，最讓我驚艷的總是癌症病患。在八週課程裡，我親眼見證病友學員原本僵硬的身體逐漸柔軟，原本抑鬱的心情逐漸開朗，原本膠著的關係逐漸鬆綁，原本難以駕馭的恐懼擔憂逐漸消散。他們真實的體驗到自己內在尚有的豐沛資源與能力，他們學會無論在任何情況下，都可以運用正念妥善地照顧自己的心，進而安頓自己的身。當身心逐漸獲得平衡穩定，當注意力逐漸落實於當下的此時此刻後，過去的經驗不再綁住他們，未來的害怕不再限制他們，癌症不再是生活的主宰。生命，於是有機會重新開展；疾病，於是有機會成為祝福。

身為癌友正念課程帶領者的注意事項

【注意1】互動時，帶領者須維持高度敏銳的覺察

經歷過生死大關，一般而言，癌友其實比一般學員敏感很多，心理狀態也更脆弱、更容易受傷。然而，表現出來的外觀卻未必如此，這部分來自於長期忍耐的慣性，部分也來自於生病的複雜心情。因此帶領者必須有高敏感度，對於自己的一言一行必須相當有覺察，對產生的團體動力亦須高度敏銳，同時身體力行正念練習的各項重要原則，例如「非評價」、「接納」與「非用力追求」。此外，帶領者尤其需要小心好為人師與喜歡給建議的慣性，這樣才能保護學員不在課程討論中受傷，也確保學員學到的是「正念」，而不是以正念為名，卻製造更僵化的框架給學員。

【注意2】帶領者不是醫師，注意言行並保持中立

從學員的角度來看，出於自己生病的痛苦經驗，也出於一片良善的用心，癌友很容易、也很習慣直接地給各種建議或忠告，有時甚至很強勢。此時，帶領者就需要非常敏銳了，需維持中立並同時溫柔地保護每一位學員。如果帶領者自己對於學員的忠告也有偏好喜惡時，要小心勿不自覺地製造誰對誰錯的氛圍。

對於病友而言，討論病情是非常正常的事情，在團體中雖然以正念練習為主要討論內容，但多少還是會涉及，難以完全避免。此時，正念帶領者必須清楚知道自己的角色不是醫師，也必須

注意自己的言行是否反而增加了學員的擔憂恐懼。在論及不舒服與疼痛時，帶領者也必須深刻明白正念學理中「行動模式（doing mode）」與「同在模式（being mode）」的差異，並以適當的方式協助學員在不慌不亂的心境下，如何與不舒服和平共處。

【注意 3】帶領者要打從內心深處相信病友是有能力可以幫助自己的

此外，生病的經驗讓病友對自己的信心嚴重喪失，因此也更容易放棄自己而服從權威。帶領者在面對癌友時必須更謙卑，切勿以專家的身分自居，這樣對病友反而是種傷害。帶領者要打從內心深處相信病友是有能力的，是可以幫助自己的。因此，病友需要的不是更多的建議或更多所謂「正確的做法」，而是需要有更多的信心，更多對日常生活點點滴滴的正念覺察。在合宜的範圍內，鼓勵病友依據從課程中新發現的內在資源，在生活中嘗試不同的行為與思維，邀請他們進行當下就做得到的練習，用自己的力量為自己開創帶著覺察的人生。

真實故事

正念伴我走過憂鬱症的幽谷

（說明：本文由蘇菲亞親自撰寫，分享她如何運用正念走出憂鬱症的陰霾，開展新生活。）

撰文／Sophia（蘇菲亞）

二〇一四年，我因為準備退休而罹患憂鬱症。很多人都覺得很驚訝，退休是一件開心的事，多少人夢寐以求，而我卻無法接受自己要離開工作二十幾年的地方。看著即將一起去職的同事，她是那麼開心，更加深我的鬱悶。每天反覆思考，退休後的我要做什麼，沒了經濟來源，也沒能自我肯定，這兩項對我來說都是非常重要啊。從我懂事以來，我就積極靠自己賺錢減輕家裡的負擔，而這又是我非常熱愛的工作，許多年的歲月裡我感覺好像只為這兩件事而活著，所以平常總是上班一條龍，下班一條蟲。

遞出退休單後，我超級後悔，各種負面情緒與想法排山倒海地撲過來，捨不得大家，懷念過去的開心與不開心，懷疑退休以後能做什麼，質疑自己一點兒功能都沒有了，擔心不會賺錢的我還有什麼用，以前只管上班不用做家事，退休後整天待在家我要怎麼過？越想越沒有安全感，越想越覺得自我沒有價值，但念頭就是止不住地湧現，一個接著一個再接著一個再接著一個……沒完沒了，無法停止，很痛苦。越想釐清狀況就越混亂，情緒越來越低落，對自己越來越沒信心，越來越相信自己是個沒用的人。止不住的反覆思考導致我嚴重失眠，注意力無法集中，每天都覺得人生沒有意義，甚至想要自殺。當我告訴別人內心深處的感受和想法時，他們又無法真的理解我，還納悶怎麼會有人因為退休而憂鬱?!這更增加了我的孤立感，好像我不是屬於這世界的人。

這現象持續了快兩個月，沒有食欲整個人瘦了五、六公斤。以前喜歡的事情都提不起勁了，想辦法讓自己變快樂，但這樣反倒提醒我是不快樂的，而讓自己情緒更加低落。醫學的訓練讓我明白，如果再不止住這股迅速塌落的趨勢，我恐怕會陷入很大危機。於是我尋求心理諮商師的協助，希望藉由專家的力量幫我理清紊亂的思緒。諮商師建議我吃藥以先穩定情緒，再搭配心理諮詢。半年後，諮商師說我們該結案了，因為會談毫無進展，而她認為無法再幫我了。我一方面很感謝她的誠實，另一方面也更慌張，沒有諮商師後我該怎麼辦？面對驚恐害怕的我，她給了我一個方向——可以去學習正念減壓課程。

正念減壓是什麼？完全沒聽過！管他是什麼，懷著心理師一定不會害我的信念，我上網搜尋正念的資料，找到華人正念減壓中心，不假思索立刻報名。記得上前面幾堂課我全身緊繃沒有笑容，一說話就哭，一說話就哭。直到第四堂，我才發現自己開始轉變。我是好學生，每天都會練習課堂所交代的功課，身體掃描、瑜伽、靜坐，再加上各項非正式練習都會認真做。漸漸地，我覺察到，當我開始沉淪於負面情緒或想法時，身體會緊繃，雙手會緊握，呼吸會變快，全身會發熱，沒辦法專心聽別人說話，這些都是我之前沒有發現到的。

之前的我只會陷落在想法念頭裡，現在的我會先去觀察自己的身體發生了什麼變化。舉例來說，當我肩頸變緊、雙手緊握時，我就知道此時的念頭想法已經讓我再度陷入煩躁不安。我會想到課堂中君梅說的，**覺察呼吸是穩住自己最佳的方法**，然後透過幾個深呼吸，先把自己從無盡的思索中帶回身體的覺察，刻意專注於當下正在做的事情上。

有一次跟老公去公園散步，走著走著我突然發現自己根本沒在欣賞周圍的景致，也不知道旁邊的老公在嘀咕些什麼，不知何時開始我已經完全陷落在想法裡。我覺察到全身僵硬，當下我明白自己又在編故事了。我試著專注在自己的吸氣、吐氣，專心地感覺到自己正在呼吸，將自己從想法中輕輕帶回呼吸覺察。這樣的練習，日復一日。剛開始能把注意力帶回呼吸上的時間真的很短，頂多幾秒鐘，很快地又轉回念頭想法。雖然只是短短幾秒鐘，卻能讓我喘一口氣，沒一直陷落於反芻思考裡。我繼續練習、練習、練習。提醒自己，當注意力跑走分神了一千次，就用呼吸將自己帶回來一千次就好了。

正念練習對我的重要性與日俱增，隱約中感覺我的生命好像維繫在這裡。慢慢地，我對日常生活的覺察逐漸提升，時時刻刻提醒自己把心放在當下正在做的事情上。走路時，我覺察腳底與大地的觸感，覺察腳提起來、往前跨、放下的每個過程，覺察全身當下的感覺。剛開始真的很難，因為常常會回到想、想、想的狀態，念頭一下子東南西北到處亂竄，很煩。老實說，我也會因為這樣的反反覆覆對自己感到沮喪，失去信心與耐心，但我仍然持續鼓勵自己：「蘇菲亞，加油。」刻意提醒自己，**練習正念不要帶任何期待，也不用想要達到哪種境界，只要帶著耐心與愛心，持續非評價的覺察，刻意去做每個正念練習，不管練習的感覺是平靜或煩躁，都好，都是第一次**。我仰賴著持續不斷的練習，邀請自己溫柔仁慈地包容與接納當下的一切，不論是開心或不開心的狀態。我每天都大量練習。

上完八週課程，我已經知道如何在快要陷入負面情緒的驚濤駭浪前，讓自己從想法念頭帶回到當下，回到與身體的大量連結。我深刻地體會，念頭就是念頭，想法就是想法，念頭想法不等於事實，也不等於我。所以課程結束後，我持續刻意地練習，譬如走路時就專注在行進中的身體感覺，坐公車或等人時我會做正念呼吸，在家早上醒來我會先做簡單的身體掃描，起床後做些瑜伽伸展，每天至少靜坐十分鐘。再加上每星期二晚上到華人正念減壓中心參與給舊學員的團練[3]，直到現在，已經快三年了，我的藥物漸漸由三顆減到零顆。在這過程中，我慢慢藉由正念練習，逐步恢復對自己的信心，更懂得愛自己，更知道如何不被想法情緒掩沒。

現在的我，找回活下去的意義，清楚感受到我身旁有很多愛我的人，我並不孤單。很多想法都是自己製造出來的，並非事實。我開始隨時覺察身體的狀況，隨時練習身與心的合一。如果發現身體有點緊繃時，會去觀察「當下的念頭是什麼？」然後問自己：「這念頭與此時此刻有關係嗎？」如果沒有關係，我就會將自己的注意力從念頭帶回當下的呼吸，進而專注於正在做的事情上面，與當下的自己同在，落實活在當下，而不是活在過去或未來。我從正念練習中學到如何關照自己的身與心、如何仁慈溫柔地對待自己、如何接納不完美的自己。隨著練習所帶來的穩定與平安，我逐步展開豐富有意義的新生活，學習之前好渴望但卻沒機會接觸的東西，一步一步實現年少時的夢想，好開心我退休了。希望今後我也能讓更多人接觸正念，從正念練習中開啟不同的人生，進而享受人生。

3 團練的形式現在更多元，有實體與線上團練。相關訊息請參閱華人正念減壓中心官網。

02 正念進入企業或機構

正念落實在企業或機構，與大量的科學研究有很大的關係，畢竟對企業來說，如果沒有很多實證研究，實在很難接受與想像，光是那些看起來沒什麼的正念練習就能產生任何改變。對企業或機構而言，最令人興奮的研究是發現大腦中掌管工作效能的前額葉皮質，透過正念練習會獲得活化。影響情緒與威脅感的杏仁核會隨著練習而縮小，進而提升情緒調節能力。腦袋中自我碎碎唸的迴路，會調整成人在心在的迴路，讓腦袋變得更清晰放鬆。

當代正念進入企業或機構的歷史沒像進入醫院這麼久，一開始是高階主管在某些機緣下，接受了正念（減壓）課程的培訓，發現對自己幫助很大，所以也想帶入企業。通常會從中高階經理人開始，進行一系列的培訓。根據二〇一二年英國〈金融時報〉的報導，至少二五%的歐美大企業都會提供規律的正念課程，尤其是矽谷的大公司，全球化的競爭壓力非常劇烈，但長期壓力不利於創新與身心平衡，對員工之間的人際關係也更容易緊張。正念提供很好的調節與轉化，有些大公司的吸菸室甚至改為靜觀室（meditation room）。到了二〇一七年，在英國，正念不但已成為各級校園的訓練，也進入國會殿堂。美國矽谷有個機構叫wisdom2.0，是由知名大企業的老闆所組成，每年舉辦多次講座，將正念（mindfulness）、靜觀（meditation）、智慧（wisdom）、慈愛（compassion）等帶入企業或機構，讓這些占據人們很多時間的場域更適合人投入。

對多數人而言，工作，占了生命很多時間。不論工作的場域是在企業、學校、醫院、媒體、非營利組織、法院、小店面或攤子……工作總是占據日常清醒時間的大宗，八小時、十二小時甚至十六小時都有可能。這麼長時間的付出，要維持腦袋清楚、身心放鬆幾乎是不可能的，因此大家都有習慣性的緊繃，如果再加上壓力、責任、使命，那就更辛苦了。於是失眠、肩頸痠痛、胸悶、頭疼、焦慮、擔憂、鬱卒、自律神經失調等頻頻拜訪，許多症狀干擾生活與工作效能，但又沒生什麼大病的現象相當普遍。因為還沒垮下來，所以也不會特別在意，只是晚上睡不著需要服用安眠藥，來強迫關機。早上難以清醒時需要來杯黑咖啡，以強迫開機。

然而，平心而論，拖著疲憊的身心，決策的品質怎麼可能好？帶著壅塞的腦袋，思路怎麼可能清晰？效能不佳，工作怎麼可能不更累。這無關乎價值觀、信念或做事方式，就是一種集體慣性的疲憊。

基於這幾年的培訓經驗，當我被邀請進入機構或企業時，第一件事情就是清楚地告訴他們，**正念就是學習好好照顧自己，不管目前所處環境或政策如何改變**。現在的工作也許如意中有壓力，也許只為五斗米折腰，也許抑鬱迷惘而正騎驢找馬中，也許有很強的使命感想要做些什麼，或者正在進行些很棒的計畫。不論如何，讓自己好好活著，身心的平衡是很重要的事情。工作依然很忙，事情還是很多，責任仍然很重，雖然一天可能很難找到四十五分鐘的空檔來做練習（正念減壓訓練的練習規格），但一定有許多一至十分鐘的空檔。因此，如何好好運用這些空檔就很關鍵了。

如果這些有限的空檔時刻拿來打屁聊天，也許很愉快或蒐集到一些訊息，但無形中其實也頗耗能。您曾經留意過嗎，講話時是沒在呼吸的。

如果這些時刻拿來滑手機、看網頁或瀏覽網路社群，那只是把所剩不多的能量再多消耗些，尤其如果姿勢不良的話。

如果這些時刻拿來做正念靜觀練習，那麼即便只是一分鐘、兩分鐘或十分鐘，都可以讓身心暫時休憩，進而獲得滋養。因此，**正念練習進入忙碌工作生活的執行策略是：「在夾縫中求生存，再慢慢把夾縫擴大。」**

忙碌工作之中，短時間正念充電的策略

在夾縫中求生存的意思是，當一切都無法改變時，如何刻意地運用生活中的小小空檔，有覺察地進行各種非正式的正念練習。所謂非正式的練習就是不額外多花時間做的練習，正式練習就是另外撥出送給自己的時間。正式練習有效增加覺察的穩定度與清晰度，非正式練習提升覺察運用在日常生活的能力。在忙碌工作中可以進行的正念練習有：（如果您經常練習某項目，可在該項目上方空格打勾，知道哪些練了？哪些項目還沒練？讓練習方向更加明確。）

（　）訓練自己在喝水時也可以練習正念（靈活運用飲食靜觀），確實領受喝水所帶來的實質滋潤。

（　）走路去上廁所時可以練習行走靜觀，覺察身心合一的身體行動，讓腦袋暫歇片刻。

（　）進入廁所後可以靜觀整個歷程，從解放到淨手，領受身體實質的放鬆與舒暢。

（　）處理困難事情時，練習呼吸覺察以穩住自己。

肢體感到僵硬時，做幾個正念伸展以活絡筋骨與腦袋。

（　）睡前練習身體掃描以提升睡眠品質，維持活著最基本的健康需求。

（　）用手機前知道自己要做什麼，做完或到一個程度就收起來。如果是在隨意瀏覽，可以設個鈴聲提醒自己使用時間。

（　）坐捷運或公車時，覺察身體的變化，領受身體裡的呼吸，觀察周圍的人。盡量減少盯著小螢幕，以免不知不覺中又增加身心的負荷。

隨著正念練習越融入生活脈絡，夾縫會慢慢地擴大，例如：

（　）醒來時就帶入覺察，領受身體還被床鋪承接的感覺，清楚地覺察幾個呼吸之後再起床。

（　）午休時也許可以單獨靜坐十五分鐘，讓煩躁的身心休息歸零。

（　）工作很累時，暫停一分鐘，放下手邊一切事情單純練習呼吸覺察，甚至是深呼吸覺察。曾有位上市公司高階主管每小時做呼吸覺察一分鐘，高血壓就降下來了。

（　）開會前可以練習呼吸覺察，好確實把心帶到會議室。集體的人在心在才可能有效率，集體的心不在焉是在打混仗，也是個人與機構資源的一大浪費。

（　）在跟客戶或同事討論時，練習正念溝通中的專心一意，真正聽到，才可能提升溝通效能。

（　）假日睡飽後練習身體掃描，增加對自己身心的連結與認識。

（　）在心情煩悶時練習呼吸覺察，隨時連結內在的穩定與寧靜。

（　）運用適當時間參加更多正規的正念靜觀訓練，提升身心的和諧、喜悅與平衡，也許更能找回或提升工作的意義感或方向感。

正念練習提升同在模式，而同在模式練習越多，行動模式的效能就越高。因為同在模式下的腦袋相對是較清晰與放鬆的，不論在決策層面、執行層面、解決問題或人際互動層面，當然都比緊繃壅塞的腦袋好用。

在企業或機構隨時都需要進行精準地評價或評斷，但正念練習七大原則中的第一個原則卻叫做「非評價」，看起來好像彼此衝突。然而，非評價的修練其實是在提醒我們，不要只根據慣性的好惡、過往的經驗或既有的知識來做評斷，而要能清明地看到當下所呈現的真實樣貌與整體脈絡，不論喜歡或熟悉與否。這不正是企業或機構領導人最需要的能力之一嗎？有趣的是，正念練習越久，評價會更快速與直接，這是一種身心清澈之後的判斷力，少了雜質，省去了東纏西繞的時間，看問題或事理的穿透性與精準度自然提高，但這樣的精準力又不會造成過度壓迫或咄咄逼人。

這些練習如果能持續進行，對高速運轉的身心會是相當重要的調解與緩衝。畢竟再偉大的理想都需要靠身心來完成，因此，為促進身心的平衡穩定所投入的一些關注，怎麼會不需要呢？以前，這些被歸類為個人修為，是在進入職場之前或過程中，慢慢自行修練的，與工作或任務無關，可以加分，但不會是企業或機構關注的重點。但現代這個幾乎被徹底解構重組的社會，這個前提假設其實也無聲無響地跟著被解構了。近年來社會與世界局勢之瘋狂動亂，不正是出自於那些身心高度失衡領導者的傑作！居高位者沒有身心平衡穩定的修養，絕對是個災難。

那麼，至少我們從自身開始，透過練習讓自己內在可以平衡、穩定與和諧；再慢慢擴至周圍的小世界，例如家庭或工作場域中與自己有關聯的人；行有餘力再擴及更大或更多元的小世界。人與人間都是相互連結與高度關聯的，每個人多那麼一點點的覺察，多那麼一點點的平衡穩定，世界就會因此而轉化。每個人用自己可以的方式，把正念覺察帶入自己所能觸及的世界，有人帶入國會，有人帶入矽谷，有人帶入監獄，有人帶入校園，有人帶入企業，有人帶入醫院，有人帶入社區。但千萬別忘了，在這一切之前，請先將正念覺察帶給自己。

忙碌生活中的正念實踐

「學習正念後，睡眠品質變好，工作效率也變好。」

「正念練習幫助我在遇到問題時先讓自己深呼吸，照顧好自己一下下，糾結的心自然就會比較緩和喔，要面對及處理問題時也比較沒那麼痛苦。」

「透過課程重新抓回傾聽對話的能力。」

「正念傾聽幫助我溝通更順暢，也激發更多創意。」

「不再預設立場、貼上標籤，冷靜後往往可發現真相，可以減少誤解，有效處理。」

「覺察提升專注力，了解對方需求，讓我快速找到解決問題的方法。」

以上是企業／機構學員接受正念訓練後的分享，以下是很有意思的真實故事。

幾個年輕人彼此是好同事，後來他們一起創業，經營近十年後事業有成，每個人都有很好的表現，公司不斷成長茁壯，但他們卻面臨史無前例的危機。個人家庭與健康上的議題，無可避免地影響到工作的執行與分配，彼此之間的信任日漸消磨在越來越多的摩擦中，多年的事業夥伴與好朋友的關係，眼看幾乎瀕臨分裂與拆夥。後來其中一位合夥人來上八週正念減壓課程，漸漸地，他恢復之前曾有的柔軟，更有耐心地聆聽同仁表達不同的意見而不急著打斷對方，他的笑容更多。事業夥伴們很驚訝也非常開心這樣的轉變，原來，在衝突的底層彼此還是相互關懷著。

於是，他們分別參與了八週正念減壓訓練，也各自把正念覺察內化並運用在自己、家庭與工作中。**正念，成為他們新的共同語言與調節穩住自己的方法。當每個人都能照顧好並穩住自己時，無謂的爭執自然減少，即便意見相左防衛性也較降低。他們漸漸找回創業的初衷，回復差點兒被磨光的互信與支持。**

類似的經驗也發生在許多上班族身上，小張是位專業工程師，在某家上市公司工作了十多年。工作時的他一樣認真負責，但內心深處他明白現在的感覺其實是食之無味棄之可惜。他不喜歡這樣的狀態，但也不知如何突破。課堂中的他很少公開發言，但所有練習他都確實執行。有一天在整理教室的瑜伽墊時，聊到學習正念讓他對生活開始有感覺，比較能發現自己當下真實的狀態，例如當下是專心的或心猿意馬的？當下是開心的或其實是在生悶氣的？當下是緊繃的或放鬆的等等。時時觀察自己的變化，活著，變得更加清晰、實在、有趣。**工程師的特性讓他只看重事情而沒有心情，學習正念後他明白，原來，沒覺察情緒不等於沒情緒，更多是一種慣性的壓抑與忽略。**因為不熟悉情緒也不知道如何熟悉情緒，遇到事情時，反而容易被情緒控制還不自覺。正念覺察練習讓他溫和安全地接觸並認識情緒，進而學習了解與承接情緒，如此方能不被情緒控制、綁架或勒索。他最開心的是，當他把覺察帶入工作後，腦筋更清楚，身體更放鬆，工作熱情跟著回溫。

許多人在上完正念溝通那堂課後，開始把覺察帶入溝通之中，尤其是單位的高階主管，早已習慣了別人聽他們的，很少真正專心聆聽對方，不論那個「對方」是同事、老婆、老公、小孩……**他們不約而同地發現，當自己願意平和專注地聽對方講話，尤其是不急躁地打岔而讓對方講完時，比較不會因為想法或立場不同，就立即激起控訴／防衛或者攻擊／反擊的互動模式，溝通的效能反而更好。**曾有位主管受太太的請託，特別在課堂中好好感謝主辦正念課程的同事，因為這訓練讓他們夫妻感情變好了，聽得全班哄堂大笑。

多年來，我一直接受當代正念發源地——美國麻州大學醫學院正念中心（CFM）的訓練與指導。CFM有個很棒的習慣，在會議之前都會先靜坐一兩分鐘，讓大夥兒四處分散的心，溫柔地帶回此時、此地、此人、此事。在臺灣，華人正念減壓中心也沿襲這樣的傳統，在開行政會議時我們會靜坐三到五分鐘，讓身休息也讓心沉澱，之後展開會議，效率與效果其實都更好。據聞在美國許多公司也開始這樣的會議前靜坐。不過，在執行這項練習前，與會者最好多少受過正念訓練，有基礎體驗與共識，執行起來比較不會引發無謂的質疑與阻礙。三五分鐘的沉澱，帶來兩三小時的效能，有什麼比這更划算呢？

03 正念進入家庭

近年來臺灣的低生育力，已經成為整體發展可預見的危機。除了教育小孩的費用越來越高，更沉重的問題恐怕是大家普遍覺得教育小孩越來越難。回首來時路，我經常感慨，還好老天爺讓我在孩子進入青少年的前期時就學習正念，不然我都不知道會怎麼把孩子亂教到爆。這些年來養育孩子的環境似乎顯得越來越困難，生存環境也複雜很多：讓人上癮的手機、虛實難辨的社群媒體、無法無天的網路世界。如果沒有高度覺察與自制，連家長都容易淪陷，遑論是孩子。社會、政治、經濟、科技與世界局勢迅速且紊亂的變化，生活壓力有增無減。

在這狂亂的世界中，如果家長無法帶給自己祥和平靜，家裡怎麼可能和諧快樂？許多家長都把資源放在孩子身上，讓孩子學這個學那個，希望預約孩子一個美好的未來。但，從整個家庭系統來看，**家長是掌舵者而不是孩子，家長學習成長的重要性，絕對不低於孩子**，甚至在孩子中學之前，家長的充實進步，其實比拚命讓孩子學習各項才藝或補習還來得重要。因為自己不會的一定教不出來，而且孩子很快就長大了，沒有同步成長的家長，拿什麼跟內在世界狂飆中的青少年孩子有良好的互動？

忙碌的家長如何能經常性地平衡穩定自己的身與心，又不陷入人或機構的崇拜[4]，實在非常重要。很幸運地，在學習正念中我找到這樣的路徑，一路走來雖然跌跌撞撞，也犯了許多讓孩子受苦自己也不爽的錯誤，但總在上下起伏中看到整體向上的趨勢。以下分享幾個親身的學習歷程。

身體覺察，讓疲累的身心重獲能量

家長自己太累或狀況不好時，很容易在不知不覺中把家人拖下水。年輕的父母在各方面的責任均日漸加重，沒有時間、也不會想到要照顧自己。一天忙下來，回到家通常已經很累了。拖著疲憊的身心面對小孩，只希望他趕快去寫功課、趕快去洗澡、趕快把房間收好、趕快去睡覺！實在沒太多力氣停下來，好好聽他說一些沒那麼重要的事情，或陪他玩自己沒興趣的遊戲。慣性疏於照顧自己的情況下，親子與夫妻間的關係都悄悄地越來越緊繃，而越緊繃的關係只會產生越多的對抗與拉扯，相互支持與體諒越來越遙遠。

學習正念後，我學習對自己的身體有更多覺察。這才誠實地發現，原來自己疲憊時容易不耐煩，也容易不自覺地遷怒，即便我百般不願如此。從小我就奉行顏回的「不遷怒」、「不貳過」，當我發現到自己會因為身體疲憊而遷怒，實在是很驚訝也需要調適的。原來，身體能量的低落會大量拉下心理的承受力。

漸漸地，每當發現自己很疲憊時，我會運用坐捷運或公車回家的空檔，進行觀呼吸練習，或者回家後先躺十至二十分鐘做身體掃描小憩片刻。這些簡單的練習，讓疲憊的身心重獲能量，對家人的愛就不會包在火球裡。當愛包在火球裡時，家人感受到的是火，而不是愛。因此，正常人不是逃開，就是回敬更大的火。正念練習，讓我慢慢學會自己熄火，而不再潛意識地希望或等待他人來幫

4 在臺灣，每幾年就爆出一些傷人或欺瞞的「大師」或「師父」，無明的崇拜是非常危險的。

我熄火。然後，給出去的愛，就是愛。

正念覺察，不被情緒勒索後，才能找到好的教養策略

身為家長，內在的擔憂與焦慮真的很多，尤其是華人的家長，通常會過度擔心孩子健康、學習、同儕、社會影響等。過度的擔憂很容易轉化成不信任，對孩子不信任，也對環境不信任。不信任導致過多的干涉，孩子自己的責任感於是漸漸削弱。過多的擔憂也可能給孩子太多指導，沒留足夠的時間和空間給孩子自由探索，沒留充分的時間與空間給孩子嘗試錯誤。

學習正念後，我開始對情緒有更多的覺察。**當我發現到對孩子產生擔憂焦慮時，練習停下來觀察一下自己，這樣的擔憂是有需要的嗎？多少成分建構在事實上、多少建構在假設或想像上？這擔憂是來自我個人的議題、夫妻的議題、孩子的議題、環境的議題……這擔憂產生什麼樣的影響？我是否需要找人討論一下？**

先照顧好自己，讓身心回復平衡後，再想想可以或需要採取什麼行動。也許，什麼行動都不做，安住再觀察是最好的策略。也許，需要協助的是我（家長）而不是孩子。也許，需要找老師討論。不同的可能開展於覺察與平靜中。

因著對情緒的覺察，在不爽時的遣詞用句也會比較留心，例如以前我常說：「我這樣是為你好。」或者「我這麼辛苦不就是為了你（們）。」總以為這樣說可以讓孩子體諒我的辛勞或用心，後來才發現這對孩子而言，這些話可能是很沉重的情感勒索，反而導致孩子完全失焦或內心深處的抗拒。因此家長勿因自己的不安、擔憂、恐懼，而給孩子過多的情感或情緒負荷，或者框限孩子的

未來。老實說，這是家長需要修練的功課；而修練此功課的家長，第一位獲得釋放與解救的，不是孩子而是自己。

針對當下問題，一次一個重點

在面對孩子需要管教時，為了清楚地傳遞孩子需要學習的訊息，我會習慣地把當下的問題講清楚，裡面通常也會有很多情緒。然後，為了讓孩子記得，我會把過去類似的問題提出來佐證，證實這已經不是第一次了，所以，一定要改！然後，繼續循循善誘地告誡他，這狀況不改對未來可能的不利影響，因此，一定要改！我以為自己教得很清楚，孩子其實聽得很模糊。靜下心來看，不論自己覺得講得多好或多清楚，我所說的時間向度已經包含了過去、現在、未來，已經扯太遠而不自知。孩子不講話或點頭，不等於真的聽懂或認同，而是他不知道要講什麼了，只希望你趕快講完。扯這麼遠，很多是出自於家長的擔憂、個人的投射、以過去套用未來，未必真與事實有關。

學習正念後，我學習對自己所說的話有更多覺察。這才意識到大人很多無心的話，小孩都刻在心底。麻煩的是小孩會刻印下來的話，跟我們希望他記住的通常都不一樣！因此有機會時最好了解一下他們刻了些什麼話在心頭。**漸漸地，對孩子管教時，我開始有意識地刻意減少講話內容，一次只聚焦一個點或一件事情，就當下的這件事情，不需要講到過去怎麼樣、未來會如何，只要針對眼前這件事情就好了。**這麼一來，管教的時間縮短，聚焦單一清楚，孩子反而更能掌握我要傳遞的訊息，而更容易一點一點地調整與修正。

正念翻轉教養態度：從「我覺得你應該……」到「你有什麼感受？」

家長在管教孩子時，最受不了的通常就是態度問題。對多數家長而言，態度是重要又關鍵的。成績不好沒關係，但態度一定要過得去。因此很多管教到後來都會移轉並失焦到態度問題上，例如原本生氣沒依照說好的時間寫功課，但後來是「你這是什麼態度?!」生氣指數立即衝到最高點，接下來當然就是更強力的管教或說教。

學習正念好久之後我才領悟到，原來，當我說「你態度不好」時，很多時候孩子未必聽得懂。因為在占據他最多時間的校園生活脈絡下，他的反應或沒反應其實是很正常的。而當我說「你態度不好」時，背後其實有我強烈的價值觀與生活背景，但這些都是「我自己的經驗」，完全不是孩子的經驗。因此，**真實的狀況是：我真的不知道孩子全面真實的生活狀況，但我以為自己很清楚。「你態度不好」這句對我而言再清楚不過的話，對孩子來說可能非常抽象。**從此之後，我就很少用這樣情緒性其實很強的語彙來管教小孩，取而代之的是清楚陳述事件、語言、表情、舉止，此等行為對當下已經產生的影響為何，跟孩子聚焦清楚且具體地針對一個事件或一個議題處理；有機會再討論下次可以如何改善。

我深深領悟：讓孩子聽得懂，比我講什麼內容重要。這是視角的轉變，從「我覺得××〇〇重要！」的篤定，轉為「他可以吸收什麼或他需要什麼？」的探詢。另一個常見的例子是「你這行為讓我很丟臉」，家長表面看重的是孩子的行為，但真實在乎的是自己的面子；因此如果轉為「做了這行為，你有什麼感受？或有什麼影響？」的探索，也許更容易聚焦也更貼近孩子。所以經常反思並區分哪些是孩子的觀點、想法、情緒、行為，哪些是家長的期待、價值、想法、情緒、行為，而這當下什麼是最重要的，這些，其實是滿重要的練習。

擠出來的好奇心，化解可能的親子衝突

（說明：這篇短文是二〇一〇年我跟孩子們在美國學習正念時的隨筆記錄，描述如何透過覺察避免了一場親子爭戰。）

二〇一〇年暑假，我在美國麻大正念中心受訓，跟我一起來到美國的孩子們白天都去夏令營的野外營地參加活動，午餐、點心都要自己帶，這對我真是一大挑戰，因為我實在沒有時間也沒有興趣花很多時間準備吃的。為了讓他們營養均衡些，有一天我削了顆蘋果、費功夫地切成小塊讓他們帶去當點心吃。回家後發現兒子一口都沒吃。我問他為何沒吃，他說他覺得在點心時間吃蘋果「很丟臉」。這個理由讓我差點從椅子上摔下來，吃蘋果有什麼好丟臉的！

我清楚地感覺到當下很不高興，內在有股罵人的衝動，深呼吸一下，覺察自己的呼吸、感受與想法，告訴自己：「**先別急著評斷這樣的行為或想法是否荒謬，也別急著試著說服眼前的這位小朋友很丟臉的想法很奇怪。**」評斷、說明、開導這些都是我以前常做的，這段時間老師常鼓勵我們試試不同的做法，不要直覺反應（react），而要帶著覺察去回應（respond）。於是，我邊深呼吸邊試著心平氣和地跟這小蘿蔔頭討論他的感覺，討論什麼是他覺得比較適合在點心時間吃的東西，討論我擔心他水果攝取量不夠等等。

在這之前，我總擔心如果順著孩子，他們會被寵壞。正念減壓的學習讓我看到不同的光景，原來在「順著他們的偏好」與「遵循我的想法」之間，還有些未知的領域。這次我試著探索這個領域，不急著改變與我期待不同的現象，在這個現象裡試著多停留一會兒，擠出那麼一丁點兒的

好奇心來探索這個現象裡面到底有什麼。這個八歲的孩子似乎感覺到被尊重，或至少沒有被立刻威脅或被要求改變什麼，所以沒看到他花力氣來抗爭或辯解，反而好好地跟我討論他覺得水果什麼時候吃比較合適。最後我們和平地達成共識。

學習正念地聆聽，不是一種技巧，而是高度的真誠與尊重。

誰激怒了我

（說明：這是二〇一〇年我跟孩子們在美國學習正念時的自我觀察隨筆，分享對被激怒這件事的領悟。）

對正念的體驗越多，就越少對孩子們光火
或者說越少被孩子們激怒　如果我理所當然地把責任往外推的話
二〇一〇年七月二十四日中午　在美國住所，跟孩子一起煮義大利麵
他切彩椒，不小心把一片切好的彩椒掉到地上
他很緊張地看著我說：「啊，怎樣啦？」
我在一旁切雞肉，轉頭看著他
笑著說：「我什麼話都沒有說啊！」
更正確地說，我是一個氣兒都沒吭

從他略顯害怕的眼神中，當下我領略到：
原來，我先前對於孩子們不小心犯錯的直接反應（react）
讓他感受到這麼大的壓力
原來，我的直接反應裡面包含了那麼多的不耐煩、否定、責備
也許只是個眼神
也許是將不滿往肚裡吞的嘆息
不論我有沒有用言語表達出來
年幼的他都明白我真實的負面感受，完整地吞下，完全沒有消化

我不想說他可憐，也不想自責，這會讓我捲入某種漩渦
另一方面，我的確也不斷調整努力學習做個稱職的媽媽

今年夏天，新的經驗與體會開啟了我心的視野
正念的學習，讓我對生活中各種或大或小的事件或情緒的移動
有更清晰的覺察能力，以及帶著覺察回應的能力（respond）

我學習聆聽身體的感覺
聆聽時時刻刻的起心動念
如同聆聽孩子在不經意中所閃現的恐懼
我極不願意，卻在不知不覺中送給他的恐懼

04 正念練習七大原則的應用

本書【Part 2】詳述卡巴金博士所揭櫫的正念練習七大原則：非評價、接納、信任、耐心、非用力追求、放下、初心。這些年實踐下來，實在很佩服這七大原則的提綱挈領，幾乎在任何一個領域都用得到。以下內容以養育小孩為主軸，主要是有明確的對象，大家比較容易理解，另一個原因就是我們都曾當過小孩，更容易理解可能的心理歷程。

但實際上您可以把文中的「孩子」改換別的對象套用，將觀念運用在很多不同的對象，例如自己與自己的關係，自己與伴侶／孩子／父母／親戚的關係，自己與朋友／同學／同事／客戶的關係，當然也包括自己與病症／渴望／困難的關係等。

身而為人，不論過往生活經驗如何，我們總是可以透過學習讓自己成長與改變。正念練習的七大原則，放在心上經常反芻，再配合其他正念練習，持續進行對正念會有更深的體悟，對生活會有更多的成長與轉化。

在沒有覺察下，很多問題看起來非常困難、膠著、緊繃。尤其沒有意識到照顧好自己的重要性，**疲憊的身心更容易讓我們視野窄化**、**行為僵化**、**過度堅持或過早放棄**。這些，對任何關係來說都是長遠的毒害。允許孩子跟我不同，允許孩子有他的成長速度，允許孩子跟我期待的不同，這些都是需要不斷練習的，有時候也是要經常請益他人。

然而需要說明的是，照顧自己不是自私、不是不理會他人或不管孩子，而是在覺察下，運用一些被忽略或被浪費的空檔，或者自行創造一些空檔，讓身與心能維持在比較好的平衡與和諧狀態。在這過程中，正念減壓訓練的各項練習都派得上用場，例如：呼吸覺察、身體覺察、情緒與想法的覺察、假設與事實的區辨、正念聆聽、正念溝通等等。下文我將針對正念練習的七大原則，提出進一步實修的方法。

七大原則實修方法與練習引導

〔修練 1〕非評價

當我們對孩子充滿評價時，即便自認用意良好或用心良苦，對彼此的關係都是有害的。**誰喜歡跟一個充滿評價的人互動呢？**但身為家長的我們，很奇妙地就是會忽略這個最簡單的做人道理，而對孩子所講的事情或所互動的人事物充滿評價卻不自覺。因此孩子越來越不喜歡跟我們講話，或者彼此很容易講沒幾句就不歡而散。

跟孩子互動時，觀察自己內心真實的評價與評斷，別急著發表高見，尤其不要在孩子話還沒講完之前就覺得自己都懂了，迅速給出評論、總結或教導。這樣的慣性遇到青少年是相當容易踢到鐵板的。其實，很多時候孩子可能只是希望有人好好傾聽，未必需要我們的指引或教導或高見，給孩子充分的空間他才能自己探索。

【練習引導】

(1)在脫口說出自己的意見之前，暫停一下，覺察呼吸與身體的感覺。

(2)多多全然同在地聆聽孩子，從孩子的角度回應，絕對比說很多自己的見解好。

(3)評論或評價這件事情，越短效果越好。除非孩子內心敞開，不然再多的評論都屬枉然。

(4)可以不說就不說，甚至可以問問孩子當下是否想聽自己的想法。

〔修練2〕接納

以前我總以為自己「接納」做得不錯，但從孩子直接不悅的反應，再加上幾年的相互衝撞，練習用正念承接與面對，持續的學習與成長後，我才意識到，原來，我根本沒自己想像的容易接納或寬大。然後，我進一步發現到身為家長，可以不接納孩子的層面還真是出奇的多，舉凡講話方式、內容、態度、讀書方式、學習成效、生活習性、穿著打扮、交友狀況、興趣嗜好、休閒娛樂等，生活的點點滴滴我們都可以有意見、不認同、不接納。很多時候我們對外人的包容度，遠遠大於對自己人。但我們總覺得身為家長，把孩子教好是天職，什麼都接納不就是溺愛了？不接納才能帶來修正與改變啊！然而，**靜下心來看看真實的狀況，其實是不接納導致對方的抗拒或抵抗，不接納拉開彼此的距離反而使溝通更加困難**。

接納，指的是對於當下已經發生的狀態，我們有覺察地選擇全然承接的態度，而非慣性地落入排斥厭惡或視而不見的態度。畢竟當我們需要用到「接納」一詞時，已經隱含了不同、不一樣、相左、相異、不熟悉、不喜歡、不想要等等，在這些情況下，人類慣性的反應都是排斥、厭惡或忽略。所排斥／厭惡／忽略的對象，如果是自己，那麼身體或心理的健康早晚會出問題。所排斥／厭惡／忽略的對象，如果是他人，不論是孩子、伴侶、同事、朋友，通常他們會如法炮製也不接納我們。因此，說穿了，不接納，最受苦的是自己。

【練習引導】

仔細地觀察，不接納之前一定有強烈的負面評價，這些負面評價主宰著我們的心。因此如果沒有看到內心深處那些過多過快的評價，說接納可能只是紙上談兵。換言之，修練接納是有歷程的：

(1)**非評價**。首先要觀察到內心的各種評價，有意識地不被評價給綁架，在一呼一吸之間，鬆掉對評價內容如強力膠般的黏著與認同。換言之，可以有評價，但需要知道評價如何影響著我們的視野、觀點，甚至是身與心的狀態。評價猶如天上的浮雲，來來去去，而我們的覺察之心是廣闊的天空，涵容一切評價卻不被其困住。也許，有些事物或狀態真的是我們所不知、不懂、沒接觸過的，允許一些彈性空間的存在。

(2)**承認**（acknowledge）。誠懇虛心地承認原來我不懂你，我不懂你的處境，不懂你所面對的困難。承認你跟我是不同的，不論是生活脈絡、成長背景、教育狀況、價值觀、表達方式、當下的關注焦點。承認我可能沒有想像中地了解自己，對自己的信念、價值觀、態度、想法、身體的訊息，都在重新連結與認識中。（當你停止認識與發現自己，也會停止認識與發現他人。）

(3)**允許**（allow）。允許自己所知／所能有限，允許你跟我在各方面的不同，不論是生活脈絡、成長背景、教育狀況、信念、價值觀、表達方式、當下的關注焦點等。允許以開放好奇的心，帶著覺察持續探索，並安住觀察心中的不知、不行、不能、不會、不懂、不想、不要。

(4)**接納**（accept）。面對上述各種「不」時，內心深處感到排斥厭惡是正常的，此時的慣性反應一邊是壓抑忽略（好像「沒事」般），另一邊是擴大膨脹（強化那個「不」）。學習正念，我們練習有覺察地回應，在這兩邊極端間為自己開創一條新的路——不是掉頭走開，而是慢慢開放、逐步趨近，跟「不」達成和平共處的內心協議，不互相傷害或虛耗能量。在不虛耗又有覺察下，將更能找到合宜的施力點。把自己照顧好，身心處於相對和諧穩定時，處理「不」的效能一定會更好。

〔修練3〕信任

這裡的信任是指信任自己，而不是信任別人。在學習正念之前我完全沒有想過要教孩子如何學習信任他自己，畢竟身為家長，尤其是華人家長，內心深處總是很渴望孩子「聽話」。

因此，平心而論，這練習對家長是很大的挑戰，因為家長會擔心這樣孩子不就不會聽話了？我們從小太習慣被要求聽話，也很羨慕別人養出那種很聽話的小孩，這孩子顯得很受教、很乖、很好養。然而，很聽話的孩子，不等於沒有自己的主見或想法，只是善於把自己的想法壓下去。當有一天壓不住或者被要求太過頭時，他所面臨的衝擊可能是排山倒海的大。相反地，面對從小就很有主見的孩子，家長通常會覺得很煩、很累或招架不住，而習慣以衝突或長輩的絕對優勢來鎮住小孩。

現實狀況常游移在這兩個極端，我們卻很少思考別的可能性——**教孩子如何覺察自己，進而如何信任自己**。然而，孩子跟我們本來就是不同的個體，當他離開我們進入校園時，很多事情都需要他自己的判斷與選擇。如果孩子對於信任自己是陌生的，只習慣於信任他人，而信任的底層又與愉悅有關，換言之能讓他愉悅者就能取得他的信任。而當哪天他不知道誰可以信任時，他的世界就很容易崩落，即便已經長大成人。

【練習引導】

信任，不等於放任。信任，是學習接納一件不爭的事實，就是我們每一個人都是獨立的個體，都有獨特的生命與旅程，雖然同時間下彼此可能高度連結及關連。在生命的茫茫汪洋中，每個人都需要有能力為自己建造得以立足並安身立命的船或島嶼，而信任自己正是此建設的能量來源。信任自己，不是來自於慣性的自大或自戀，而是來自於自我覺察後的深刻理解。因此，可以抱著開放的心態，跟孩子一起探索他好奇的世界，然後鼓勵他在過程中——

(1)覺察自己身體的感覺，不要忽略身體的訊息；

(2)鼓勵他覺察自己的真實想法與情緒，然後也觀察隨之產生的行為與後續的影響（但請千萬留心自己的態度：非評價、不嘲諷、不倚老賣老）。

(3)給孩子時間與空間，讓孩子習慣於觀察自己的行為、想法、情緒與身體感覺。

(4)**讓孩子從覺察中建構對自我的了解與信任**，知道自己在何種狀態下會當機，以及如何重新開機。這些可能比任何外在的教條或亮眼的表現，更能讓孩子自行長期行於正道。

〔修練4〕耐心

最大的考驗其實是在孩子成長或改變的速度跟不上我們的預期時。每個人在每件事情有不同的成長速度，一個人在A事情上很厲害，不等於他什麼都很厲害，到了B事情可能變得很弱智。但身為家長的我們常會忽略這個事實。孩子也許表現都很棒，但遇到某個挫折卻一整個被打趴。此時，家長總是很難理解，為什麼這麼簡單的事情孩子卻無法跨越或無法達成，接著只是不斷地鼓勵加油，當發現孩子還是沒起色，家長就失去耐心了，開始給予強力的教導與責備。這時候，家長著急的心、很想幫忙的善意反而把孩子推得更遠。

【練習引導】

(1)時常提醒自己，**每個人在每件事情都有不同的成長速度**。時常觀察自己有哪些事情（例如規律的運動、靜坐或學語文等）是一直很想養成習慣卻仍原地踏步的？當我們深刻且謙卑地體會到，改變沒有說的那麼容易時，我們會比較願意給自己也給他人合宜的時間與空間。

(2)家長有時候會很妙地拿自己的強項，來跟孩子的弱項比較，於是很容易因此而沒耐心，因為總覺得這個很簡單。

(3)沒有耐心，跟我們習於忽略現在卻看重未來的慣性有關。這點家長尤其嚴重，很多家長都頗擔心孩子的未來。然而，正念的訓練讓我們深刻地體會，真正唯一活著的時間，只有現在，因此對現在的重視其實應該甚於未來。當我們能夠訓練自己時時刻刻的覺察，讓心盡量充分地活在當下、領受當下、發現當下時，慣性的急躁慢慢稀釋，耐心自然會逐步培育起來。

〔修練5〕初心

身為家長的我們有時候其實很無助，也很脆弱，很容易給孩子貼標籤而不自覺，尤其是在孩子不順我們的意時。長時間下來，我們很容易就覺得「他就是○○，他就是××」，那麼，日後所看到的很可能只剩○○與××，再也看不到孩子的不同樣貌，例如ABYZHRG。家長也許會反駁，那是因為他沒表現ABYZHRG。但事實也許是如此，也可能不是，因為人類的觀察慣性，傾向於印證自己已經知道的，而忽略或忽視自己所不知道的。換言之，即便有出現AZG，我們的注意力可能直接忽略而認為沒有。然而一旦出現○○，注意力的燈號就立刻大亮。於是，我們自己限縮了自己的觀點，也大幅限縮了與孩子真誠互動的機會。

【練習引導】

初心的練習提醒我們隨時保持心態的活潑，隨時都能用新鮮的眼光，看到孩子當下完整的樣貌，而不是透過有色的眼光，評斷性地界定孩子或給孩子貼標籤。這樣孩子才不需要為了迎合討好，在我們面前活成另一個樣子，我們也比較有機會看到孩子真實的樣貌。就像在飲食靜觀時，確實品嘗到葡萄乾一瞬間接著一瞬間的味道都不一樣，孩子的樣貌其實也是。

因此，很重要的是，**家長需要經常檢視，在自己內心深處是怎麼看待孩子的**。初心，提醒我們時時刻刻用**好奇**、**探索**、**開放**的心境，來迎接孩子的變化；而不是用僵化、固著、老舊或社會流行的心態，來評價孩子的變化。

〔修練6〕放下

身為家長，很需要的修練之一就是能分辨什麼東西要放下，什麼東西要提起重視。放下，不等於放棄，放棄的想法或言語，對孩子都是莫大的傷害。放下，是給彼此一個喘息的空間與時間，重新反思什麼是真正最重要的、什麼其實是次要的。放下，減少干預，其實也是種信任，相信對方可以慢慢摸索出自己的道路，減少過度保護。（更多放下的修練參閱【Part 2】）

〔修練 7〕非用力追求

家長在教育上太用力，很容易把孩子盯得很緊，耗損孩子天真浪漫的能量，扼殺孩子的創意。非用力追求提醒我們不只重視成績或表現，孩子身心的平衡、穩定、和諧，需要同等重視，甚至可能需要更重視。然而**平衡、穩定與和諧不是來自於更多的向外追求或好表現，而是來自於同在、靜觀、接納和允許。**

教育孩子，其實是在修練自己。孩子總是從各個層面考驗著我們，孩子是我們的鏡子，映照出我們熟悉與不熟悉、承認與不承認、接受與不接受、喜歡與厭惡的自己。孩子是最好的老師，一再透過身體力行的衝撞來教導我們所需要學習的面向。話又說回來，這些練習的原則，一定是自己先大量練習，之後才可能應用到孩子身上。正念練習的七大原則彼此不是獨立存在，而是相互關連與相輔相成的。每一項修練之間其實都是息息相關的，練習某個原則，對其他原則的體會與學習也會跟著提升。把這些原則當成座右銘持續深化與內化，將發現內在的圓滿完整與美好的強大力量。

改變孩子？

身為家長，在養育過程中總是會遇到需要糾正或改變孩子的時刻，這通常也是親子關係的挑戰時刻。即便有再多再好的理由，我們都需要認清一個現實，沒有人喜歡被改變，包括我們自己。但這不表示改變沒有必要，只是帶著正念覺察，比較容易發現阻力最小的路徑。當我們願意接納改變是困難的事實時，對改變這件事，才能給出一些同理與空間。

先接納孩子的樣子

關心健康的家長，經常會困擾於孩子晚睡，不論晚睡的理由是什麼。家長無法接受孩子晚睡，努力告誡孩子晚睡的缺點，規定孩子上床時間，甚至強硬執行。性格溫順或年紀較小的孩子也許就此調整，但青少年很可能會與家長產生嚴重的對抗或對立，甚至陽奉陰違。雙方關係越來越緊繃，家長難過孩子不聽話，不好好照顧自己，孩子也覺得家長很討厭，只會碎碎唸、完全不了解自己。雙方互動模式如下：

家長無法接受／接納孩子某個樣子

➘出於愛，努力想改變對方

➘產生對抗與對立

↓雙方關係如反向拉緊的橡皮筋，越來越緊繃
↓雙方都覺得沒有被聽到
↓看對方越來越不順眼

這樣的模式可以一直演繹下去，甚至形成嚴重的敵意與仇恨，造成極具破壞性的傷害。當然，也可能某一方在某個機緣下，有所領悟或調整，而改變親子關係發展的方向。

如果家長能學習並實踐正念，就會發現照顧自己其實很重要，而非一味的以孩子優先。雖然希望孩子早睡，一來內分泌急速變化的青少年不是那麼容易照單全收，二來孩子的校園生活狀況家長也未必都清楚，也許孩子正面臨強大的困難、不知所措而影響作息。與其為了強迫改變孩子的行為，讓親子關係過度緊繃，甚至形同陌路，不如給孩子自我探索的時間與空間，接納孩子用自己的速度成長，雖然未必是家長所希望的速度。

放下想強迫孩子的態度

家長學習自己先調整，不再用力強迫孩子幾點一定要睡，改以適度、溫和、善意地提醒。然後講完就放下，不再一直追蹤與監控孩子的執行狀況。此時家長可以跟著音檔進行正念的正式練習，把心帶回自己的身體，帶回當下，才不會忍不住一直想要監控孩子或胡思亂想。過程中，孩子因為晚睡而上學遲到，家長也在呼吸覺察中努力學習不抓狂，不過度詮釋。這一切都是非常大的挑戰，因為在關係緊繃時，慣性的反應會想更加掌控或整個放掉，但這通常只會把孩子推得越遠；有覺察地回應可能是先接納與承接再說，畢竟能照顧好自己的家長比較有能量去選擇適切的

方法。

正念的多元練習，讓家長的生活有成長的重心，也讓家長明白當叫不動孩子時要如何穩住自己，不再滿腦子想糾正或改變孩子。對孩子沒有放棄，不會冷漠，更不會冷嘲熱諷或心理不平衡地一直碎碎唸。

耐心且信任孩子有能力改變

落實正念練習的家長，漸漸發展出一種接納現況之後的安住。此安住能力使家長不會太過擔憂孩子的未來，於是也較不躁進，急著做這做那來調整孩子的行為。其實許多這類行為最後幾乎都是不了了之，或關係搞得更僵，但在家長沒有其他能力之前，也只能一再重蹈覆轍。因此在關係不良時，家長與孩子雙方的內心深處都是受苦的。

透過持續的練習，漸漸地——

家長接納孩子跟自己是不同的。

家長接納孩子跟小時候是不一樣的。

家長接納自己不知道該怎麼辦的無能或無力。

家長接納需要給孩子時間與空間成長，並尊重孩子的成長速度。

家長接納即便有那麼多困難或未知環繞，但還是可以支持與愛孩子的。

雖然不是立竿見影，但孩子確實感覺到家長的調整。
雖然未盡人意，但雙方互動一點一點地增加。
雖然未必獲得回應，但家長依然表達聆聽的意願與行動。
雖然仍擔憂孩子的未來，但家長選擇活在當下並且學習信任孩子。

偶爾，發現孩子自行早睡。
偶爾，發現孩子熬夜。

雙方發展出新的互動模式：
家長接受／接納孩子某個樣子
➔出於愛與覺察練習，不用力去改變對方
➔對抗漸少，對立降低
➔家長穩住自己，緊繃與張力取而代之的是聆聽與支持，療癒與轉化
➔行為與想法逐漸改變

這樣的歷程，不會是一天兩天，可能是一年兩年或甚至於更久，因此耐心肯定是需要的，家長持續的自我提升更重要。原因無他，自己不會的，肯定教不出來。但家長也不需要因為開始自我提升，又急著改變孩子，想著這樣的提升有多重要云云。

許多學習正念的夥伴會發現，原來自己真的能夠改變的人事物，實在少之又少，能持續探索、發現與改進自己就很厲害了。有趣的是，放在家庭脈絡，這不正是最稀有卻最有影響力的身教嗎？

05

將正念分享給孩子，尤其是即將面對大考的青少年

（說明：當年跟我去美國學正念的兩個小蘿蔔頭，在這幾年內陸續考高中與大學。本文描述我們如何一起開展正念練習，面對升學壓力，學習穩定自己。）

身為一個家長，當學了什麼東西覺得很有幫助時，通常會很想分享給自己的小孩，我當然也不例外。不過小小嘗試後就踢到鐵板啦，困難是小孩興趣不大就不太會理你，通常如果孩子年齡小還好引導，進入青少年後就容易卡住了。孩子不同的發展年齡有不同的正念教法，這裡所分享的是針對家中青少年，如果是把正念帶入校園，那是正念校園的專業領域，不是這裡的討論範圍但也許可以參考。

想把正念分享給家中青少年，第一件事情是自己的實踐，第二件事情是與孩子的關係。青少年的眼睛與嘴巴都銳利，經常讓家長氣得冒煙。但氣過後如果還能維持平靜的神智，即便仍是牙癢癢地，會發現他們真是全世界最好的正念老師，總是不知死活地映照與挑戰家長最脆弱的地方。在這種時刻，家長如何運用正念好好照顧自己（請參閱前面各章而且要實作），不被抓狂淹沒；或者，即便淹沒了，也能復原，真正地大人不記小人過。孩子都冷眼觀察著。

面對衝突的修練

學習正念不會讓你完全不生氣，不過放下的速度可能比較快。二〇一二年時，我曾有機會直問韓國大禪師：「你也會生氣嗎？」（請參閱「後記」）得到的答覆，讓我對於生氣有了另一種理解。在那之後，我經常跟孩子修練正念生氣的功力。允許自己生氣，也要能允許孩子氣憤；允許傷心難過，也允許無助無力；允許怒氣可以離開，也不要死抓著不放或假放下。「假放下」是指心中還是很不爽但不願意面對，只是表面放下，但實際上已經選擇了切割冷漠或冷嘲熱諷。假放下是關係的毒藥，與其這種假放下，還不如承認放不下。青少年對這種假放下簡直是異常敏銳，這時候就是考驗家長誠實面對的能力了。

漸漸地，我發現到，**我放下的速度決定孩子放下的速度**。換言之，如果我可以放下怒氣，孩子也會比較容易放下氣憤。當家長生氣時，孩子一定也在生氣，只是兩方氣的內容南轅北轍，彼此往相反的方向用力拉扯著，各不放手。正在學習正念的家長，懂得好好照顧自己，比較知道如何在覺察中放鬆，這時，原本緊繃的張力因失去一方的拉扯而鬆掉。這是最生活化的正念實踐。

家庭生活不可能沒有衝突，但如何面對衝突就是形塑關係品質的關鍵。當我們要將正念帶給孩子時，建立關係是基本門檻。如果與孩子的關係不佳，老實說，這過程肯定會阻礙重重，因為青少年是「有關係，沒關係；沒關係，有關係」[5]的典型。家長參透也願意接受這個現象，互動阻力會比較小。以前我不屑這個概念，常落入責任感的框架裡，總認為教養更重要，親子關係與生俱來、不用擔心。後來發現根本不是什麼「與生俱來」，都是要用心觀察與經營的。

無得失心地輕柔播種

想把正念帶進青少年的生活，需要不著痕跡輕輕帶過，不宜太正式地要求、邀請或分享。太正式孩子會覺得很有壓力，通常會導致反效果。家長平常可在茶餘飯後隨便分享兩句：「聽說正念練習有幫助提升專注力耶！」或「某個研究說正念對數學分數的提升有幫助喔！」或者「正念對睡眠還真有用。」或者「哪個朋友幫忙自家孩子運用正念穩住考試的緊張。」……就只要單純提個一兩句，孩子會聽到，當時機成熟時，或者他們有需求時，就會提出來。這部分我很幸運，華人正念減壓中心的夥伴吳佩玲老師與卓佳蓉老師等都有相當豐富的經驗，我們經常分享彼此的經驗。當然這些都是事實，不能瞎掰，青少年最痛恨大人身口意不一。

好，重點來了，講完就要放下，除非孩子自己問，否則別太快追問孩子：「有沒有興趣學學正念啊？」一直想要說服或改變，保證吃到青少年閉門羹。青少年是很特別的一族，很多在成人世界代表關心的言語，穿過他們的腦神經時，常常會自動扭曲變調，以致他們很難聽進去。家長自以為充滿慈愛，他們卻是痛苦難耐。這時，家長千萬要好好修練正念七大原則中的耐心、非評價、接納、放下、非用力追求。靜靜等待，當孩子的需求沒有出現之前不建議出手。對家長而言，放下很希望孩子學正念的這份執著，本身也是種修練啊。

5 即「如果有關係（關係很好），就沒關係（表示事情會比較好做或順利）。如果沒關係（關係不好），就有關係（表示事情不容易順利進行）」。

開始練習的執行要點

終於，孩子在面對升學大考前約一百二十天左右淡淡提出：「媽媽，你教我正念好不好？」「喔，好啊。」淡淡地回答，不能太興奮（實際上心裡好開心啊）。我深知考試壓力極大，千萬不要再給孩子額外的負擔，於是提出一個務實又簡單的方法：睡前練習十分鐘。孩子聽了很開心。

睡前十分鐘正念練習

睡覺前，孩子坐枕頭上，棉被蓋腿上，我就坐他對面。鬧鐘設定溫和小聲的鈴聲，以防嚇到。我會邀請其他家人參與，如果沒有參與的話會拜託他們聲音小一點。講過就要放下，如果外面聲音大就大，不管他。身為帶領練習的家長如果內在平和，孩子也比較可以平和。如果家長內心躁動，即使表面安靜坐著，實際互動品質也不太可能好。因此**家長隨時觀照自己真實的內心狀態，比關照小孩還重要。**

關鍵態度是我們一起做，而不是我說你做。

十分鐘的過程我會有簡單語言引導，就像其他正念帶領般，不需要一直講話，一定要有靜默留白時間以方便體驗。主要練習的是簡單版的身體掃描與靜坐，覺察對象裡選擇一個或兩個就好。如果家長不知道怎麼帶，可以到華人正念減壓中心官網的「分享專區」找相關三分鐘或十分鐘的練習。沒有一定的語詞或做法，幾乎都是隨當下的感覺進行練習。練習過程中家長的心思請務必放

《正念減壓自學全書》練習音檔

在自己身上，對於孩子的一舉一動或所發出來的聲音不要過度敏感。正念，當下實踐的是自己（家長），而不是別人（小孩）。

練習結束後，我們通常進行簡單版的慈心祝福，我唸一句，他跟我唸一句：「願我平安、健康、快樂。願你平安、健康、快樂。願眾生平安、健康、快樂。」結束後，我會跟孩子說：「晚安，祝你有個好夢。」孩子往下滑就躺平了，蓋上被子睡覺。我離開，關燈，關門。沒有討論、沒有分享、沒有更多的話語。面對準備大考中的孩子，越簡捷越好。

在正念課堂中，分享是很重要的，透過分享得知學員的學習狀況。但就我個人的經驗，引導自己家的孩子不要有太多的分享，因為家長很容易被孩子的心情影響。捫心自問，家長大概都喜歡聽孩子說：「謝謝你，好有幫助喔。」但真實會聽到的大多是「好難喔」、「沒感覺」、「不喜歡」、「覺得很煩」、「想到很多事情」、「有點無聊」等等。這些分享聽完後，家長自己先內傷，心想怎麼會這個樣子、怎麼辦、怎麼辦……開始想辦法或編故事或找人問……睡覺前練習，這麼晚了，聽到孩子練習得不舒服，是要處理還是不處理？在課堂中很棒的分享與討論，到了自家小孩卻似乎不是如此。

很快地我發現這些都是多餘的，正念練習本來就沒有保證每次舒爽愉快，念頭紛飛也是正常現象，如果我們是每天練習，何須花時間討論這些議題。所以每次的練習就變得很單純，就只是練習，不添加任何期待的雜質，甚至放下想要用正念來訓練專注力或提升成績的原始動機。**不論每次練習的狀況如何，有練習就好，不需要再給練習評分或評價，練習最大的忌諱就是功利化，那很容易使練習自動失效。**

孩子親身體驗練習的好處

孩子漸漸發現這樣的練習**對睡眠有幫助**，即便之前在想困難的數學題，但十分鐘的練習可以**讓緊繃的頭腦鬆緩**。對成績的得失心也奇妙地消融，學校與補習班幾乎每天考試，甚至於一天考很多科，如果對分數的得失心很重，心裡壓力不大也難，心理壓力太大，失常的機率就增加。家長也要觀照自己對分數的真實想法，如果家長實際上很看重，孩子這部分就不容易放鬆。慢慢地，孩子學會在考前等待考卷發下來的短期間，利用時間做呼吸覺察，漸漸穩住自己，心情不致太緊張。

把覺察帶入日常生活後，孩子的**專注力提升**，對於什麼東西會干擾自己的專心程度的覺察能力，也會有所提升。例如孩子很喜歡聽音樂，不管什麼時候都戴著耳機。我曾輕輕地提醒，因為大腦有印象殘留的現象，這樣對讀書效率可能是不利的，但當時他聽不下去，繼續隨時都戴著耳機。我沒有堅持，給他時間與空間自己慢慢發現與體會。幾個月後，孩子自己跟我說，他發現到聽音樂會比較難專注，所以自己就停止了。或讚賞他在覺察中為自己做出明智的選擇。

類似的例子也發生在他們對飲食的覺察，孩子原本很喜歡吃奶製品與零食，但帶入覺察後，發現吃過這些食物後腦袋運作起來比較不靈光，自己就不吃了。**不需要家長嘮叨，覺察讓他們為自己做出更合宜的選擇**。

練習切忌功利化

朋友知道我如此把正念教給孩子，就說孩子一定會考出好成績。我打從內心深處地回他：「不求更好的成績，能呈現他真實的能力，不失常就很棒了。」**家長是否能全然接納起起伏伏的能力，也是需要修練的。**孩子如果情緒不好、表現不佳，家長會不會想：「正念練習怎麼沒有幫助呢？」甚至跟孩子說：「你怎麼沒有用正念幫助自己呢？你當時有觀呼吸嗎，怎麼還會緊張失常呢？」這些都是家長自身太過緊繃的表徵，**這時，需要多練習正念的是家長，不是孩子。**

然而，孩子嘗到甜頭，不知覺中也會想用正念練習來達到好成績的目的。表面聽起來真好，這似乎讓孩子更想練習正念，但實際上已經功利化了。此時，家長千萬不要再強化這樣的想法：「所以你就要好好練習正念啊。」這是危險的。因為真實的狀況是，孩子最終會考到哪個學校，努力過後就是老天爺決定的。多少人大考過程中馬失前蹄而成為一輩子的遺憾與悔恨，不需要給孩子種下這種因。努力過後，哪個學校都好。這部分要感謝我老爸，當年在準備大學聯考時，有一次我很認真問他希望我上哪個學校，當時我多希望以他的話做為自我的鼓勵。我覺得他應該會說臺大吧，但他幾乎是不假思索地回覆：「**哪個學校都好啊，你盡力就好了。**」當時我非常傻眼，怎麼會對女兒一點期望都沒有啊?!但後來很快地我就非常感激老爸了，因為他的寬容與智慧，幫我免除多餘的強大壓力。**心裡自在沒負擔，表現反而更好。**我老爸沒上過任何正念課程，卻是不折不扣的正念實踐者。

把正念帶給孩子，是分享一個好東西，分享喜悅，因此，家長隨緣隨喜的態度很重要。孩子喜歡很好，不喜歡也沒關係。保留選擇權給孩子，尊重孩子的成長速度，就像我們尊重呼吸的速度般。生活一切的考驗，都是正念覺察的課題、練習與實踐。十八歲以前的孩子通常會高度受到家長牽動，因此家長其實不用急著協助孩子，把自己照顧好，讓自己平衡和諧，可能才是當務之急。

正念親子溝通——什麼是同理

睡覺前，距離大考還有半年的孩子跟媽媽說：「書都看不完。」

「要考試的人，沒有人會覺得書能讀完的，一定會看不完的啊！」媽媽一派輕鬆地講出一個事實，希望孩子用一種比較輕鬆的態度看待考試，不要太緊張或壓力太大。

孩子生氣：「你根本不了解我。」

媽媽不懂孩子為什麼生氣，大多數孩子不都希望家長不要給任何壓力嗎？教改不也是一直傳遞要降低孩子讀書壓力的訊息嗎？尤其這孩子從小自我要求高，媽媽這麼說只是希望幫忙卸下孩子心頭的壓力，沒想到卻造成反效果，媽媽自己也很傻眼，不知道該怎麼說或怎麼辦才對。

靜坐幾分鐘後，媽媽才發現，自以為這樣是不給孩子壓力，但實際上跟孩子卻處在不同的頻道上，完全沒有同理孩子。更正確地說，媽媽跟孩子的狀況其實是對立的，媽媽看起來是一派輕鬆的過來人，孩子卻從裡到外緊繃又擔憂。媽媽在那當下並未覺察到這點，只是想不通不給孩子壓力，孩子為什麼還不高興。

孩子認為媽媽不懂自己，其實並沒說錯；雖然……也不全然對。考試的壓力，幾乎是所有這幾代人的共同成長經驗，媽媽也是身經百戰，不可能不了解孩子此時的感覺。但不知不覺中媽媽跑太快了，孩子還在準備考試的水深火熱中，媽媽已經釋放出類似考後放下的訊息。也許媽媽需要先穩住自己，跟孩子同頻，真正與孩子當下的處境同在，真實承接孩子當下的情緒與想法，不急著希望釋放孩子的壓力，也不急著給孩子任何的建議。換句話說，不急著解決任何問題。

這時候媽媽如此回應也許會好些：「辛苦了，以前我也有同樣的困擾，總感覺書讀不完。如果你想要討論怎麼讀書或者需要任何幫忙，都可以提出來喔。」雖然都是講書其實讀不完，但這裡是分享媽媽的經驗，一種同頻、開放的訊息。之前的「一定會看不完的啊」，呈現的是一種封閉的結論，雖然有輕鬆的外包裝。媽媽確實很希望孩子不要給自己太大的壓力，然而如此立意良善的期待，反而形成溝通的阻礙。

原來，穩住、同頻、同在、承接，才可能同理。
靜下來，即使只有五分鐘。
不急著解釋、分析、說明或給建議，
心才能停止喋喋不休。
即使，這樣的喋喋不休是——「我是為你好啊！」
靜下來，即使只有五分鐘。
心才有機會聽懂對方的訊息，
而非自以為是的認定。
在溝通的過程中，
聽懂對方一句話，
勝過自己講一百句。

真實故事

中學生的正念體驗

撰文／江宇晴6

身為一名十八歲的高中生，我想分享一下學習正念的心得。

和普通高中的所有學生差不多，生活就是圍繞著考試和社團，再加上三不五時的一些小比賽。有些大人說，學生時代最幸福了，每天活得無憂無慮。我並不能否認這個看法，因為我還不知道出社會的狀況，所以沒辦法比較（雖說我相信三歲前的保母時期應該更幸福，但是那段記憶近乎空白，也就姑且不論）。然而，說學生無憂無慮，我就要反駁了。

還記得高一被選為班上話劇比賽導演時，心中既欣喜也緊張害怕自己無法勝任。很快地各種狀況浮現，總召催著進度、演員質問著到底他哪裡不夠好、編劇說他想傳遞的不是這樣等等，壓力真的好大。

也記得高二學期末時，住在臺中很疼我們姊弟的阿公溘然長逝，我們必須常請假回臺中遵照傳統喪禮儀式祭拜阿公。不停地拜拜、摺蓮花、招呼路過哀悼的議員助理（尤其他們劈頭就是一連串臺語，讓不太會講臺語的我有點困擾）。喪葬的氣氛實在讓人沉鬱又提不起勁兒，壓力真的好大。

更記得高三考大學那段被關在教室的苦悶日子，每天的生活只剩下讀書、讀書、讀書。一想到萬一考不上理想校系，前途將是一片晦暗，壓力真的好大。

有些大人恐怕會說，等到你長大，這些事都不算什麼了，回首蕭瑟處也無風雨也無晴。然而，現在的壓力是不能和未來的壓力比較的，你的壓力也不能與別人的比較，因為壓力是當下主觀的感受。對當時的我而言，這件事情就是最重要的事。

面對人生中壓力指數最大的事情，重點是要如何排解當時壓力，不致走向癲狂憂鬱。方法當然很多，找朋友說說、吃東西、運動個痛快淋漓、將心情抒寫下來、躲在被窩裡偷哭、看喜歡的影片、玩糞game或鬼吼鬼叫等等。也許您也有自己的發洩方法，只要在不傷害自己和他人的前提下，這些靜躁不同的紓壓方式其實都不差。

為什麼要提這些？因為「正念」好像經常和「減壓」連結在一起，用正念來減輕壓力不同於以上的「事後」紓壓法，正念是屬於「事前」、「事後」與「當下」皆適用的減壓方法。透過練習，改變大腦思維的模式，進而在面對壓力時可以更有抗壓性。

好啦，說了這麼多形而上的東西，我要來說說我自己的練習正念的經驗。接觸到這個訓練其實是從我國三考高中那年開始，在別人眼中，我是個對自我要求很高的孩子，相對的，也是個「很有壓力」的考生。但我並不認為我很有壓力，當時我深深相信，（就像大多老師說的）讀好書是學生天經地義的責任（→其實這樣想的本身就很有壓力了）。大概是媽媽怕我哪天瘋掉吧，邀我睡前跟她一起練習正念五分鐘[7]。

6 這本書寫到尾聲時，有一天我問孩子們：「媽媽要出書，你們要不要寫些什麼東西啊？」「要寫什麼呢？」「你對正念的真實體驗如何？」「好喔！」剛考完大學學測還算喜歡寫東西的女兒乾脆地回應。對寫東西沒那麼大興趣的兒子就默不吭聲了，我也沒再勉強他或者跟他說：「姊姊有寫耶。」至於我先生，那就不用問了，他可以用各種方式支持與鼓勵，但絕對不會是書寫。人，總是各有不同。世界，總是因不同而精采。

每天晚上我們閉上眼睛，靜坐在床上，她引導我覺察自己的身體，起初我有點不以為然，覺得這玩意兒聽起來很無聊又很簡單，然而在真正開始練習之後，我發現，不是那麼簡單啊！難在於五分鐘內「專注」觀察自己的身體，難在五分鐘內頭腦保持清明、不隨著思緒遊蕩。

每天五分鐘，我漸漸進入佳境，專注力能夠停留在身體上越來越久，思考也更加清晰，遇到不爽的事可以更冷靜處理。有一次模擬考開始前幾分鐘，我突然想到，與其在這邊和同學乾瞪眼、窮緊張，不如來靜坐正念一下吧。於是我閉上眼睛，開始覺察聽到的聲音、空氣的溫度，但不做評論，只是觀察存在的本身。感受到微痠的肩膀和緊繃的臉頰，於是輕輕的放鬆。想到前一天老師猜題的畫面，放下、不再多想。聽到附近的同學試圖騷擾我的聲音，不多做回應（就這幾分鐘啦，不然平常這樣不回嘴真的太奇怪了）。就這樣專注在當下。

「鈴——」考試鈴聲響起，開始作答。大概是前幾分鐘，腦袋進入最澄澈的狀態，寫起題目也變得格外專心俐落，又順又快。但這樣的優良狀態到第五題時，彷彿有點式微的感覺，**我開始緊張、擔心寫不完、害怕成績不理想……於是我放下筆，閉上眼睛，用正念的方式深呼吸三次。**呼，又恢復專心了！就這樣反反覆覆，終於將題目寫完了。那時我突然意識到，所謂考試不要緊張、保持平常狀態的道理，全世界的老師都會說，但是，幾乎沒有老師會告訴你究竟要怎麼做。深呼吸嗎？但感覺怎麼吸都還是一樣，原來正念覺察就是補足這塊空缺的最佳辦法。

從那時開始，我漸漸養成在考前閉眼靜坐的習慣，因為腦袋會因為正念練習而更加清晰，心情也因此更安穩。當然，不會寫的題目不可能因為練習正念而瞬間恍悟，但整體分數會因減少粗心而提升。我很高興，於是和媽媽分享我的心得，她才告訴我，其實正念是有腦神經科學研究過的，我很驚訝，原來**只要每天五分鐘，就可以改善整個腦袋！**（這種說詞很像浮誇的廣告，但是是真的！前提是

要有認真練習喔）

上高中之後，生活變得更多元，上臺表現的機會也大大增加，因此緊張的機會也隨之更多。正念練習幫助我很大，它讓我能和緊張和平共處，同時保持平靜，能理性思辨。唯一的缺憾是，在當時話劇比賽上臺前，演員們在化妝間緊張得半死，身為導演的我卻沒辦法安穩大家，這件事我一直耿耿於懷。當時我在心中暗忖，要是他們也都學過正念就好啦！如今有機會在此推薦正念這個東西，我當然會讚讚讚大推囉！

7 這部分我與女兒的記憶有點不同，我記得的是她請我教她正念，她記得的是我邀請她。當時距離高中大考約120天，我們每天睡前練習10、15分鐘。但考大學時距離200天就開始練習，每天練習5分鐘。

PART

7

聊聊當代正念的源頭與發展

本部成兩大重點：一，當代正念在西方世界的開展與主要流派，兼述兩岸的初期播種者，並探討一些正念課程上似是而非的議題；二，身為當代正念課程的實踐者與帶領者，傳統佛典中的四聖諦、安那般那念與四念處等經典文獻，也帶給我相當大的滋養，因此特別於此分享。

融合東方禪修與西方減壓的當代正念訓練

本篇來聊聊一些個人覺得重要但比較少人討論的議題。我喜歡用「當代正念」來描述一九七〇年代卡巴金博士等人所開展出來的正念訓練，當代正念訓練我認為大致有以下特點：

(1)**開創者：**開啟當代正念課程者幾乎都是訓練有素的科學家或專業人士，他們從傳統佛陀的教導中，萃取出當代人易於吸收與實作的層面，賦予科學的思維與方法，有人文關懷但無宗教色彩[1]。

(2)**場域：**建構於世俗社會而非宗教架構，採用消費者付費而非自由捐贈的機制。雖然是消費者付費，然而當代正念訓練機構經常會提供服務給經濟困難者。

(3)**課程內容：**正念雖為課程核心，但並非唯一要素。以正念減壓（MBSR）為例，除了正念，還包含了壓力心理學、壓力生理學、腦神經科學、團體動力學等。再以正念認知治療（MBCT）為例，除了上述壓力生理學與心理學等外，還加上若干心理治療中的認知行為治療（CBT）。此係何以有多年修行經驗的禪師，不等於理所當然地會教或能教當代正念課程。而訓練有素的當代正念課程老師，不等於可以帶領禪修訓練。這兩者從本質、理念、方法、目的上都是不一樣的。

(4)**課程目的：**建構在世俗社會的當代正念，不以開悟解脫或靈性上的成就為目標，雖然也不排斥。當代正念幾乎都是從醫療體系開始，希望藉此方法減輕人們身與心的痛苦，建立更健康、平安、自在、和諧的生活方式。

因此，本部第一篇文章〈當代正念訓練的開展〉將聊聊正念在西方世界的開展與主要流派，也兼述兩岸的初期播種者。當代正念課程操作容易且相容性極高，因此容易被套進自己原本的所知，而進行想當然耳地理解，在第二篇〈釐清正念練習的幾個誤解〉與第三篇〈正念之路，你走對了嗎？〉主要都在探討一些似是而非的議題。

既然有當代，當然有傳統，第四到六篇文章將討論的是，我從傳統佛典中所獲得的大量滋養，尤其是與正念有關的教導，包括四聖諦、安那般那念與四念處。這些教導不是從美國麻州大學醫學院正念中心學的，與正念減壓課程的關連性也不是很大，而是我個人的學習與體悟，對我身為一個當代正念課程的實踐者與帶領者而言，覺得有相當大的幫助而放進本書。曾有摯友擔心這三篇文章是否會影響這本書與正念減壓課程的非宗教性，於是我深思再三。回顧我寫這本書的動機，其實是來自於深刻體會生命無常與脆弱的本質，學習正念之後，總是盡量充分地活在當下，把每一天都當成最後一天地活著，不留遺憾，於是不論在課堂上或在這本書裡，總是知無不言、言無不盡。對我而言，盡量用合宜善巧的方式，把這份不拖泥帶水的愛傳出去，就是活著的意義與價值，至於他人要如何詮釋或編故事，那就不是我能力所及的了。

1 如果您所參加的當代正念課程頗有宗教色彩或常聽到宗教語言，這是帶領老師個人的選擇，而非本質如此。當代正念訓練非常留心於上課過程中的遣詞用字，不使用任何宗教語言以示尊重所有宗教。

01 當代正念訓練的開展

萌芽——在醫療體系中開展的世俗版正念

一九七九年，三十五歲的麻州大學醫學院教授卡巴金博士，在麻大附屬醫院開設減壓門診（Stress Reduction Clinic），這個門診不提供診斷也不開藥，就提供卡巴金創發的八週正念減壓團體訓練課程（MBSR）。在那個年代的美國幾乎沒人聽過正念，因此卡巴金總需要積極說明何謂正念。分子生物學背景的卡巴金，給正念下了一個前所未見但相當精準的操作型定義：「正念，是時時刻刻非評價的覺察，需要刻意練習。」此外，因為沒人知道正念減壓訓練是什麼，他也需要主動接洽各科醫師，讓他們知道醫院有此服務。

有人支持，有人冷眼，也有人不認同，西方醫學的主流做法是隨著醫學知識的累積，分科越來越細、越來越細，但年輕的卡巴金竟然反其道而行，膽敢把所有不同疾病的病人聚在一起！那時，沒人聽過正念，當時會去門診的幾乎全是重症病患。對許多病人而言，醫療的幫助已經到了某個極限，他們已經不知道還可以做什麼來讓健康有那麼一點點的希望與進步，抱著懷疑、好奇與姑且一試的態度，齊聚一堂學習正念。有人坐著輪椅，有人拄著拐杖，有人吊著點滴，有人躺在病床，當然也有人自己走進教室。

身為醫學教授的卡巴金，打從一開始就用科學的態度進行團體的研究。第一篇的研究文獻產出於一九八二年，篇名〈以正念靜觀練習為基礎，在行為醫學中給慢性疼痛病患的門診方案：理論參考及初步結果〉[2]。對於一個麻省理工學院的分子生物學博士而言，這樣的論文看起來好像不太高明。當代研究靜觀的重要腦神經科學家理察・戴維森（Richard Davidson）博士曾在演講中玩笑般地說，在那個年代研究靜觀（meditation）是需要躲進櫃子裡偷偷做的，因為那幾乎會斷送研究生涯。懷著夢想的卡巴金不畏主流浪潮拍打，勇敢向前挺進。他的夢想，就是把原本保留於佛教修行體系的正念靜觀練習，以科學的方法，帶入主流社會，造福更多的一般大眾。

二十多年的時間他默默辛勤耕耘，不太有人注意到正念減壓或正念訓練。一九七九至一九九〇年，這十一年間只有十八篇關於正念的英文科研文獻，平均一年不到兩篇。但從一九九一至一九九九年，這九年間有八十七篇，平均一年約十篇。到了二〇〇〇年，出現一篇來自英、美、加三國著名的臨床心理學家共同合作完成的研究，篇名〈正念認知治療運用於重鬱症復發之預防〉[3]，這篇研究讓「正念認知治療」正式問世。正念認知治療在正念與靜觀練習的部分與正念減壓高度相似，實際上三位學者也是請益於卡巴金博士，但增加了心理治療中的認知行為治療。從正念減壓（MBSR）開創出來的正念認知治療（MBCT），震撼了心理治療領域，在臨床心理學界掀起一波波的漣漪，帶動正念運用到各類心理疾病的研究。

2 原文："An outpatient program in behavioral medicine for chronic pain patients based on the practice of mindfulness meditation : theoretical considerations and preliminary results"。

3 原文："Prevention of Relapse ／ Recurrence in Major Depression by Mindfulness-Based Cognitive Therapy"。

幾十年下來，差不多所有常見心理病症都可以看到正念運用的研究，如失眠、焦慮症、憂鬱症、強迫症、過動症、思覺失調、邊緣性性格、創傷後壓力症候群、飲食疾患、物質濫用等等。在此同時，許多治療生理疾病的醫護人員和研究者也發現到正念的效益，例如慢性疼痛、癌症、心臟病、牛皮癬、腸躁症、愛滋病、高血壓、糖尿病、纖維肌痛等等都有相關研究文獻。除醫療外，正念也被廣泛地帶入校園、企業、社區、專業運動場域等。以生命歷程看，從胎兒、嬰幼兒、學生、社會人士、老人、安寧，從生命初期到臨終謝幕，都有正念運用的研究。從一九七九年至二〇一七年，已經累積了三千多份英語文獻[4]，目前仍持續增加中。時至今日，當代正念運用的領域既深且廣，毫無分別地影響著無以計數的人們。

茁壯——正念四大流派與發展趨勢

根據二〇一七年〈正念介入〉[5]這篇文章的說明，當代正念訓練有四大流派：

正念減壓（MBSR），始於一九七〇年代，由卡巴金（Jon Kabat-Zinn）所創發，將佛法與科學和醫學融合的先驅之一。MBSR有益於處遇壓力、慢性疼痛、癌症、焦慮、憂鬱及其他長期性議題。

辯證行為治療（DBT），一九七〇年代，瑪莎．林納涵（Marsha Linehan）所創發，融入若干東方與西方的精神傳統。DBT主要用於自殺意念、邊緣性人格、自我傷害、物質依賴、飲食疾患、憂鬱症與創傷壓力後症候群。

接納承諾療法（ACT），一九八〇年代晚期，史蒂芬．海斯（Steven Hayes）、凱利．威爾森（Kelly Wilson）、科爾克．斯特爾薩拉（Kirk Strosahl）共同創發，融入東方的概念與技巧。ACT經常運用於焦慮、憂鬱、物質依賴、慢性疼痛、精神疾患與癌症。

正念認知治療（MBCT），二〇〇〇年左右，辛德・西格爾（Zindel Segal）、馬克・威廉斯（Mark Williams）、約翰・蒂斯岱（John Teasdale），發展自卡巴金的正念減壓。MBCT經常是以下病症的治療方法之一：憂鬱症復發、焦慮、精神性疾病（psychosis）、飲食疾患、雙向症、恐慌症、注意力不全之過動、創傷後壓力症候群及其他。

正念減壓與正念認知治療均積極教導各種正念靜觀（mindful meditation）的方法，兩者均致力於培育正念的歷程及相關的理念。

辯證行為治療與接納承諾療法不教正念靜觀，但引用其他正念練習，以促進覺察和專注。兩者主要著眼於處於正念狀態時的認知體驗。

除此之外，還有許多具實證研究基礎的正念方案，例如正念藝術治療、正念分娩與養育（MBCP）、正念飲食治療等等。正念介入（MBI, Mindfulness-Based Intervention）或正念方案（MBP, Mindfulness-Based Program）一般是這類訓練的統稱，中文的表達就是「正念〇〇〇〇」。然而不是只要以正念為名的都有研究基礎，越來越多是個人的發想創見。話又說回來，也不是具科學研究基礎者才有價值，許多創新的正念學習也都在各自的領域中成長茁壯。然而上述這些大部分還是從臨床

4 本統計及更多正念研究資料可上網搜尋：American Mindfulness Research Association(AMRA)。
5 篇名："Mindfulness-based Interventions"。

的觀點來看，而非臨床領域發展最快速與興盛的，大概就屬校園和企業了。尤其是幼兒園、小學與中學，許多有正念訓練與創意的老師，成功將正念帶入校園或融入日常教學中，提升學生的專注力、情緒調節能力、減少同學間的霸凌。在華人正念減壓中心有一群充滿愛心、耐心與熱忱的夥伴，多年來一直默默把正念帶入校園，其中尤以吳佩玲社工師經驗最豐富，她所帶過的班，不論在專注度、學業成績、同學間的友善氛圍都顯著提升。而在企業，大家開始發現原來不只是小孩子難以專注，成人可能更嚴重而且付出的代價更大。從總裁到工讀生，擁有清晰的腦袋、穩定的情緒、壓力的調節、放鬆的能力不再是理所當然，而是需要持續的在職訓練。

二〇一四年二月出刊的時代雜誌（TIME）以「正念革命（The Mindful Revolution）」做為封面故事，闡述正念訓練在各領域的蓬勃發展，彷彿也預告了一個新的發展趨勢。這新的發展趨勢讓我聯想到在宗教所讀過一篇很棒的文章，提到現代許多人選擇沒有進入宗教場域，但不等於沒有宗教情懷，這些人對人或對生命具高度熱忱，不屈不撓，看淡世俗名利，相信人間有愛且願意付出。但這些人傾向於選擇以個人化的方式修練自己，對於投入某個特定屬性的宗教團體顯得興趣缺缺。這與當代正念重視自我修練的特質不謀而合。

兩岸第一次的當代正念課程

在臺灣，第一位完整上過八週正念減壓課程者，可能是臺北放生寺住持演觀法師，他特別前往香港跟華人首位獲得MBSR與MBCT雙師資認證的馬淑華（Helen）老師以粵語學習。課程結束後，馬老師問法師感覺如何，法師說：「好失望，太簡單了。」據聞馬老師笑笑地說：「確實，對佛教修行人而言，這課程是真的很簡單啊。」法師接著也笑笑地說：「正是因為太簡單，所以每個人都可以學，這是很好的事情啊，值得推廣。」法師很謙卑地認為，即便他有禪修基礎，課程也很簡單，但他仍不具備教學資格，因此在二〇〇八年特別邀請旅居美國的蔡淑瑛女士回臺灣教八週正念減壓課程。雖然很少人知道，但這應該是臺灣第一次的正念減壓課程。之後陸續有人從美國、英國學習後返臺，啟動了當代正念在臺灣的發展。

在大陸，正念的種子由卡巴金博士受童慧琦老師的邀請，於二〇一一年親自播撒於北京、蘇州與上海。之後又有數位重量級的西方當代正念老師陸續造訪大陸，開啟大陸同胞學習當代正念的大門。當時以及後續幾年的翻譯大將方瑋聯（Kevin）老師，則在這些大師離陸之後，繼續以愛心和耐心支持當代正念在大陸的生根和發芽。

然而，正念在蓬勃發展的同時也出現淺薄化與商業化的隱憂，有位朋友說得好，正念者，深者見其深，淺者見其淺。希望所有對正念有興趣的朋友一本初衷，在正確的理念、實踐與架構下傳遞正念，讓當代正念在華人世界扎下深深的根，才能造福更多人。勿因時代慣性而僅扎淺根，推波一時的流行風潮，潮後船過水無痕，那就可惜了，畢竟這是可以提升生命品質的練習。正念的學習可以透過參加八週正念減壓訓練或是密集工作坊，但若希望成為傳遞正念的種籽或師資，就需要有深度學習的準備而非急就章，畢竟我們不會的肯定教不出來。

我在大陸第一次授課

二〇一五年底我接到一通來自大陸的電話，一個完全不認識的年輕人，口音重、聽起來都有點吃力。他表明自己的身分，提到參加臺北書展經朋友介紹《正念療癒力》，他買書回去閱讀後非常喜歡與感動，因此希望邀請我去大陸上課。聊完後，我婉謝了他的邀請，一方面不認識，更重要的是我不知道如何去大陸上八週正念減壓課程。

沒想到，不久後他又再打電話來，說過年期間要來臺灣拜訪我，當然也順便再邀請一次。我非常歡迎他來臺灣，也誠實說明我對於短天期課程的實質效益持保留態度，所以高度偏好八週完整的正念減壓課程，對於去大陸開短期密集訓練課實在沒多大興趣。我清楚跟他說，如果去，一定要能真的幫助到需要的人，不然對我是生命的浪費。他相當贊同，也提到他對生命的理想與對正念的看法。一段時間後，他又再打電話來，跟我說過年他沒辦法來臺灣了，再次提到課程。我心想他還真鍥而不捨，這次我被感動了，我們認真討論如何兼顧時空限制與學習效益。

二〇一六年春天，剛辦完六百人次參與的鮑伯（Bob Stahl）老師的工作坊與五日止語專修後不久，隨即在四月底飛往北京。四月三十日我第一次跟金燦燦先生在北京見面，隔天在一個狹長但一整面牆都是玻璃窗的瑜伽教室內，開始我在大陸的第一次正念課程。依然沿襲在臺灣的習慣，大家都直接以名字稱呼彼此，不叫我老師，因為在座每一個人都是老師，當然也都是學生。這次的課程中有北京知名醫院的醫師、主任、護理人員等，也有長期抑鬱的病人與嚴重焦慮症患者。剛開始有病人表示知道要跟醫護人員一起上課壓力很大，但當他們真的感覺到無差別地對待時，心就漸漸安穩下來了。我打自內心深處地認為，人，最重要的是要活得像人，所有的頭銜都只是一段時期的角色，在某段時期，所有的必要條件與充分條件在對的時間都具備了，你就是這個角色。如果關鍵條件變化了，那麼不是這個角色換人做，就是我們轉換成別的角色。而所有的角色都是相互證成的，沒有絕對的高低尊卑，沒有孩子就沒有父母，沒有學生就沒有老師，沒有病人就沒有醫師，都是你中有我，我中有你啊。

學華，北京大學第六醫院臨床心理科的護理長，她表示這次來是不知道五一長假還能去哪兒，因為一年前摯愛的母親過世了。這對她打擊相當大，內在處在極為不安的狀態，好像感覺生命有一塊空掉了，而且，永遠不見了，無意義感悄悄滲透侵蝕中，無家可歸與心力交瘁的感覺揮之不去。然而，隨著課程進行，練習持續開展，學華一點一點安全地靠近自己，一點一點溫柔地與自己重新連結，每一天都有新的探索與發現，碎裂的心彷彿重新被組裝起來，以一種全新的、無法預期的、不假外求的、溫和探索的陌生形式。多年精神專科的訓練，學華當然敏銳地留心到自己的轉變。她好開心找到自己內在的力量，靠著練習重新拾回生命的意義與熱忱。

志清，學華的好同事，一度有點後悔五一假期沒陪家人去玩卻跑來上課，皺著眉頭率直的說：「我感覺會來這裡上課的都是有病的人。」對於這種話，我從來不會當成是威脅或攻擊，相反地我會覺得這種人如果是朋友絕對是最有義氣者。這讓我聯想到佳蓉，我第一次在臺灣癌症希望基金會上課時，她也直截了當地表達：「我是因為聽你講得不錯才留下來喔，你要是上不好下一堂我就不來了。」對我而言，這樣的人都好真實、好可愛，我本來就喜歡直來直往更甚於表面的溫文儒雅。所以我開玩笑地回：「真正有病的，還沒進來。」然後簡單討論了一下什麼叫有病、誰有病等等，在歡笑討論中，志清的心慢慢安穩地回到課堂裡。

經過四天的培訓後[6]，學華與志清從未斷過正念的學習與練習，她們持續用功地探索各種穩當的方式把正念練習帶給病人，例如每天集合住院病人上課，她們可以做的部分就自己帶領，她們教不來的就放錄音檔或邀請外部老師的協助。許多反覆住院的病人反應非常好，有的還抱怨怎麼這麼晚才教他們這些正念練習。在例行公務已經非常忙碌的狀況下，學華與志清堅持把正念持續地落實在自己與病人身上，這點我實在非常感佩。三個月後我再度回到北京上課，志清與某位學員的互動讓我以為那是他的親戚，後來才知道是他們的病人，猶如家人般的醫病關係讓我很感動。這次他們帶了一些挑選過的病人來，全程陪伴與重新學習。

慢慢地，他們在醫院進行更多的鞏固正念練習的工程，例如自發性地帶著病人每天線上一起練習（方便已出院的病人），帶著有興趣的醫護人員每天讀誦《正念療癒力》一個半小時。大陸近幾年很流行「讀書」，像小學生，真正用聲音唸出書裡的一字一句，而不是在心裡默唸，這麼一來，保證人在心在。她們好開心地練習與學習，好開心地探索與運用，好開心地看到病人陸續好轉。我則好驚訝她們所做的一切。學華興奮地跟我分享到二〇一七年初冬時，他們所影響者已經超過六百人了。現在，他們每天安排住院病人一天做三個小時的正念練習，讓病人在出院前養成習慣，回去持續自行練習的效果很好，他們都好興奮。我聽得既感動又驚嚇，感動於他們對病人持續的愛與付出，驚嚇於怎麼有這樣的魄力、創意、整個醫療團隊的共識與辛勤努力。

這樣的正念小天使越來越多，有的小天使關照病人或醫師、有的關照學生或老師、有的關照同事或客戶、有的關照罹患重病的家人，但每一個人都知道需要關照好自己。不論在順境或困境，每個人都用合宜的方式澆灌滋養自己的生命，綻放屬於自己的花朵，不用跟別人比較高低、香氣、形狀、功能或受喜愛的程度，每一個人都是獨一無二的，每一個人都可以活出自己的生命意義與價值，就像每一朵花、每一根草、每一棵樹都是唯一的，卻也是豐富整體的一部分。

6 之所以安排四天，因為那是我當時可以給的最多天數。

02 釐清正念練習的六個誤解

二〇一六年我們邀請麻大正念中心的資深老師正念鮑伯（Bob Stahl）來臺灣授課，他們出發前看到美國有個「正念學口琴」的廣告，我們聽了都啼笑皆非，彷彿加上正念兩個字就是票房保證。這是喜，也是憂。喜的是，有更多人因為正念學習而獲益，身心得到更好的平衡與和諧。憂的是，正念市場化之後還可以維持多少純度、是否會被誤用、是否會被過度簡化、其修練的本質是否會變調、是否會被大幅地以正念之名行商業掠奪市場之實？這些，都是身為正念帶領者所應覺察、思索與避免的，**我們需要不斷地問自己：我是誰？我為什麼要做這個？我真正想要的是什麼？而我真實在做的是什麼？我的初衷是？當下重要的是什麼？**這些問題必須不斷、不斷地自問自答，才能讓自己不至於走偏方向。

正念科學化、世俗化與普及化之後，有些誤解也流傳著，本文希望能針對一些重要的混淆，有些討論與釐清。

【誤解1】把正念視為一種治療

當代正念訓練，本質上是療癒之旅，而不是一種治療（therapy）。治療，是有一個比較厲害的他者（例如醫生），來修理（fix）不良的部分（例如盲腸炎）。然而正念是自我修練，老師引進門，修練還是靠個人，因此沒有外來的他者。**正念修練中不採用二元對立的觀點來看世界**，因此沒有絕對的良或不良，沒有要修理任何東西。生命中的良或不良、正向或負向、喜歡或不喜歡、順或逆……所有一切，都有其意義與價值，亦有其值得觀照與學習的面向。一般而言，生命一帆風順時沒有療癒的需求，總是在被風浪打得七昏八素時才需要。

療癒可以採群體的方式進行，但步上療癒之路還是得一個人自己走，就像參加飯局，只看別人吃是不會飽的。療癒是指在面對自己的各方面時，不再隱藏、不再壓抑、不再講大道理、不再擴大、不再視而不見，而能溫和趨近，輕柔承接，安然共處。於是心中的陰暗、禁忌、地雷，慢慢被照耀、解禁、拆雷。這是勇敢又溫柔的英雄旅程，沒有要走給別人看，也不在乎是否有人看；沒有特定進程，總是關照當下的狀況而採取適當的速度。

因此分辨治療與療癒是重要的。如果學員把正念當成治療，很容易產生不切實際的期待，好像這是個神奇的課程，可以迅速把痛苦、煩憂、病症去除。而從療癒的觀點，也許最佳的療癒者是受過良好訓練的「負傷的療癒者」（wounded healer），因為他最能感同身受，最能全然接納與深層理解所面對的困難，而不是高高在上地下達治療或修行指令。麻大正念中心第二位執行長薩奇的書《自我療癒正念書》，輕柔但清晰地描繪出正念的療癒之旅，是一趟趨近痛苦困難的英雄之旅。因此，雖然引進門的老師也很重要，但**正念修練的主角其實是自己**。

【誤解2】把正念視為一種心理治療

正念近十多年來對心理治療或諮商領域的影響很大，但不能這樣就把正念化約為心理治療。心理治療通常有個目標，最常見的是以具備社會適應性為終點。然而，正念修練除了心理層面的想法與情緒，身體的覺察更是關鍵。正念訓練的層次是從身體覺察開始，再擴及感受和想法，再擴及與其他一切。身體覺察是正念訓練花最多時間的地方，從一開始到……嗯，最後一口呼吸吧。

實際上，身與心是高度相互依存與相互映照的，身體不適會影響心理，心理不適身體也會有反應。如果正念練習的方向與方法都對，對身體與心覺察的敏銳度都會高度提升，同時也比較看得清楚身體與心光速般的交互作用。面對不適，正念的處理方式一般會從身體著手，覺察身體當下真實的感覺，領受到不適的部位時，先好好照顧它。這裡的照顧不是指「去除不適」，而是指「溫柔同在」，領受其中的起伏變化，如此一來，身會漸漸穩定安頓，心也會跟著比較平穩[7]。因此，**正念是同時關照身與心的**。**心理治療者，心裡有病症方需要治療**，而**正念是身心的自我修為，有無病症者均可練習**，因此正念不是一種心理治療。但正念練習對心理有病症者的效果很直接，近年來心理治療師或諮詢師常採用正念的各種方法來幫助個案，甚至幫助治療師自己，所以正念是心理治療的好朋友。

7 懷疑嗎？很正常。因為這是需要身體力行的練習才能體會，而不是從大腦的思辨與推理。因此，如果您尚未開始正念的練習，也差不多是時候了。

【誤解3】把當代正念訓練視為認知行為治療（CBT）的一部分

如上所述，正念不是心理學、不是心理治療、不是哲學，甚至不是一套知識系統。**真正進入正念只能從實際的練習獲得，無法靠思辨或縝密的推論來取得，太多的邏輯思維在正念中反而容易卡住，無助於清晰的認識與理解。**許多思考上關於正念的疑惑，答案都在練習裡，而不是在知識中。正念是修練，不是學問，也不是心理治療，更不屬於認知行為治療，因為正念練習在兩千五百年前就存在了。但既然正念不是心理學的領域，就更不會是隸屬於正向心理學了。

【誤解4】把正念當作是一種放鬆訓練

老實說，當代正念練習真的很舒服、很友善，因此很多忙碌又疲憊的人們願意學習，但即便如此也不能失焦地認為正念就是放鬆訓練。正念是在學習覺察（awareness），覺察是內在亮度，清楚領受當下真實呈現的一切，不論是舒服的或不舒服的、喜歡的或不喜歡的、緊繃的或放鬆的。

當我們說「放輕鬆」時，表示在這個當下是不放鬆的，因此才需要放鬆。如果當下是放鬆的，我們就不用放鬆了。當我們說放輕鬆時，不知不覺中，正在給自己一個指令：去追求一個當下尚未達成的目標。但若不幸地未能達成放鬆的目標，反而容易導致更加緊繃或沮喪。所以，放鬆著眼在未來，目標單一會有成功與失敗。覺察，只發生在當下，覺察就是覺察，沒有好的覺察或壞的覺察。唯有了知當下真實的狀態，才能做出對自己最合宜的選擇，而放鬆是其中最自然又直接的選擇。因此，**覺察可以帶來放鬆，但放鬆只是覺察下的副產品，不是目的，覺察還有更多元與更深刻的效益。覺察既是方法也是目的，可以帶來生命全面的提升與轉化。**在覺察中沒有失敗這回事，沒有成功的覺察或失敗的覺察，有的只是覺察的熟練度、穩定度與程度上的不同而已。因此，正念覺察不是放鬆訓練，但如果想要確實長期有效地放鬆身心，覺察能力就是一定要具備的。

【誤解 5】以為覺察等於思考

思考的同義詞包括思維、想、思索等，是一個概念化的歷程。以一個簡單的問句來討論這個議題：「你在呼吸嗎？有什麼感覺嗎？」

A：「有啊，我知道我在呼吸啊，沒什麼感覺。」這樣的知道是建構在過去的經驗與常識的推理，但未能真的感覺到氣息在體內的流動，是一個簡單淺層的快速思維。

B：「有啊，我在呼吸，可以感覺到氣息在鼻腔內進出的感覺。嗯，還會讓胸腹起伏。」這種感覺來自於當下的體驗，與過去經驗或推理無關，這就是覺察。

舉凡專家、知識份子或愛閱讀者大多都喜歡思考，至少是自己專精的領域，但未必擅長覺察。我在學習正念之前亦喜歡並擅長思考，但也經常想得很累。然而，**學習正念之後我發現到一個嶄新的領域——思考腦暫歇而覺察腦開始被喚醒。當思考腦不再喋喋不休，運作效能反而更好，十分有意思。**雖然我無法界定思考腦與覺察腦在大腦結構上運作位置的差異，但我相信肯定不是一樣的。

下面我以表格的形式，呈現思考與覺察的差異，以利讀者能簡單迅速地分辨思考與覺察，倘若誤把思考當覺察可是會越練越累的喔。

	思考（thinking）	覺察（awareness）
基本樣貌	思維的運作，認知的歷程	局部或全面的感知，基本包括身體、情緒、想法、行為、環境
主要呈現形式	想法、語言、文字	感覺、感知、直覺
運作落點	整個都在腦部運作，不在意身體	既包括頭腦也擴及全身，更在意身體
訓練方式	組織、比較、推理、邏輯、辯證	身體力行的練習
使力狀況	相對用力，且消耗大量能量	較不用力，甚至可以儲存能量
聚焦特性	單一焦點或單一焦點間的切換	可單一焦點、多焦或廣角
距離	全然地投入或捲入	觀察與領受，沒捲入亦非冷漠疏離
與不悅的關係	隱約中常涉及情緒	較不涉及情緒
例句	我在思考這案子要怎麼寫	當我在思考這案子要怎麼寫時，覺察到有點憋氣、肩膀微聳，心情還算平穩
場域	學校教育的核心	正念訓練的核心

對大多數人而言，思考能力遠大於覺察能力，如左頁圖(1)：

持續的正念練習，可以慢慢地讓思考與覺察兩種能力，獲得較適切的均衡狀態，如圖(2)。

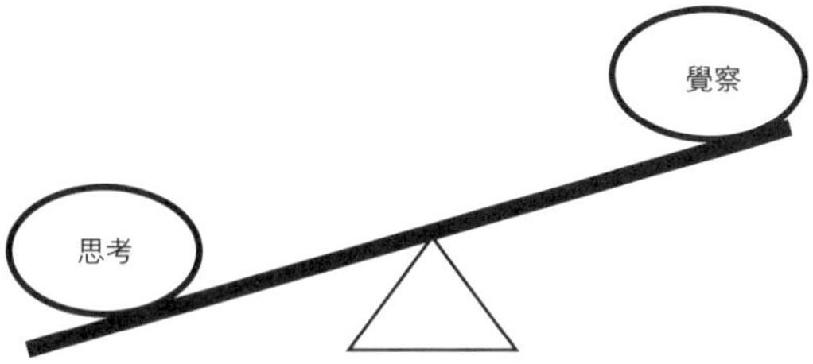

（圖1）

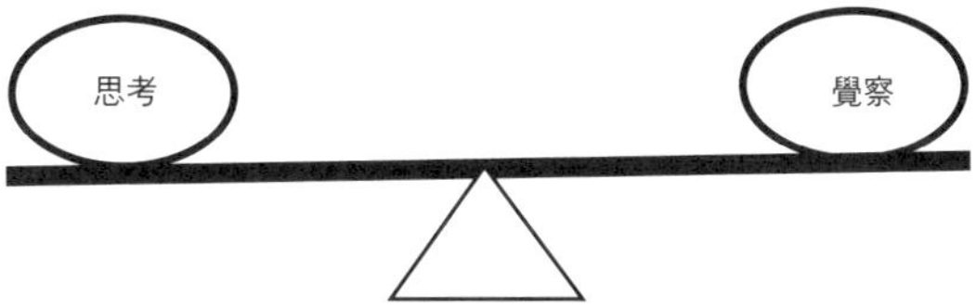

（圖2）

【誤解6】以為正念就是轉念

許多人在上正念（減壓）課程後，對於日常生活的膠著或困頓會產生一種領悟，而這般領悟最明顯的轉變就是在想法念頭上的轉向，原本很執著的點可能學會放下，原本放（或退）太多的可能學會面對與承接。於是很容易自己導向一個結論，就是正念就是學習轉念。

一般人在心情不好而跟親友傾訴時，親友也許會這樣勸我們：「你轉個念頭不就好了嗎？」然後會開始分享我們執著的點，以及可以如何轉念的觀點。也許我們會因此而豁然開朗，也可能覺得親友所言甚是但就難以如此輕易轉念啊！在這樣情況下，轉念是「因」，如果轉念成功了，那麼就會有比較美好的「果」，或至少果的苦痛會少一點。在這情況下，轉念是在思維層面的運作，如果轉念成功了，我們就比較能放過自己或他人，退一步，海闊天空。但麻煩的是，那一步，對當事人而言，好難。

正念的練習幾乎無可厚非地會帶來轉念的效果，但卻不表示正念就是在練習讓自己轉念。正念練習中的轉念，來自於對身體、心理、環境的覺察，在清明的覺察中因為看到更清晰的整體脈絡，而不再陷溺或過度認同於自己的觀點，轉念於是成為自然而然的選擇。因此，在正念中所產生的轉念，其實是「果」而不是「因」，主要來自於覺察而非思考，而正念覺察的層面包括身與心而非僅為思維作用。這其實有點像放鬆，在正念覺察中我們自然知道如何放鬆，而放鬆是覺察下的「副產品」，轉念也是。

以上這六個層面的探討，包括：(1)正念不是治療；(2)正念不是心理治療；(3)正念不是認知行為治療的一支；(4)正念不是放鬆訓練；(5)正念是在練習覺察而非思考；(6)正念不是轉念。幫助我釐清正念練習上的定位，也避免走偏而不自覺。希望這些討論有助於您掌握正念學習的梗要。在下一篇文章中，我將進一步從實踐的層面討論，在什麼情況下的正念練習可能已經走偏了。

03
正念之路，你走對了嗎？

二〇一〇年夏天，當我踏入麻州大學醫學院正念中心（CFM）的教室時，臺灣或大陸還沒幾個人聽說過正念減壓訓練（MBSR）。二〇一六年當我取得第一位被CFM認證的臺灣正念減壓老師時，臺灣已經有好多個正念機構了。在大陸，從二〇一一年開始，陸續有數位歐美資深正念老師造訪[8]，CFM也在北京開了多次的訓練課程，當代正念在整個華人圈如雨後春筍發展迅速。

這是好事，也是隱憂。好的一面，是更多人將因為正念的修習而受益。憂的一面是許多教學者只上了一兩次正念減壓課程或者五、六天的密集正念工作坊，就開始授課了。有些人甚至只是看書，就開始教，因為正念訓練表面看起來真的很簡單。這種情況在國外叫做Learn one, see one, teach one（學一招，見一人，教一人）。

8 這些老師基本上也都來過臺灣，感謝所有推動的參與者與機構。

知識上知道正念不代表能夠教導正念

在我們學習的歷程中，絕大多數的課程，教導者與所教導的內容是兩回事。舉例而言，教導腫瘤醫學的教授，不需要自己罹患腫瘤才能了解什麼是腫瘤；教導天文科學的老師不需要去過外太空；教導英語的老師不需要真的去過英語系國家；教導歷史的老師當然不可能回到過去。因此學問的建構是靠思維、記憶、邏輯、推理等能力。然而，這樣的學習與教授的歷程，在正念領域就非常不一樣了。在正念的療癒之旅中，帶領者的狀態其實必須與所傳遞的正念訊息一致，因此在帶領過程中，絕大多數的正念帶領者都是親自指引，而不是放錄音帶（雖然也不是不行）。帶領者與學員做的練習是一樣的，帶領者所呈現的想法、情緒、肢體語言都是內在的映照，也都是修練的歷程。因此帶領者本身的練習實踐與深化程度是授課品質的重要關鍵，而不是學歷、經歷或頭銜。

對許多人而言，太習慣用思維看世界，很容易在不知覺中，串起這樣的等式——

知道了＝懂了＝會了＝可以做

然而沒有足夠的練習，真實的狀況是——

知道了≠懂了≠會了≠可以做

知識上的認識很可能只是半懂，另外一半靠想像，或者靠其他學門想當然耳的類推。於是教導的基礎是大腦的知識與思辨，而不是練習、覺察與同在。如此一來學員或許多少能獲益，但若實際運用時很容易就卡住了。

麻大正念中心強調「正念教導來自於自身練習」（Teaching out of practice）。因此，練習是一切的關鍵。練習，不是指一天靜坐幾個小時，而是指時時刻刻保持覺察的程度，以及慣性反應（RA, react）相對於有覺察地回應（RS, respond）的比例。

慣性反應（RA）／有覺察的回應（RS）＞1。

慣性反應（RA）／有覺察的回應（RS）＝1。

✓慣性反應（RA）／有覺察的回應（RS）＜1。

三者的意義是相當不一樣的。對正念實踐者或帶領者而言，比值當然越小越好。

別給正念套上美好假象的光環

很多人在學習正念的歷程感到很輕鬆愉快，於是很快就發展出「覺察當下，一切美好」的論調，一種自我催眠的美好。這其實是對正念、也是對覺察嚴重的誤解。

覺察當下，重大疾病不會神奇地消失。覺察當下，原本壓抑假裝沒看見的情緒，可能因為允許浮現而更顯著與難受，更需要學習面對與承擔。當下就是當下，有愉悅的、傷心的、憤怒的、理智的、祥和的、擔憂的、焦慮的、不確定的……切勿因為學習正念，就將所有負面情緒封裝，外面貼上可愛笑臉。正念允許情緒不好、允許生氣、允許不知所措，而且外面不需要貼上任何美麗標籤或封條。

還有一種美好假象是，認為學習正念需要呈現祥和圓滿狀。原本可能有喜怒哀樂的人，學了正念之後看起來好像聖人，或者常以聖人的樣子來要求自己。（這部分是對自己，但也可能對所謂的正念老師有這樣的期待。）崇拜正念老師，或者刻意塑造某種美好形象，創造別人崇拜的正念老師，都是不需要與不可取的。學習正念過程中，可以尊敬，但不需要崇拜。如果發現自己越學越貼近真實的自己，那麼走對路了；如果越學越希望成為某種樣子或羨慕某種樣子，那就需要重新仔細審視，很可能方向已經偏了。同樣的道理，如果發現越學路越寬廣，那麼是走在正確的路上；如果發現越學心胸越狹隘，或者越想用正念賺錢，或者覺得自己越來越厲害，對人卻越來越無感，這些跡象都顯示走偏了。**走偏了怎麼辦，回正就好了。就像念頭跑掉了，回來就好了，不需要有多餘的擔憂或想像。正念，幫助我們成為更真實的自己，而不是虛假優雅地呈現某種美好樣貌，甚至隱約地睥睨他人。**走在正念修習的康莊大道，路會越走越寬，心會越練越柔軟有彈性。

許多專業人士透過閱讀科學研究文獻而認識正念，因此經常會誤以為正念發源自西方。然而，正念，原本是東方修行人開展出來的修練方法，經由卡巴金等西方菁英萃取出精純元素後，以非宗教無儀軌且加入科學研究的方式傳授給一般大眾。而今，再傳回東方。接下來的三篇文章，我將回歸早期修行人的紀錄，進入佛典了解正念修練的基本架構與方法。

04 回溯正念的源頭（一）

四聖諦

卡巴金博士所發展的當代正念，去除了所有宗教層面上的內涵、儀式及語彙，留下最精要的修練方式，猶如清澈的水，讓每一個人都可以自由啜飲，也讓科學研究得以進行。因此，如同《正念療癒力》及《自我療癒正念書》，在這整本書裡看不到任何宗教性的語詞。這是當代正念非常重要的關鍵，在用詞上的高度覺察，是對所有不同（宗教）人士的高度尊重，也是我所學習與傳遞的正念的精神，因此，在我課堂上的夥伴曾有佛教法師、一貫道信友、天主教神父與修女、虔誠基督徒、摩門教教友等，完全沒有適應上的困難或障礙，還原正念本來就是無疆界的覺察能力。

有趣的是，這個來自西方被證實有長期多元效益的教導，有著東方的血統，接下來這三篇文章試圖從佛教經典中，簡單探討正念的源頭，改編自我在政大宗教研究所[9]與國北教大心理與諮商研究所[10]的論文。也許正念還有更遠的源頭，但這裡並沒有要做文獻式的考究，亦非我能力或志趣所企及。為什麼是佛教經典？因為正念修習在佛教經典中記錄得最清晰，保留得最完整，是目前實際上仍盛行的教導。然而，正念其實是每個人與生俱來的能力，古今中外各大宗教傳統都可以找到相

9 未出版的論文《漢譯「雜阿含經」緣起說之研究——以心理實修為視角》。
10 未出版的論文《正念減壓團體訓練課程之行動研究》。

關的修行脈絡。話又說回來，每一個宗教或教派均有其核心發展價值與方向，在宗教所的四年碩士學習生涯中，讓我印象最深刻的是佛陀沒有創立佛教；耶穌沒有創立基督教；伊斯蘭教是溫和友善的，在當時堪稱最尊重婦女權益；很有趣的是印度教，到處都是神；中國傳統宗教則有清楚的位階。這些偉大靈魂實踐的是生命的道路與真理，正念，是其中之一。

在往下閱讀之前，建議暫停一下，觀察自己的心，有沒有正在編故事，是否有些許不適？如果有，停下來，觀察內在的想法變化與身體感覺，同在一下下。刻意地把呼吸帶入身體、帶入不舒服的位置。覺察本身沒有宗教、國界、性別、社經地位的差異。覺察當下自己的身與心，漸漸感到平衡和諧後，再往下走。

卡巴金博士二〇〇三年在〈脈絡下的正念介入：過去、現在和未來〉[11]文中指出：

> ……佛陀是天生的科學家兼醫生，他用自己的身、心與經驗，帶出一系列深刻的洞見與人類基本問題（貪瞋癡）的解決方法。這些在梵文稱做dharma，就像是物理學中的法則或是中文的「道」（事情所呈現的樣貌）。這些「法」既非信仰亦非教條或哲學，而是心智、情緒、痛苦的本質以及釋放痛苦的方法，特別是關於心的各種訓練與正念專注的能力。因此，不論是「法」或正念都是普世且可以驗證的，並不局限於佛教。

某個程度而言，我們都有正念，因為這是人與生俱來的能力。雖然在其他傳統也有正念的教導。然而，在過去兩千五百年的歲月中，佛教的傳統無疑將正念修習做了最淋漓盡致的發揮。對佛教各個支派而言，正念都是注意力的基礎訓練。

闡述正念的主要源頭在安那般那念經（Anapanasati Sutra）與念處經（Satipathana Sutra）。在這些傳統中，正念的修習是包含在一個更大的、關於無害（nonharming）的修行架構下。這些架構說明了沒有經過訓練而紛亂的心可能會對自己與別人造成的危害，而經過靜觀訓練的心可以帶來的潛在轉變——如沉靜、淨化心智、打開心胸、去蕪存菁。正念的練習讓我們學習一種深層的、直接穿透而不經由概念地看到心智與事物本質的能力。

上述提到正念源於〈安那般那念經〉與〈四念處經〉，對西方人而言，這些經典可能相當遙遠，除了傳統與宗教上的差異，語言的隔閡更大。然而，早在一千多年前這些經典就已經有極佳的中文翻譯版本。目前這些佛陀原始的教導只存在於巴利文和中文，巴利文是一種古印度語言，已經沒有人在日常生活中使用。但中文還有數十億人在用，包括你、我。身為中文使用者，我們何其有幸能擁有完整的智慧與寶藏，為何要棄之不顧，而只汲取來自西方的養分呢？於是以下兩篇文章將依據現存最早經典之一的《雜阿含經》來說明「安那般那念」與「四念處」。

解決問題的四個歷程

不過在此之前，我想先提出「四聖諦」，四聖諦是四個顛撲不破的道理，在解決問題上提供一個清晰明確的結構，相當好用。往下閱讀會發現這結構對多數高效能工作者其實並不陌生，陌生的只是使用的語詞不同。正念，就是在這大架構下的一環。明白整個大架構，將更能掌握正確學習正

11 原文："Mindfulness-based interventions in context: Past, present, and future"。

念的方向。既然是在解決問題，那麼先以每個人都會有的感冒為例，基本上會經過以下歷程：

(A)【確認問題】：感冒時有各種不舒服的症狀，如打噴嚏、流鼻涕、頭暈、頭疼、發燒、咳嗽、四肢無力等。當我們去看醫師時能清楚表述症狀是非常重要的，這樣醫師才能做出正確的判斷。

(B)【探究問題成因】：看醫師之前通常我們不禁思索，怎麼會感冒呢？是哪天著涼了嗎？還是被感染？希望找到感冒的原因，下次才知道如何避免。

(C)【問題最有效解決後的狀態】：我們希望盡速恢復到未感冒前體力與活力的最佳狀態。

(D)【有效處理問題的各種方法】：醫師開藥，並提醒如何照顧自己，例如按時服藥、睡眠要充足、不吃油炸刺激性食物或冰涼食物等。許多人也會自行探索如何能讓自己更健康的方法並加以實踐，例如運動健身、調整作息等。

再舉一個例子，銷售出去的貨物被廠商退貨：

(A)【確認問題】：蒐集廠商的抱怨內容。

(B)【探究問題成因】：跨部門探究可能的種種原因，例如生產線出問題、人為疏失、運送過程瑕疵、溝通不良等。

(C)【問題最有效解決後的狀態】：問題獲得解決會是什麼樣子，例如增加與廠商的信任、提升公司信譽、增加銷售量等。

(D)【有效處理問題的各種方法】：例如加強管理、生產線流程改善、加強人員的教育訓練、改善產品設計、提升溝通效能等。

依這個模式我可以舉無數的例子，因為對任何有效能者而言，此問題解決模式是最有效的路徑。坦白講這個解決問題的架構並沒有很特別，但功力的差別主要在於：

(A)【確認問題】時，對問題理解的程度是否夠完整與正確。

(B)【探究問題成因】時，對造成問題的原因是否能精準掌握而非自己亂編故事。

(C)【問題最有效解決後的狀態】，解決問題的最高層次就是「不貳過」，也就是同樣的問題以後都不會再發生。

(D)【有效處理問題的各種方法】，所提出的解決方法是否真正有效還是只是出於慣性作為或受私欲所引導。

其實，就時間發展的角度看，這結構是兩兩互調的，A與B對調，C與D對調。因此依照時間發展的流程，應該是B➔A➔D➔C，亦即：B問題成因➔A問題呈現樣貌➔D有效處理問題的各種方法➔C問題最有效解決後的狀態。

佛陀關懷的主題是如何超脫人生無處可逃的各種痛苦，獲得真正永恆而且沒有副作用的自在。因此他提出：

(A)生命中每個人都會遭遇的痛苦有哪些（苦）；

(B)這些痛苦是如何造成的（集）；

(C)當這些痛苦獲得最有效的解決後會是什麼狀態（滅）；

(D)永恆脫離痛苦的方法（道）；

括弧裡四個字集合起來「苦、集、滅、道」，這就是所謂的四聖諦，四個永久解決生命之苦的完整架構。所以四聖諦其實是相當科學的，一點兒神祕色彩都沒有。

正念的基本原則——不妄不虛

那麼，感覺一下吧，「正念」會是在四個層面中的哪一個？

是的，在第四項的道諦，也就是脫離痛苦的方法之一。佛陀提出八個永久解決生命之苦的方法（即八正道），正念是其中之一；其他七個方法分別為：正見、正語、正業、正志、正命、正精進、正定。每一項都是具體的修行方法，全面地含括了一個人的思考、言語、行為、志向、謀生方式、認真方向與定力的培養等。不過在這裡我並不打算詳細說明各項，只挑出與「正念」相關的來看。

關於正念的修習方法，經典裡是這麼寫的：「若念、隨念、重念、憶念，不妄不虛。」用白話文講就是：「對於心中所出現的一切，不論是隨機浮現，或是思考、回憶等，不管是什麼樣的念頭或想法，最重要的是不要讓這些念頭成為妄想的或虛構的。」要奠基於事實而非一味的跟隨自己的想像或編撰更多的意念。

這個認識對於我理解正念很有幫助，正念等於正向思考嗎？正念等於放空嗎？正念只講當下不管未來嗎？經文的定義協助我清楚地掌握正念的基本原則就是「不妄不虛」，一旦進入虛構或妄想，不論自以為多麼地合情合理、或多麼地積極正向、多麼為對方著想，其實都已經不正了。

不妄不虛，這四個字看起來再簡單不過了，然而真正要落實並不容易，只要放下手邊所有的事情，閉上眼睛什麼事都不做也不睡著，觀察一下這時候腦中浮現的所有念頭，就會發現我們的思緒總是在過去與未來之間徘徊，在期待與擔憂之間兜轉，思緒衍生出思緒、再衍生出思緒、再衍生出思緒，不停地延伸下去直到我們編出合理的說法、情節或理論。在這過程中，有多少的思緒或念頭是虛妄的，然而我們對這些虛妄的、自己編製的想法念頭卻深信不疑，苦了自己也苦了別人。這則極短經文給我正念的最高指導原則，就是「不妄不虛」。

但是，如何可以做到「不妄不虛」呢？經典中有清晰、具體、白話又洗鍊的說明：

「一心正念，安住觀察，覺諸受起、覺諸受住、覺諸受滅，正念而住，不令散亂；覺諸想起、覺諸想住、覺諸想滅，正念而住，不令散亂。」

這裡可以分成兩個處理層面，第一個層面是「受」，也就是感受的層面，不論是身體感受或情緒感受；第二個層面是「想」，也就是想法、思緒或思考的層面。當我們在練習正念的時候，溫柔地專注於一個對象上，例如呼吸、身體變化或念頭想法等。過程中，如果有任何「感受」出現，就觀察這個感受浮現了，也觀察這感受在心中停留與消逝。不因為害怕感受而壓抑、逃跑、昇華或強化，因為越害怕，感受就越易為其所困，而是允許感受的出現、停留、消失或轉化。整個過程自己是感受與無情緒的觀察者和參與者，而不去強化或主導感受的變化。經過這樣練習，心才可能不被感受嚴重地牽動、攪和或狂飆。

類似的做法運用到念頭想法上，當心中浮現任何「想法」時，不用跟著它走，只要觀察想法的升起、停留、消失的歷程。這其實是很不簡單的任務，因為我們總是慣於把自己心中所浮現的感受或想法視為真實或真理，很少能從比較高的視角來觀看與體察心中的感受與想法，這種過於認同自己的感受、想法的現象，是許多困難或疾病的重要成因之一。

溫柔專注地觀察感受／想法的訓練方式，讓我們有機會與感受／想法保持一些距離，確實體驗與理解：感受與想法是來來去去的，未必是真實或事實。透過持續「不虛不妄地覺諸受起、覺諸受住、覺諸受滅；覺諸想起、覺諸想住、覺諸想滅」的正念練習，不死抓著某些感受或想法不放，也不冷漠忽視任何感受想法，我們開始給自己創造廣闊的迴轉空間，不再用自己的感受與想法，將自己或他人逼到牆角，生命才可能越來越開闊。

05

回溯正念的源頭（二）
安那般那念

前文是從宏觀的角度來理解正念，本文則探討西方學界在講正念時比較常引用的「安那般那念（Anapanasati）」，也就是卡巴金博士所說的正念的源頭之一。「安那般那念」是修練的名稱，是一種高度專注、向內觀察的訓練，從最基礎的呼吸覺察開始，一層一層地開展，到最後是觀察「寂滅」（全然離苦的狀態，亦為四聖諦中的第三層次「滅諦」）。

安那般那念修練的開展層次

【第一個層次】「念於內息，繫念善學。念於外息，繫念善學。息長、息短。覺知一切身入息，於一切身入息善學；覺知一切身出息，於一切身出息善學。」

白話翻譯：專注於吸氣，把持住念頭好好地學習。專注於呼氣，把持住念頭，好好地學習。長的氣息、短的氣息。覺察明白一切進入身體的氣息，對於一切進入身體的氣息，好好地學習；覺察明白一切離開身體的氣息，對於一切離開身體的氣息，好好地學習。

【第二個層次】「覺知一切身行息入息，於一切身行息入息善學；覺知一切身行息出息，於一切身行息出息善學。」

白話翻譯：覺察明白進入身體的氣息在體內如何流動，對於一切進入的氣息在體內的流動，好好地學習；覺察明白一切離開身體的氣息在體內如何流動，對於一切離開的氣息在體內的流動，好好地學習。

【第三個層次】「覺知喜，覺知樂，覺知心行，覺知心行息入息，於心行息入息善學；覺知心行息出息，於心行息出息善學。」

白話翻譯：覺察明白心中的喜，覺察明白心中的樂，覺察明白心中的一切變化，覺察心變化的同時也覺察進入的氣息，對於覺察心變化時亦能覺察進入的氣息，好好地學習；覺察心變化的同時也覺察離開的氣息，對於覺察心變化時亦能覺察離開的氣息，好好地學習。

【第四個層次】「覺知心，覺知心悅，覺知心定，覺知心解脫入息，於覺知心解脫入息善學；覺知心解脫出息，於覺知心解脫出息善學。」

白話翻譯：覺察明白心，覺察明白喜悅的心，覺察明白有定力的心，覺察明白心解脫的同時也覺察進入的氣息，對於覺察心解脫的同時也能覺察進入的氣息，好好地學習；覺察明白心解脫的同時也覺察離開的氣息，對於覺察心解脫的同時也能覺察離開的氣息，好好地學習。

【第五個層次】「觀察無常，觀察斷，觀察無欲，觀察滅入息，於觀察滅入息善學；觀察滅出息，於觀察滅出息善學。」

白話翻譯：觀察世間一切是無常的，觀察世間一切是會結束的，觀察沒有任何欲望的升起，觀察寧靜寂滅的同時也覺察進入的氣息，對於觀察寧靜寂滅時亦能覺察氣息進入，好好地學習；觀察寧靜寂滅的同時也覺察離開的氣息，對於觀察寧靜寂滅時亦能覺察氣息離開，好好地學習。

【最高層次】「是名修安那般那念，身止息，心止息，有覺有觀，寂滅，純一，明分想修習滿足。」這是修習安那般那念的總結。

白話翻譯：這就是安那般那念的修行方法，身可以休息安穩，心也休息安頓，但意識仍能清澈地覺知與觀察，全然離苦，純粹而專一，對於所有的念頭想法清楚明白，修習過程中就感到心滿意足。

從上述的說明，可以看出這樣的修行次第是一個層次接著一個層次完成的，一個層次修行到一定程度之後才可能進到下一個層次，無法跳著做。有趣的是經典中，佛陀還指出修習安那般那念對日常生活的好處，例如欲望會自然降低、事情與外務都會比較少、同時對飲食也更能自我節制。

原來，從古至今，複雜繁忙的生活方式，與這顆心的狀態有關。向外求的心或空虛的心，定不下來、靜不下來，因此無形中會找很多事情來讓自己忙碌，這樣可以不用直接面對令人難以忍受的空虛或面對自己的無能。**然而在修習安那般那念後，注意力開始收攝、集中，學習穩當地將專注力放在毫無副作用的觀察事項上。如此一來，就像搖晃的瓶子停下來後，瓶中的雜質自然會沉澱。**鍛鍊過後的心，能分辨清明與混濁，選擇清明而揚棄混濁的心智能力與行動力會逐漸增強，盲目追逐世俗成就的動力慢慢削弱，揮之不去的憂煩雜念漸漸減少，亦逐漸改善這顆心不斷追隨外境變化而兜轉起伏的現象，長期練習下來，當然活得更加輕鬆自在。

06

回溯正念源頭（二）四念處經[12]

接下來，我們來探討卡巴金博士所提的正念另一個源頭——〈四念處經〉，這項修練清楚地指出四個覺察的對象：身體的感知（身）、情緒、心情或感受（受）、想法、認知或觀點（心）、其他一切（法）。簡言之為：身、受、心、法。經典中有關四念處的說明如下：

「內身身觀念住，精勤方便，正知正念，調伏世間憂悲；外身、內外身觀住，精勤方便，正念正知，調伏世間憂悲。如是受、心、法，內法、外法、內外法觀念住，精勤方便，正念正知，調伏世間憂悲。」

四念處所教導的觀察對象並非外於自身，而是觀察自己的身體（身）、感受（受）、想法（心）以及其他一切現象（法），這四個項目的修習方法探討如下。

12這裡所分享是我個人的體悟與練習，未必與相關學者或修習者的觀點一致。即便如此，我始終相信，路，不會只有一條。宗教研究所的訓練讓我深刻體會，所有文本都涉及詮釋，而詮釋必涉及時空背景、觀點與視野，未必有絕對的對錯。

對「身」的修習——覺察內身、外身、內外身

修習「身」的經文內容為：「內身身觀念住，精勤方便，正知正念，調伏世間憂悲；外身、內外身觀住，精勤方便，正念正知，調伏世間憂悲。」

這段經文看似簡單卻不容易清楚了解，因為身體就一個，何來的內與外？難道所謂的「外身」是指別人的身體嗎？事實上，這可能是教界的正統詮解，因為受過南傳戒與北傳戒德高望重的性空法師（《念處之道》，二〇〇三年）即持此觀點，他認為：「在四念處的每一項修法裡，都說到內、外、內外三種不同所緣的觀察。若要成就觀，不但要很清楚地了解自己的名、色相續，名與色不斷生滅變化，也要觀別人的名色相續，名與色不斷生滅變化，若只能觀自己的名色相續，不能觀別人的名色相續，不能成就觀，無法證悟涅槃。」

此觀點對我來說是相當困惑的，因為如果要將注意力放在別人身上，不需要佛陀的教導，一般人的習性就是如此，而且人們常常就是因為把注意力放在別人身上而受苦。

此疑惑的關鍵在於區分內與外的基準點是什麼？

如果以「我」為基準點，則我本身就是內、我以外的所有他人就是外，此即上述觀點。不過，我認為這無形中會強化以「我」為中心的觀點，不太可能是佛陀的本意，因為佛陀核心的教法之一就是完全相反的「非我」，許多人亦稱之為「無我」。因此，個人不認為內外分野的基準點是「我」。若不是「我」，那佛陀的基準點會是什麼呢？

先從理解四念處的定義開始，四念處的經文是「身身觀念處，受、心、法法觀念處」，這其實是經文精簡濃縮的說法，完整的呈現是：「身身觀念處、受受觀念處、心心觀念處、法法觀念處。」經文中有許多疊字，以先前研究經文的經驗，不認為其中有任何一個字是多餘的可加以忽略，於是，我試著從容易理解的部分一步步地推進。

「身 身觀 念處」，從後面往前看，「念處」指的是注意力集中之處。然而，要集中在哪裡呢？這牽涉到觀察對象是什麼。這裡的觀察對象顯然是身體，就是經文中的「身觀」。用什麼來觀察身體呢？不是用顯微鏡或放大鏡，而是用身體本身，彷彿身體裡面有一雙眼睛在觀察自己的身體變化，即經文中的「身身觀」。因此，「身身觀念處」意指將全然的注意力，專注於以身體來觀察身體。

如此一來，「內身身觀念住」的在理解上可拆解為三組概念：內身、身觀、念住。念住或念處是全然集中注意力，集中的目的是觀察身體（身觀），觀察身體的面向可分成內身、外身、內外身。其中，已經隱含了內外分野的基準，換言之，所有的觀察範疇並未超越自身之外。因此——

「內身身觀」指的是觀察身體內部自然產生的各種變化，例如疲累或腰痠背痛等。

「外身身觀」指的是觀察身體表層因為與外境接觸而產生的各種變化，例如寒冷或酷熱等。

「內外身身觀」指的是觀察身體內部與外境之間互動所產生的交互作用或各種變化，例如打坐時被莫名的響聲嚇到，而使身體內產生呼吸急促或肌肉緊繃等現象；或者因心裡連結某個悲傷的狀態，而感到周圍環境很冷等。

如此一來，**對身體觀察的分野基準就是身體本身，而內身、外身、內外身的觀察，即統攝了從**

身體的角度可以觀察到的最大範圍。老實說，這樣的觀點與傳統教界或學界的理解並不相同，但我戰戰兢兢地認為可能是更貼近經文原意的。

最近閱讀到《念住—通往證悟的直接之道》（二〇一三年）第119頁也討論了內觀與外觀的詮釋，裡面有這段文字：「現代禪修老師對內在的、外在的念住，提出了各種不同的詮釋，有些認為『內在的』、『外在的』差不多就是它們字面上的意義，也就是空間上的內和外。他們指出，例如：外在的身體感受，就是在皮膚表層所觀察到的；而內在的身體感受，則出現在體內更深層的部位。」看到這段文字，我內心有種相互呼應的喜悅。不過，佛陀的教法本來就有很多不同的法門，只要能適切地掌握一個法門並落實修行，殊途是會同歸的。

對「受」的修習——覺察內受、外受、內外受

這部分經文採用精簡濃縮的語法，對「受」、「心」、「法」的說明只有：「如是受、心、法，內法、外法、內外法觀念住，精勤方便，正念正知，調伏世間憂悲。」還原一般語法，有關「受」的經文完整呈現實際應為：「內受受觀念住、外受受觀念住、內外受受觀念住，精勤方便，正念正知，調伏世間憂悲。」

當個體與外境接觸的瞬間，感受就已經升起了，不論當事人是否有覺察到，此等感受幾乎百分之百地牽動日後的作為與想法，這在《雜阿含經》中有關五受陰[13]相關經文中，佛陀解說得很詳細[14]。

如果對於各種瞬間升起的感受沒有清楚的覺知，所有的行事作為都會依照自己的好惡或慣性驅動，美好的感受希望永遠留駐，不好的感受希望趕快消除，這是人的本性使然，無形中卻也演化為

貪求執著與厭惡瞋恨，進而陷入無止境的苦痛。因此，對感受若能有清楚明白的覺知，就有機會引導或終止感受迅雷不及掩耳又無遠弗屆的影響。然而，感受既無形亦無影，應如何覺察呢？

佛陀說可以從內受、外受、內外受三個角度觀察。

「內受」，指的是從內心自發升起的感受。

「外受」，指的是因為與外境接觸所產生的感受。

「內外受」，指的是兩種感受的交互作用。

舉例來說，青少年外出晚歸，媽媽擔憂害怕引領盼望，看到孩子回來後卻不禁對孩子（外境）生氣責備。從媽媽的角度來看，她當時的內在的感受其實是擔心害怕（內受），然而當他接觸到孩子後產生的外在感受卻是生氣責備（外受）。在她表達出生氣之後，通常是孩子的反應決定了她的內外受：如果孩子的回應是立即道歉並保證下不為例，她會衍生寬慰的內外受；若孩子惡言相向，她將衍生痛苦難過的內外受。

在四念處中有關「受」的覺察訓練中，佛陀要求我們對於內受、外受、內外受都要有清楚地覺知，但不要黏著在感受上或被感受給淹沒了。

13 五受陰常稱為五蘊，即：色、受、想、行、識。

14 未出版的碩士論文〈漢譯《雜阿含經》緣起說之研究——以心理實修為視角〉（二〇〇七年）亦曾花些篇幅梳理。

對「心」的修習——覺察內心、外心、內外心

這部分經文依然採用精簡濃縮的語法，只有：「如是受、心、法，內法、外法、內外法觀念住，精勤方便，正念正知，調伏世間憂悲。」還原一般語法，有關「心」的經文完整呈現實際應為：「內心心觀念住、外心心觀念住、內外心心觀念住，精勤方便，正念正知，調伏世間憂悲。」舉凡思維、感受、邏輯推論、想像、幻覺等所有心理面的運用都是「心」。然而，在四念處中佛陀已經將感受特別標示出來了，因此這裡的「心」指的就是感受之外所有的精神作用，主要就是念頭想法等思維。

「內心」，是指從內在自發升起的各種念頭與思維。

「外心」，指的是因為與外境接觸所產生的念頭與思維。

「內外心」，指的是兩者的交互作用。

繼續用青少年晚歸的例子，媽媽在引領盼望時的內在想像（內心）：「孩子會不會被壞人拐了或是發生了什麼事情？」然而在看到孩子進門後她想的是：「這孩子真不乖，這麼晚才回來！」（外心）也就是與孩子（外境）接觸後所產生的思維。當孩子誠心道歉時，媽媽的會認為這孩子還算懂事沒白栽培（內外心）。反之，若孩子凶惡頂嘴，媽媽可能認為這孩子不孝甚至感到極度心寒（內外心）。在沒有覺察下，這兩個內外心後續所將引發的行為互動，大約是不難預測的。

觀察心的各種活動其實並不容易，一方面這彷彿不識廬山真面目，只緣身在此山中。另一方面，心的作用瞬息萬變且錯綜複雜，如林中猴猿、如脫韁野馬。佛陀所指示的內心、外心、內外心三種視角是非常具體實用的觀察面向。

對「法」的修習——覺察內法、外法、內外法

將濃縮經文還原為「內法法觀念住、外法法觀念住、內外法法觀念住，精勤方便，正念正知，調伏世間憂悲。」四念處訓練前三項的觀察對象是身體、感受與心思，這三項的範圍較為明確。然而，生命真實的樣貌並非僅由一個個輪廓清晰的集合所組成，於是佛陀用「法」的概念來含括其他的一切，這裡至少還包含了行為面、意識面以及世間運行的規則或現象。因為法的範圍太廣，難以找到一個典型範例，為避免誤導，此處省略範例說明。不過，內、外、內外的分界應該還是與前三項相同的，重要的是要對每一個升起的念頭想法與情緒，不論隱微或顯著都能清清楚楚，分分秒秒都活得明明白白。

以上是經典中關於正念的修練方法，不是全部，但對日常生活的實修已經很夠用了。如果能把這些好好落實，生命肯定會有很大的轉化與自我療癒。這種古典經典的實踐不是透過閱讀很多文字闡述，而是透過大量日常生活的實踐。在中文的文獻中就有精準、簡明、易懂的正念釋義，擁有這些先賢留下來的智慧，是我們的恩典與幸福。希望這些梳理有助於讓您更清晰地掌握正念練習的精神。**如果覺得看不懂或越讀越頭大，那就放下吧**，不需要讓此刻閱讀的困擾成為練習的障礙，沒讀懂這些或不甚認同，還是可以持續精進練習的。**畢竟，這整本書的重點不在大腦的思辨，而在身體力行的練習與實踐。**

07

正念是愛

從世界宗教的角度看，每個宗教都大量實踐也倡導生命的重要層面，例如：基督宗教強調「愛」，但不等於基督教才有愛；佛教對生命的「苦」著力甚深，但不等於其他體系沒感知到苦。正念，時時刻刻不帶評價的覺察能力，佛陀的教導中有清晰的闡釋，但不等於其他信仰不重視覺察能力。此係何以我常提到，**正念修練來自於佛教，但不專屬於佛教，而是普世且無宗教區別的**。尤其是卡巴金先生在麻州大學醫學院正念中心所開創出來的當代正念，沒有任何宗教的語言或儀式，就像白開水，誰都可以喝。從身心健康與科學實證而言，白開水是重要的。而白開水可以製成各種飲料，猶如正念可相容於不同體系。

「正念＝覺察＝內在亮度」，是人類天生就有的能力，對於自我修練有興趣的實踐者頗自然就會連上這條道路，就像在書中多次提到我的父親，雖然沒有任何佛教或正念訓練，但他是不折不扣的正念實踐者，也是我心中的典範。內在亮度對生命品質的影響很大，內在如果是昏暗的，腦袋不清楚，在給出愛的時候，很容易混雜著許多自己的匱乏、脾氣、好惡、擔憂、恐懼、投射、欲望、習性等。於是，越愛越辛苦或者越愛越複雜，以愛之名卻行了傷害之實。

相反地，內在亮度越清晰穩定，越知道如何有智慧地愛。如此一來，不再透過愛別人來填補自己內在的匱乏，因為這樣的愛很容易變成一種要脅。不再以自己的脾氣與好惡來做為評量標準，而能持平如實地看到並接納人事物的真實樣貌。不再以愛來包裝擔憂、恐懼、投射、欲望或習性。不再一味的犧牲自己照亮別人，而是我們一起亮，一同成長。愛，於是得以單純、得宜、清晰、直接、輕鬆、滋養、無害。因此，不論您屬於哪個宗教或信仰體系，都不妨礙練習正念的，因為：

正念＝覺察＝內在亮度＝愛

這般愛的實踐，在覺察中把自己照顧好，進而擴及他人，因此正念的實踐者或教學者總是第一個獲益的。這般正念愛的實踐不假外求，主要來自於練習，練習連結，從與呼吸的連結、與身體感受的連結、與情緒的連結、與想法的連結、與行為的連結、與每個當下的連結。全面地自我連結與接納，身與心不再分離，無聲無息中悄悄培育了自我療癒與轉化。所有這些的練習漸漸純熟後，均將能以一種溫和不強迫的方式運用至與他人的互動。因此，正念是一種由裡而外的愛，不掛嘴邊但重實踐的愛。

後記

我的正念老師

01 啟蒙老師

我的正念啟蒙恩師是麻州大學醫學院正念中心（CFM）的讚達（Zayda Vallejo）老師。在我去美國之前老師就寫信並打電話給我，詢問我對課程的期待與是否有需要她幫忙之處，電話中我聽出她的溫暖與非美國本土的口音。正式上課前三天我們全家去拜訪老師，她跟她先生在後院準備了一大桌的點心、水果、冰淇淋、飲料款待我們，我們很開心地聊了一個下午。原來她是哥倫比亞裔，牛津大學的經濟學準博士，曾任職於公私立的研究機構，亦曾在尼泊爾做過三年的研究。二〇〇〇年接觸正念減壓後發現這才是她生命想要的，毅然決然地改變跑道，在這之前已經有十多年的靜坐及瑜伽經驗。

老師知道我沒有任何交通工具可以去正念中心上課，立即主動提出她可以繞到我們的住所接我上下學。此協助對我格外重要，因為這的確是最困擾我的事情。在臺灣時，我盡了所有的氣力只能安頓好孩子們從住所到夏令營的交通動線，而無法顧及我自己怎麼到學校。從住所到正念中心上課，走路單趟大約要兩個小時，騎腳踏車地形起伏過大，租車的費用太高，正當我困惑不已的時候，老師伸出的援手猶如天降甘霖。

課程開始後不久，我先生回臺灣上班。老師依照約定每次都來帶我去上課，下課帶我回住所。第一次堂課中我提到沒有光碟播放機，沒辦法做練習，下課後老師竟然立刻載我去買。很快地，我發現每次上下學在車上的時間，是我問問題的大好時刻，不論是學習上的困惑或生活上的議題，我跟老師無所不談，而她也總是知無不言、言無不盡。在正念中心的老師，上課場地的安置幾乎是沒有行政人員幫忙的，他們的人事非常精簡，一切都要自己來，因此我總是主動幫忙排妥課堂的椅子、倒垃圾、放瑜伽墊等，以聊表回報之意。

這段期間老師與我在課程外的互動往來是相當密切的，幾乎只要我有任何需要，她在可以的範圍內都盡全力幫忙。例如在我表達想要翻譯卡巴金博士的鉅著《Full Catastrophe Living》後，老師非但沒有質疑勸阻反而還主動協助，讓我與卡巴金先生取得聯繫以進行深入討論。又如當我困惑搖擺於研究所論文到底要採用質化或量化的研究方法時，老師積極聯絡多年來協助正念中心做研究的麻大教授James與另一位博士後研究員Ellena，做為我的請益對象。James具體地提供可用且適合我程度的量表，而與Ellena的一個小時的犀利談話則確定了我的研究取向。

說實話，這些無條件被成全的經驗對我而言是非常震撼的，畢竟從學術經歷與地位而言是這麼的不對等，我只是一個名不見經傳的碩士班研究生，但他們從來不會質疑我是否有能力或覺得我還不夠資格與他們討論這些問題。不論是讚達（Zayda），或是卡巴金、James、Ellena，他們都沒因我無任何頭銜與社經／學術地位而拉開他們的距離，也不會口惠而不實地只說「很好，樂見其成」。相反地，他們總是真誠相待，提供具體的協助、建議與回應。這種超越地位頭銜而單純以人的角度彼此互動的經驗，在成人世界其實是不常見的。

這種對人的態度也在正念中心的另一位相當資深的老師Melissa Blacker身上看到。在正念中心上課的第一天我看到Melissa本人，她一見到我便說：「我是否在哪看過你？」我回答：「我不知道你在哪兒見過我，不過我知道我常看到你，因為每次介紹ＣＦＭ的資料都會看到你，哈哈。」

Melissa跟我說她在當地有一個禪修中心（Zen Temple），歡迎我去走走。幾天後我們全家真的去造訪，我們並沒有先約好，但很湊巧地當天Melissa提早回來因而能見到面，她很熱心地帶我們參觀整個中心。當她知道我在當地沒有任何一位親友後，立刻表明會將我們介紹給她的朋友們。隔天我就看到她發給多位朋友的信，介紹我們給她認為適合的朋友們，其中包括日後對我們非常好的Paul與Marj夫婦。很幸運地，在這段時期我們遇到了Melissa禪修的晉級典禮，讚達老師夫婦當天開車帶我跟兩個孩子去參加。雖然我們三個完全聽不懂也看不懂他們在做什麼，但我們一起分享了Melissa的喜悅。

這兩個月與老師的互動經驗，讓我第一次領受到案主中心治療開創大師卡爾・羅傑斯（Carl Rodgers）的「無條件關懷」。在這之前我完全沒有團體的經驗，正念減壓是我第一次參加的團體，因此，老師的風格與做法對我產生很大的影響。無可厚非地，這個經驗幾乎形塑了我對正念減壓課程帶領者的態度、理解、觀點與做法。對我而言，正念減壓的帶領者就是以自己原本的樣子，自然地與成員互動，盡力地協助成員學習與成長。正念中心對帶領者的定位既不是講師或教練（instructor）也不是治療師（therapist），而是促進者（facilitator），意指在自我療癒的過程中，給人協助並成全對方者。讚達充滿熱情與關愛，她提醒我可能掉入的陷阱，也鼓舞我勇敢輕鬆地面對未知。原本素昧平生的老師，在這兩個月的互動歷程中，改變了我的人生方向。

02 安住當下，說得容易

二〇一〇年夏天結束時我帶著兩個孩子從麻大回來，繼續心理與諮商研究所的學業。現在想來好笑，當時幾乎所寫的每一份報告都跟正念有關，其中對我日後正念實踐與教學影響最大的是賴念華老師的團體諮商課程。

正念是時時刻刻不帶評價的覺察，落實活在當下的一種能力。但真實的狀況是，說比做容易，而且容易很多、很多、很多。尤其當我們感到難過、生氣、不知所措時，為了避免尷尬，因為不知道可以如何處理，我們都很容易跳離當下，表面看似鎮定，心底不知已經嘀咕多久多遠；表面顯得笑嘻嘻，內心可能在淌血。在這團體諮商的課堂中，需要討論我第一次帶領的正念減壓課程。第一次帶課，我自己的內心戲很多，根本很難停留在當下，念華老師每看到我巧妙脫逃就會把我逮回來，再度回到當下，強迫我面對原本極力迴避的感覺、想法或狀態。這真的是很大的考驗，有時候我甚至覺得很丟臉或氣憤。雖然是困難的歷程，但累積下來對我的影響卻相當深遠。

如果未來我是一個正念老師，好好地留在當下，真正勇敢地與當下同在，不閃躲、不壓抑、不假裝沒事、不滑溜、不裝傻、不盡說些好聽話，都是需要有的能耐啊。這些是在麻大正念中心沒能教的實作鍛鍊，身體力行地承接每個當下，尤其在心裡超級不爽的時刻。感謝念華老師在第一個正念團體就讓我原形畢露、無處可逃，這對日後的我幫助超級大。

之後我又帶領了第二梯次的正念減壓課程。第一次參與的都是所內的同學與老師，由衷感謝義氣相挺的同學們。第二次就對外開放了，這次的成員中有多位成了我長期的正念夥伴，包括許瓊月、陳怡真、施寶雯、簡玉如等。兩梯次的團體正是我碩士論文行動研究的對象，每次都錄影錄音，自己再細細研究教學過程中哪些地方做得還行？哪些地方離題了？哪些地方實在連自己都看不下去！？這段期間對我影響最大的人，是指導教授吳毓瑩老師，兩梯次八週的課程（實際十週，合計二十週），毓瑩老師全都以「學員」的身分參與，給我最溫柔也最堅強的陪伴與支持。當我跟老師傾訴挫敗時，老師懂得其中的困難、跟我一起難過，然後在我稍微平復之後輕輕順勢拉我一把。正念，是溫柔智慧地同在，毓瑩老師的裡外一致是最好的實踐與典範。

我很幸運，從麻大正念中心回來後，在臺灣還繼續學習。老師們的教導雖然未以正念的名義，卻是最好的實踐。我很喜歡這種感覺，就像是，沒成天掛嘴上卻以行動落實的愛。這時候我的正念老師，從啟蒙的讚達老師擴展到在臺灣的師長，於國北教大心諮所繼續獲得豐富的滋養。

03 彷彿與卡巴金老師一對一家教

去美國之前曾經跟很要好的高中同學鵬見面，我跟鵬分享閱讀卡巴金博士的《Full Catastrophe Living》是多麼地如沐春風，多希望大家都可以看到這本好書。鵬似乎看穿我，臨行前她只丟下一句：「胡君梅，別輕舉妄動。」我點點頭，對她傻笑。到美國後不久，我從如沐春風的書，遇到如沐春風的讚達老師，然後就雲淡風輕地把我想翻譯這本書的想法說了出來……

在這之前我完全沒有翻譯過任何書，中學六年是我學英文的巔峰，之後就一直走下坡，工作後也都沒用到，研究所倒還回溫了些，難怪鵬會告誡我別輕舉妄動。妙的是，讚達老師沒管我翻譯資歷為「〇」，就很熱心地要我寫一封自我推薦信給卡巴金博士，並幫我傳遞。更絕的是，卡巴金先生沒因我只是個還沒讀完心諮所碩士班的研究生而不理我，隔了一段時間後，回了洋洋灑灑三頁的信，表達感謝之意也直言希望保留書中的友善、精準與詳盡，他強調此書雖然很厚但其實是寫給一般大眾的。這封信我看了好幾遍，就像在蒼茫的大地，雙手朝上，頭朝下，單腳跪地承接聖旨，我把這些交代刻在心上，任重道遠的責任與莊嚴，油然而生……在沒有座標的大地上，我完全不知道接下來要往哪兒走。

很快地卡巴金告訴我需要去找一家出版社（哎呀，我沒認識任何一家出版社啊）。我試著聯絡幾家自己常讀書的出版社，得到的回應是，這本書的版權已經賣出去了，但賣給誰不知道。幾個月後，卡巴金查到是臺灣的YeRen出版社簽下版權。順著英文我找到臺灣的野人出版社，直接打電話給總編輯，表達我正念學習經驗與翻譯此書的意願。總編輯表示這本書已經找人翻譯了，應該不需要。「沒關係，我留下通訊，如果你們需要的時候再聯絡我。」開心沒我的事，放下，忙別的活兒去了。

沒想到幾個月後野人的編輯還真的跟我聯絡，請我幫忙閱讀整本譯文的一兩章。欣然答應。我非常認真地研讀，卻越讀越進不去，我拿給先生看，他說：「很正常啊，都是中文。」我知道自己面臨了一個很難解釋的現象，不是譯文的問題，這是一位很棒的專業譯者，問題在於沒有受過扎實的正念訓練，於是有些很隱微但關鍵的地方呈現不出來，或者若干詞語在一般狀況與正念脈絡下的用法其實不同。這很難講清楚，唯一的辦法就是捲起袖子，自己翻一篇出來，雖然很花時間，但這可能是最近的路了。

野人看了後，很快找我去開會，開門見山地說，他們知道這是一本經典好書，花了很多時間與金錢在上面，但如果我不幫忙，這本書就放棄不出版了。這麼有魄力，佩服！好，我來做，有種俠士相逢的激昂。然後他們告訴我兩個前提，一個是翻譯出來後，譯者不會只有我一個，畢竟前手的

1 此碩士論文已全文開放於全國碩博士論文網。

資料雖然沒用但仍要尊重，另一個是能付給我的費用相當、相當、相當有限。毫不猶豫地這兩項我都現場直接答應，完全沒有意識到這個「好」之後的下場是什麼。對出版社而言，版權是有年數的，因此翻譯的時間越長能銷售的時間就越短。他們希望我一年做完，但我說不可能，至少要一年半到兩年。他們同意了，對他們而言，第一次的版權幾乎全都花在翻譯。然後我邀請他們的編輯去上八週正念減壓課程，這樣他們才能掌握到書本的精髓。沒想到，他們竟然同意了。當下，我明白這不是一般的出版社，簡直就是老天爺指定的。我也明白老天爺這樣的安排，是要我不計名利，單純地把這件事情做好。我定位自己是一座橋，把這本書竭盡所能地翻譯好，就像建造百年大橋，讓很多人可以從此岸走到彼岸。

卡巴金的文字讀起來喜悅，一句話長達五六行是常見的，像風一般自由揮灑。但翻譯起來就非常痛苦了，心需要相當沉靜否則根本做不出來。當時我還在讀研究所，實習、報告、論文；孩子也還小，經常需要中斷照顧他們。於是，我只能活在當下，這一刻跟孩子專心講話，下一刻轉頭面向翻譯時心就要立刻沉靜下來。這一刻進入個案的世界，會談結束做完紀錄後，立刻潛入論文。無法勉強，難以硬撐，只有把正念所學用到極致，經常覺察呼吸，也發現自己不自覺間歇性憋氣的慣性（專心時、緊繃時、生氣時……），經常覺察身體的感覺，不過度緊張也不隨便忽略身體的訊息，配合身體需要適度歇息。

老實說，這兩年半的翻譯是我第一次遇見超級無敵龜毛的自己。每一個卡巴金引述的例子或研究，我全部上網查閱並標記附註。每一個不清楚的地方，我都寫信直接請教，絕不含糊帶過。來來回回的信件根本數不清，很感謝卡巴金博士耐心地回覆每一封信。雖然很辛苦，但簡直就是一對一家教，內在默默地一直成長，很奇妙的喜悅。這段期間卡巴金剛好在改版這本書，於是一遍做完再做一遍。好不容易翻譯完了，給文學造詣很好的鵬看，她只淡淡地說了一句：「翻譯得很好，看得出來你很忠於原著。」喔喔，這表示此譯文跟中文讀者是有距離的，不符合卡巴金最開始提醒的友善。於是，再重來一次！一股單純只想把事情做好的傻勁。

最後當《正念療癒力》付梓時，內心充滿感謝與感動。感謝老天爺給我機會做這件事情。感謝有野人這麼專業且良知的夥伴——總編輯張瑩瑩與副總編輯蔡麗真，他們深知這本書的重要性，不惜成本全部以精裝書出版。編輯李依蒨畫龍點睛地在書中做很多重要小標。許多讀者都很感謝這些小標，不然全部都是文字讀起來是很辛苦的。（偷偷告訴大家，這些是連原文書都沒有的「福利」，超幸運的吧。）

04 薩奇老師的療癒之路

當代正念的起源有兩個重要機構，一個是麻州大學醫學院正念中心（CFM），一個是一行禪師在法國的梅村，前者開創正念與科學的融合，後者將喜樂融入正念修行。麻大正念中心有兩個重要的領導人，一個是開創正念減壓訓練課程的卡巴金博士（一九七九至二〇〇〇年間擔任中心執行長），一個是讓正念減壓訓練課程在麻大得以存活並發揚光大到全世界的薩奇博士（二〇〇〇至二〇一八年間擔任中心執行長）。

在臺灣，很少人知道薩奇（Saki Santorelli）博士，二〇一二年初我參加CFM在加州辦的七日身心醫學專訓時，感覺他是一位很樂於提供協助的老師。二〇一三年底北京第一次舉辦七日身心醫學專訓，我再次參加，也邀請了一票好夥伴去親自領受兩位大師（卡巴金與薩奇）的風采。老實說，從二〇一〇到二〇一三年間老天爺給我許多挑戰，讓我幾乎有點招架不住。那次我找了個機會，跟薩奇深談我所面對的困難。他很認真聽，經常用我所訴說的內容，引證我已經做到卻自己老覺得做不來或做得很差勁的地方。然後我都會倒抽一口氣地回問：「有嗎？」、「是嗎？」他微笑地點點頭。

那是一次相當坦誠的互動，說到難過處我也不硬撐，允許自己哭得唏哩嘩啦。我問薩奇：「為什麼這條路這麼辛苦？為什麼我放著好好的日子不過，選擇走這條路？」面對這無厘頭的問題，薩奇深深地看著我，溫柔地說：「也許是這條路選擇了你。」我心想「你在說什麼？」但奇妙地卻有股被療癒的暖流。他再次溫柔而堅定地看著我，慢慢地說：「這條路選擇了你。」那是打從肺腑出來的聲音，安穩肯定，承接也止住了當時持續隱性陷落的我……

課程繼續進行，我專心靜修很少跟人互動。有一次在大團體問答時，學員問到在華人圈有哪些止語專修的資源，因為身為一個正念老師，規律性地參加止語精進專修是必要的。這問題其實需要當地人回答，在大家做了一輪回應後，薩奇把這個問題拋給我。當時我內在能量極低，低到講話聲音在大庭廣眾下顯得有氣無力。相隔約二公尺，只見薩奇右手拍他自己的胸脯，炯炯有神的眼睛篤定地看著我。我彷彿聽到他說：「勇敢，君梅！」看著他，我的眼神瞬間從膽怯變得自信，深吸了一口氣，再出來的聲音，完全不一樣。這經驗對我影響好大，薩奇直接帶出我內心深處，已快被世俗掩沒卻仍一息尚存的力量。這股力量，只流動於他跟我之間，只存在於那個當下，但那拍著胸脯的眼神卻在我心中成為永恆的鼓舞。

當時《正念療癒力》剛出版，卡巴金博士公開讚揚我在這段時間的認真努力與用心。課後薩奇問我有沒有興趣翻譯他唯一的著作《Heal Thy Self》，而且要我不急著回答，回家想想之後再回覆。坦白講，我心想卡巴金博士原文六百多頁的書都譯出來了，這本才兩百多頁有什麼困難的，然後就豪爽地應允了。但他還是希望我回家想想再說。回家後我沒想想，就直接找野人了。有些時候我是相當直覺的，既不瞻前也不顧後，但有時候又完全相反。接手後，第一件事情是請教薩奇，翻譯這本書時要注意什麼。他告訴我，維持書中的詩意。好，記住了。

很快地，我發現事情不妙，詩，好難翻；或者說維持詩意，好難。經常一個字參了一天都還抓不到它要表達什麼，或者中文要如何能精簡詩意地表達，內心經常哀號我沒有文學底子啊。於是，我如法炮製地寫信給薩奇，奇妙的是他幾乎不會回覆，總是放我一個人慢慢參。怪的是浸泡久了之後，竟也參得出來。進入書中的世界，我發現它好真誠、溫柔、坦率，時而感動落淚，時而深深嘆息，時而令人發噱。翻譯《自我療癒正念書》，恍若進入奇幻旅程，讓我以更溫柔、涵容、遼闊的視野，面對與承載生命中的種種艱困與苦難，領悟療癒那種「雖支離破碎卻依然完整無缺」的特殊路徑與美感。

05 直問韓國大禪師：「你也會生氣嗎？」

二〇一二年卡巴金博士應韓國安熙泳教授的邀請，赴首爾舉辦三天的工作坊。安教授是亞洲第二位拿到麻大正念中心認證的導師，完全沒有任何架子，感覺總是位親切的大哥。安教授雖然人高馬大，但長得實在很像臺灣人，因此我每次看到他都會直接冒出中文而不是英文，很奇妙的經驗。秋天的首爾，樹衣紛紛換裝成紅的、黃的、橘的、混色的，繽紛絢爛，美得令人發呆。

在韓國的那幾天，安教授相當照顧臺灣去的夥伴，也相當大器，完全無分別地讓我們這些師資與卡巴金隨行，這部分有時候連華人自己都未必做得到。在那工作坊中，再次充分領受卡巴金老師的氣度、智慧與幽默。還記得當時有位學員跟卡巴金分享，當站在他旁邊時，會有一種平靜祥和的感覺。卡巴金笑著說：「喔，這樣我應該多站在自己旁邊。」風趣中值得玩味。

工作坊裡有一句話對我日後相當受用，"Don't take things personally if it's not personal."這裡面有兩層意義，「跟你無關的事情，別攬在自己身上」，或者「別老認為人家或事情是針對著你來的」。我經常反思這句話，有事沒事就想起來感受一下。漸漸地發現這個練習省了很多自己無謂的想像，少了很多因想像所製造出來的煩惱。這類煩惱是多數人都有的慣性，難以分辨想法中的虛與實。分明是自己虛構的，想久了就覺得是事實而深信不疑。分明是實在的東西，卻因為不相信或沒理會而覺得是虛的或不存在，這種慣性在人際間尤其常見，不論是同事間或家人間，甚至對自己也經常虛實不分。

八週正念減壓的訓練再加上後續不斷地練習與進修，讓我對想法中的虛實稍微有點分辨力。能分辨虛實才知道哪裡該施力？哪裡該放下？哪裡該進一步弄清楚？哪裡可以睜一隻眼閉一隻眼？或者哪裡可以去睡覺？二〇一六年另一位麻大正念老師鮑伯（Bob Stahl）來臺灣時，曾說一句類似但更貼近的話，"Don't take things personally if it does not go your way."「不順心時，別覺得那是衝著你來的。」許多有助於成長的話語別人講可能用處不大，即便覺得很有道理但未必能成為轉化的力道。我的經驗是放在心上，慢慢體會，有一天在生活中連結到時，會成為一種由內而發的領悟，這力量就大了。

在韓國時，我們曾經拜訪一位慈祥的大禪師，據說連一般韓國人都不容易見到他。當天晚上，禪師與卡巴金兩位大師對談。所有人都是直接席地而坐，沒有椅子，寒冬中散發暖氣的地板上沒有一個蒲團或坐墊。韓國朋友似乎很習慣如此，然而我的學習都會有個坐墊，我坐不了這麼久，痠、痲、疼不斷交替出現。雖然盡量不動，但一有機會就站起來伸展一下。神奇的是兩位七十來歲的老人家，一坐下來兩個多小時，連腿都沒有交換過，超級厲害，竟然有辦法練到坐這麼久還不痠、不痲、不痛，依然談笑風生。

會談在溫馨的氣氛中結束了，大家紛紛緩慢地站起來。接下來發生的事情讓我大開眼界，兩位大師左右有工作人員幫忙攙扶，停了半晌，相當緩慢地站起來，再停了半晌，方跨出一步。我這才明白，原來，他們不是不痠不痲，只是這些身體的痠痲，已經不構成影響或掌控他們想法與反應的要素，他們已經訓練出與身體和平共處的能力，尤其是不舒適時。原來，練到不痠不痲不是靜坐的境界，亦毋須如此期待，靜坐時的身體變化與當天的狀況息息相關，沒有一定是什麼樣子才是對的或才叫境界。面對身體的不適，不壓抑、不強化、不擴大、不假裝沒事，允許其如其所是地存在，可以關注但不需全然受其控制，這歷程本身就是長期的修練。好真實的畫面，讓我對正念練習有更深的體悟。

隔天禪師邀請我們一起喝茶輕鬆聊，人數更少，由衷感謝安教授沒有把我排除在外。禪師笑容可掬地坐在地上幫我們泡茶，然後一杯一杯地遞給每一個人，流露著寒冬中的溫暖與慈悲。我仔細觀察禪師的每一個動作，他沒有隨從，一切自己來，包括從老舊傳統的熱水保溫瓶倒水（看得我都緊張），每個動作緩慢扎實，每個動作就在這個當下，好感動。過程中主要還是禪師與卡巴金的交流，進入尾聲時，我們被允許可以問禪師問題。有機會提問我非常開心，這種時候我絕對不會問一些不痛不癢的安全問題，這太可惜了。

我提出一個算滿直接的問題：「您修練了這麼久，請問還會有事情讓您生氣嗎？」禪師聽完翻譯後笑著說：「會啊。」光這個乾脆率真的「會啊」，已經讓我深吸了一口氣。然後禪師舉例說明，不久前寺裡發了一些事情讓他不高興。然後，他舉起左手掌心朝上，右手手指頭放在左手掌心上，之後穿越左手指縫，「就像水在手掌心上，它會來，也會離開。生氣也是。」意思是，當生氣來了，知道它來了。停留了，知道它停留。生氣要走時，也允許它離開。

原來，修練到後來不是沒有情緒或輕忽感受，而是更真實地活在每個當下。原來，大禪師跟一般人一樣也會生氣，只是氣得無掛礙，來則來，去則去。

一般人很多會壓抑隱忍，努力控制不讓自己生氣，一旦生氣又放不下；氣過後表面沒事，實際又已刻畫在心與身體記憶裡，影響身心健康，也左右下一次的經驗。由衷感謝禪師分享他真實的起伏。

依依不捨地告別，雖然是第一次，但也可能是最後一次見到禪師了，感覺是如此地似曾相識啊。走在簡樸寺院的路上，一陣微風吹來，山邊的樹葉紛紛掉落，紅的、黃的、橘的，無數的葉子不斷晃啊晃地飄落地面，古寺映襯，熱淚盈眶，再見了，禪師！

06 另類的正念老師

有好一段時間，經常可以看到一些描述，說明正念訓練就是身體掃描＋正念瑜伽＋靜坐＋吃葡萄乾＋行走靜觀。這無可厚非，畢竟從書上所認識的正念，經常都在講述這些，彷彿正念等於這些練習，這些練習等於正念。二〇〇七年當我在政大宗教所開展碩士論文時，研究的是佛教的原始經典《雜阿含經》。我非常感激當時的指導老師蔡耀明教授，不但給我寬廣的研究空間與詳盡的指導，還從一開始就要我直接研讀原汁原味的經典，而不是以二手文獻做研究。雖然剛開始從白話文到文言文有點「語言障礙」，但讀久了後反而清楚明瞭。現代很多人讀英文比文言文還容易，導致很難從自己的文化底蘊汲取養分，實在可惜。

我認識正念是從《雜阿含經》的研究開始，經典中對正念的描述是：

「覺諸想起，覺諸想住，覺諸想滅。
覺諸受起，覺諸受住，覺諸受滅……
正念，若念、隨念、憶念，不虛不妄。」

白話文的意思：

覺察各種想法的升起，覺察各種想法的停留，覺察各種想法的消逝。
覺察各種感受的升起，覺察各種感受的停留，覺察各種感受的消逝。
不管是隨意升起的念頭還是任何回想，都不要是虛構的或不符合事實。

這裡面有的只是修行方法，沒有任何宗教色彩。因此，打從一開始我就沒認定正念＝身體掃描＋正念瑜伽＋靜坐＋吃葡萄乾＋行走靜觀，此等均為練習正念的方法，不能化約地等於正念。這，也從一群孩子身上得到印證。

這群孩子是一所中學的戒菸班，因緣際會下瓊月跟我有機會把正念帶給這些孩子。一開始討論課程執行方案時，我們就鼓勵學校老師們放心，不用進班維護秩序，我們相信可以幫助他們，也相信他們可以學習，因此我們決定不用權威來讓他們做出我們習慣或喜歡的上課樣子。很快地，我們就發現幾乎所有正念常見的實作都用不出來，靜坐時孩子在我們面前揮舞做鬼臉，身體掃描時他們躺著聊天，正念瑜伽伸展時東倒西歪，幾乎所有正念的練習在當時都施展不開。這對我們真的是相當大的挑戰，甚至會引起瓊月跟我有不同的意見觀點。即便已經有教學方案，我們還是依據學生的變化與我們希望他們學習到的，每個禮拜都重新思索什麼是正念？所謂的正念練習是什麼？

我們試著用不同的方式開展他們的覺察能力，包括跟他們討論抽菸與交友狀況。還記得有一次的課堂中我們給他們聽不同風格的音樂，讓他們畫出聽到這音樂的感受，底層希望能引導他們探索並覺察自己的內心世界，因為我們發現這群青少年很難用言語表達自己內在真實的感受，再不就是滿口髒話。他們很少乖乖地坐著，總是這裡動動，那裡弄一下同學，再不然就是來幫我重綁頭髮。我們花很大的力氣來穩住班上，老實說也花很多很多力氣努力穩住自己，努力讓自己不被外相給鉤住，努力讓我們彼此雙方的溝通順暢，努力問自己什麼對孩子們是重要的，努力地探索我們能做什麼與不能做什麼。

一週一週下來，他們抽菸的數量看起來有逐漸減少，雖然我們其實很少跟他們討論這部分，我們給最多的就是不動用權威的關懷（老實說，真的很難）。孩子們越來越相信我們，有時候會跟我們聊聊心事或遇到的困難，或者說說內心對未來的自我期許，有的孩子甚至自然地叫瓊月「媽媽」，雖然這班從秩序來看絕對不及格。最後一堂課時，幾個孩子跑來抱著我們說：「老師，我最愛你們了。」瓊月跟我也很愛他們，我們為每一個孩子寫一張卡片，真誠地分享對他們個別的觀察與祝福。之後我們沒有再進戒菸班，但這些孩子讓我們深刻體會，正念的真諦就是愛，就是溫柔連結，就是無條件的關懷。

同學們，雖然不會再見面，但我們永遠祝福你們！

07 誰啊？

記得有一天我靜坐練習時有某種很棒的體會與領悟，身心感到非常滿足喜悅，對自己的練習有些進展覺得開心滿意。我知道這樣的感受可遇不可求，明白毋須執著任何舒服或不舒服的感受，而在練習正念過程中也沒有任何境界要追求。但在那當下的喜悅感確實是很清晰的，有一種淡淡的自我肯定，覺得自己好像修練得還不錯（正念練習讓我對愉悅事件更加敏銳體察，而不會只專注在不愉悅事件上）。結束靜坐後，帶著祥和愉悅的狀態，跟先生討論一件事情。具體內容已經忘了，但確定的是我們倆沒共識，他堅持他的立場，我緊握我的看法。很快地我們不歡而散，我心底滿是委屈與生氣的負面能量，想說他怎麼可以這樣那樣，心裡迅速牽拖了很多他的不該。然而，多年的訓練也讓我很快覺察到，自己已經落入想法中打轉。於是我帶入幾個深呼吸，領受當下身體的感覺，關照不舒服的身體部位。突然間，有種穿破雲層的狂喜，心底浮現這樣輕柔溫暖的聲音：「剛剛是誰還覺得自己修練得不錯啊？老天爺來個小小考試就垮啦！」然後，我笑了。這讓我聯想起「八風吹不動，一屁打過江的」蘇東坡，我繼續對自己尷尬地傻笑。

超越了與先生爭執的是非對錯，也不管先生是什麼樣的想法或態度，至少對我而言，如果我選擇誠實面對的話，這次的經驗映照出當下真實的我以及我的執著，也映照出我所不願意面對的我。這樣的領悟讓我體會到：很多膠著困難，處理問題的關鍵其實是在自己，而不是我所認定的對方。是我，在不知不覺中把自己引入生氣的狹小籠子裡，而不是對方。帶入覺察，我才有機會看到：是我，「選擇」了讓自己生氣，而不是對方。其實，我不是百分之百的受害者，我是有選擇權的。老天爺透過一而再、再而三的考試，讓我領悟並實踐這個道理。

這樣的情況日後又發生了幾次，除了對自己傻笑，也再次印證了老天爺真的很常給我各類考試，出考題的可能是先生、孩子、同事或其他人、事、物。（喔喔，真是辛苦他們了，因為在給我出考題的時候，他們通常也是不悅的。）漸漸地，在每次遇到不爽時，我學會停下來，稍微感覺一下這題在考什麼，考耐心、考愛心、考平等心、考擔憂、考害怕、考自以為是，考貪念、考憤怒、考虛偽、考白目、考初心……老天爺可以出的考題，實在很多元也很有創意，沒有覺察的話經常會被搞得團團轉，很痛苦的。

於是我深深體會到：

真正的正念老師，

是我所愛的家人，當他們對我不開心時，

或者，當我對他們不開心時。

是我的工作夥伴，當我們意見不同又不能分道揚鑣時。

是路人甲，當他侵犯到我還不知道該道歉時。

是我自己，當老是撻伐又不接納或不放過自己時。

原來，這些都是老天爺給的免費培訓！

此時，我才漸漸能觀察到，自己身心高度動盪下所出產出的作為，相對於身心較為平衡下所產生的作為，兩者的差異好大、好大、好大！前者完全沒有任何長期效能，通常只會引發更多負面情緒或不悅行為，進入惡性循環。後者即便有負面情緒也不致蔓延、擴大或轉換為日後更不良的行為；彼此比較不會處於對立的狀態，也少了攻擊／防衛、控訴／反擊或冷漠的循環。有覺察地回應，比較有機會真的聽到自己也聽到對方。如果是實的問題，比較容易朝向處理或解決的方向；如果是虛的問題，也比較容易跨越與放下。

慢慢地，我也學會在動盪中暫停，感覺一下我的心被什麼綁架了，例如當我被憤怒綁架時，心中會浮現一個被繩子緊緊綁著且動彈不得的心臟，那繩子的上面寫著「憤怒」。然後我問自己想被綁架嗎？「不想。」於是我送給身體深深地吸氣，讓更多的氧氣進入以滋養自己；送給身體深深地吐氣，把身體不需要的透過吐氣帶出去。高度覺察於每一口氣息的進與出，就在持續這一呼一吐之間，憤怒之繩緩緩鬆脫，心，得以再度舒展與自由。

這不表示從此之後不會生氣難過，但確實會減少因強大負面情緒所導致的慣性反應。過程中沒有過度壓抑，也不是一味隱忍或刻意轉念，但進行當下即時的覺察，照顧身體也領受呼吸，承接想法與情緒的變化。也許帶著覺察地深呼吸幾次，也許帶著覺察地伸展肢體，也許帶著覺察地喝口水，也許帶著覺察地上個廁所，也許帶著覺察地暫時離開現場……任何在當下最合宜的自我照顧方式，都好，都比在疲憊又不平衡的狀態下窮追猛打或苦爭是非對錯好。透過當下的練習隨即滋養自己，想法不再稱王而凌駕一切之上。在困難的狀態下，透過覺察讓自己強烈動盪的身心，漸漸安穩下來，進入一種動態的平衡。

一路走來，我的正念老師越來越多，離我越來越近，給我越來越豐厚的滋養。原來，活著的時時刻刻都可以練習正念。而回報與感激老師最好的方式，也許就是持續練習滋養自己，再把這般由裡而外的愛分享給更多人。本書，正是此心境的映照。

我到華人正念減壓中心上課，是因為我是一位求好心切又好面子的人，雖然在工作上的表現受到肯定，但累積在身體的壓力及與家人之間的關係，都有了嚴重的警訊，在開始學習正念的二個月前，我出現了嚴重的心率不整，導致心臟疼痛，但是看診後，醫生卻說心臟問題並沒有那麼嚴重，先吃藥試試看，可是過了一週我心臟不舒服的狀況仍沒有好轉，在求助無門的狀況下，我讀到有關正念療癒的相關文章，於是開始接觸正念的教育及訓練。

一開始上課的時候，我的心態是要學習減壓及治療心臟的問題，所以我很認真的尋求解決問題的方法，但我失望了，因為我沒有辦法立即學到可以解決問題方法，我有明確的目標，旺盛的企圖心，而且心裡一直催促著我，趕快找到答案，但是心越急，人就越煩燥，失落感越加嚴重。

還好中心的指導員，了解大家心中渴望及疑問，在五日課程裡，引導大家放下心中的評價和用力追求的心，並透過正念的練習培養生活管理智慧，一開始我對於「靜觀練習沒有要驅除任何東西，沒有要達到任何感覺或境界」這句話感到非常不解和訝異，為什麼指導員會告訴我們先放下對解決問題的期待，可是我們專程來到中心，不就是為了解決這些問題令人困擾的事嗎？

指導員告訴我們，疾病不等於「我」，那只是我們的一部份，人活著不是為了擔心會不會生病，也不要把疾病當成人生唯一的重點，而是你能不能體察當下的生活，務實快樂的活在當下，不去悔恨過去的失誤，及擔憂未來不知道會不會發生的事。雖然我的身體及心生病了，但我不是一個有缺陷的人，因為這些事只是我人生的一個過程，當我越練習正念，我就越能察覺出我的完整性，並經驗到自在的安全感及滿足和喜悅。

接觸正念練習後，現在我慢慢的也懂得面對壓力，並能與他共處，雖然壓力還是會常常的出現，但對我來說只是個過客，我瞭解也接納他，然後面對他、處理他，或許這並不容易，但當壓力不再代表我之後，也就不再那麼嚴重的控制著我情緒，困擾我的心智了。經過這些日子的正念練習，我也深深體會到正念不是一種技術或治療祕方，而是需要日日練習，時時體察的生活方式，而且是現代人都應該要學習的一種生活態度，為了面對不斷改變的環境，我很樂意也很高興的把正念推薦給大家，讓我們一起當個正念時代的快樂人。

——上班族　鍾翔宇

今天結束八堂MBSR正念減壓課程，從二〇一七年十二月到現在，每週六都上課，能堅持下來真的不容易。(1)最大的收獲就是找回對身體的注意力，上過一些心理治療課，在身體的覺察上真的都被我忽略了。(2)正念不是正向思考，而是鼓勵活在當下。一日靜觀課程的這張照片給我很大的震撼，現在的時間不是幾點幾分，而是「當下」。(3)時刻學習照顧自己是最重要的事。(4)接納、非評價這些必須透過不斷的練習，才能改變自己的慣性，讓自己做出有覺察的回應。想要控制自己的念頭也是需要練習放下的。(5)應用映照的練習與他人建立有效率的溝通。(6)練習正念的過程真是一種享受，「當下繁花盛開」真是有道理。

——醫師　郁惠

見山，讓非評價見真山。二〇一六年九月，我何其有幸，可以參加華人正念減壓的八週正念，接觸君梅與玉如的教導，一點點的轉變……

正念，並非是一種正面評價，因為評價是帶有風險的，就連我現在的書寫也很有風險，因為人的意念容易帶著好與壞的概念去學習。這種「好與壞」的偏見無形之中很容易抑制自己的學習之路，其實問題發生時，大多是自己的「內在」與「小我」間的過意不去，而解開內在的痛點，是那堂八週正念中談到有覺知的學習。因為「評價」，欺騙了我的意識，事物的全貌就被我一言以蔽之，我內在覺得不好，就不學習了，變成沒有覺知的學習，我覺得好，就全盤都接受，便成過份努力學習。

所謂，見山是山、見山不是山，見山又是山，而過去的我只願在外面看著雲霧飄過。學習，其實可以不用那麼粗淺。我覺得八週正念的過程，很重要的一點，強調自身的學習，自我的成長，自己發心想去看清楚一些更深的東西，這點傳承的理念是給自身的。

最近聽聞君梅的正念減壓自學全書即將出版了，即使因為空間或者時間無法來好好學習正念，也可以試著去讀一讀這書中的學習脈絡……願你能從此書中擷取養分。

——Jeff

從心照顧自己，重新看見自己。於二〇一八年一月底報名了八週正念減壓課程，並閱讀正念療癒力，發現正念的七大原則和內觀中心所傳授的無常和平等心相呼應，如何學以致用擁抱苦樂交融的生活、活在當下。將近兩個月的正念課後練習，是自我挑戰的反慣性練習，例如用左手刷牙，充滿玩味！最大的收穫是睡眠品質提升，當失眠偶爾發生時，就透過身體掃描或靜坐讓自己和失眠同在。其次是接納有情緒的自己，允許自己發脾氣或者低迷的無所事事，記錄自己和內在自己的溝通事件，從覺察取代評價自己。很喜歡正念減壓強調的照顧自己，過去我們都一意的為別人好，現在開始從心照顧自己，重新看見自己！

——陳韻如

二〇一六年秋天，因緣際會下接觸了正念，在君梅和玉如的帶領，展開了八週正念之旅。

一直以來，總是汲汲營營的向前走，卻忽略了自己的內心，忘了好好照顧且滋養自己。在身體掃描中，發現了原來這就是覺察；在飲食靜觀中，發現了原來這就是美味；在呼吸覺察中，發現了原來這就是當下……溫柔地與自己同在，這是我的第一次與正念邂逅。

——Teresa

其實自己在求學階段，壓力一直都不小，每天從早到晚大概可以區分為兩個：去學校讀書和在家裡讀書。那個時候幾乎沒有什麼社交，甚至會把讀書當成自己存在的價值，如果考得好，就覺得自己是有用的，如果沒有達到自己的標準，就會覺得自己為什麼還不夠努力而貶低自己……後來有幸接觸到正念，從飲食靜觀重新的認識自己吃下肚的每一口食物，在正念靜坐中回歸最真實的那個自己，慢慢的可以更溫柔的對待自己，也逐漸地發現到另一種生活可能性。正念帶來的轉變，是生活上的改變，它讓我以一種新的視野去看待自己的健康與過往的那些壞習慣。

——大學生　建至

早在上課前一個月便花了快三個月的時間斷斷續續地完讀了《正念療癒力》這本「大藍書」，依循著書中內容慢慢地調整呼吸、身體放鬆及領受當下讀書的狀態及過程。讀完的感覺很特別，是抽象和一知半解，但這樣的抽象和一知半解竟不會讓我有焦慮感和不耐。（先前讀完哲學相關書籍，總會卡在晦澀的文字及抽象的理論中不耐，一知半解的焦慮也會驅使我尋求解決問題（焦慮的「答案」））。偶然，發現中心在高雄要開八週的MBSR課程，便立馬報名。這八週，更直接地親身體驗身體與心靈的距離及相互影響，除了感謝君梅老師的用心指導，更感謝諸多夥伴的相互扶持；八週的課程說像鏡子更像湖水，過程雖忠實地映照卻也更加柔和地讓自己得以接受，是很棒的體驗！

——醫療業　阿超

課前三個月，我因為工作壓力求助精神科，被診斷焦慮症。雖接受心理治療，卻趕不上情緒潰堤的速度，近乎走投無路之下，來到八週正念課堂。覺察的練習讓我在當下獲得平靜，恐懼與憂慮暫時退場，單純與內在的自我面對面，真正與自己相處。不知不覺，過去壓抑的情緒創口暴露出來，有一兩次，沒來由地，我半夜在房裡哭叫不止，半輩子份量的忍耐、委屈與憤怒狂湧而出，一發不可收拾。奇怪的是，歷經半夜的起伏，隔日反覺煥然一新，像把發臭的死水排出體外，在心底重新鋪上一層穩定的力量。焦慮、緊張與壓力，課前或課後都不會消失，但學過正念，無論面對暴風雨或微濕的小雨，都能坦然相迎，風雨過後，擦乾身體，自在前行。

——Catherine

跋

感謝每個夥伴與家人，你們都是這本書的隱形作者！

我是在一個單純慈愛的眷村家庭長大，爸媽努力持家，一輩子的老實人。中學時老爸就教我要追求智慧、獨立思考、不要人云亦云。他自己的身體力行則是在兄姊的提議下，真的去跟朋友借錢讓我就讀私立初中！這不但增加家裡的經濟負擔，在村子裡是會被取笑的，但爸媽無所畏懼。話又說回來，再怎麼單純的家庭也會有糾紛或不爽，但不論經歷多少事情，彼此都能放下、能原諒、能釋懷、能接納、能繼續真誠關懷與相互支援，沒有絲毫芥蒂或陽奉陰違，而這，不正是正念生活的真實版?!我總以身為這個家庭的一份子為榮。

科學研究說人類的細胞七年會全部換過，算算學習正念的時間，我差不多徹頭徹尾全換了一次了吧，至少我確實感覺如此。這些年來的學習，讓我從情緒過度敏感到稍微能收能放的敏銳，從內在底層的多愁善感到較多的清朗，這一切真的都要感謝結褵至今二十個年頭的先生——江仕煌——全力、長年、無條件的支持與鼓勵。二〇一六年夏天我打算跟正念兄弟Kevin去參加麻大正念中心在羅馬辦的進修，很興奮地跟家人講這個計畫，想說全家可以順便去歐洲玩一趟，孩子們也好期待。但稍微研究旅遊資訊後發現，當時我們手邊的現金難以支應我的學費加上旅遊的花費。我有些難過也進退維谷，這時候先生說：「你好好去學習吧！我們家今年不去歐洲玩，去東南亞就好了。」寫到這裡我自己都感動得熱淚盈框……

先生以及沒對我完全有任何要求的婆家，讓我放心地努力精進，家裡的兩位小天使宇晴和宇謙更是一路一同成長，他們的自律與自重讓我沒有後顧之憂，尤其這些年這麼常出國。當外在環境面臨艱困時，他們是可愛的開心果。當我跟他們不高興時，他們幻化為我的正念老師。剛成立華人正念減壓中心的前兩年，一點兒都不擅長於管理領導的我非常痛苦，腦子裡經常盤踞著何時關門大吉的念頭。而此時，支撐我的力量，竟是想為孩子們多留一個優質的正念機構——雖然到現在我也不知道這條路會再走多久，但我相信隨緣隨喜與認真努力，是不相衝突的。

表面上我是獨力成立一個機構，但實際上真的有許多好夥伴與志工默默支持著，多到當我認真地想要列出名單時，赫然發現這裡根本無法完全一一列出，每個階段都有相同或不同的提攜之友。華人正念減壓中心的理念是「以愛為基礎，在專業與涵容下，一起成長」，我們真的做到了。不論是課程安排、教室搬家、上百人的進修營或工作坊，夥伴們最常說的話就是：「你不用擔心，我們來就好了」。中心的成長全靠這麼大群夥伴的協力支持，也靠超強的行政夥伴，由衷深深感謝每一位曾經與持續在中心付出的夥伴！

這樣的正念之愛亦萌芽並成長於課堂中，曾於課堂上交流互動的每一位夥伴，說實話，都是這本書的隱形共同作者，因著大家的投入與分享，方能有本書的產出。而這本書更是建構在巨人的肩膀上，對我影響甚大的巨人盡量於書中分享，也許以故事呈現，也許是簡單的陳述，但總不免有遺珠之憾，許多書中未能提及的師長在我心中亦深深致謝。如果書中有任何錯誤，是我個人駑鈍而需概括承受的，與師長無關。

老實說，我從來沒想到出書是如此累人。這主要也來自於我個人創作能力有限，總是必須順著感覺與思路先產出東西再來修剪，難以一開始就規畫好怎麼寫。於是第一版八萬字，太輕鬆了不容易抓到重點；第二版十三萬字，太嚴肅了好像立正聽課；硬是寫了第三版才能用，十八萬字。這過程要非常感謝蔡麗真（野人出版社與副總編輯）無怨無悔地陪著我創作，並以她驚人的專業能力與體力不斷、不斷、不斷地修訂。如果沒有麗真與野人給我這麼大的空間、這麼大的支持，此書應該是出不來的。我們共同的心願就是希望透過這本書的閱讀與實踐，能讓您的生活有更多的滋養、平衡、喜悅與自在。這樣，一切就都值得了！

君梅　2018.03.23

野人家178

正念減壓自學全書

MBSR課程・圖解加強版

臺灣首位美國麻大正念中心認證導師
華人正念減壓中心創始人不藏私解惑書

作　　者　胡君梅

野人文化股份有限公司
社　　長　張瑩瑩
總 編 輯　蔡麗真
責任編輯　蔡麗真
專業校對　魏秋綢
行銷企劃　林麗紅
封面設計　兒日
內頁排版　洪素貞

出　　版　野人文化股份有限公司(讀書共和國出版集團)
發　　行　遠足文化事業股份有限公司
地址：231新北市新店區民權路108-2號9樓
電話：（02）2218-1417　傳真：（02）8667-1065
電子信箱：service@bookrep.com.tw
網址：www.bookrep.com.tw
郵撥帳號：19504465遠足文化事業股份有限公司
客服專線：0800-221-029
法律顧問　華洋法律事務所　蘇文生律師
印　　製　成陽印刷股份有限公司
初　　版　2018年4月
初版8刷　2024年2月

歡迎團體訂購，另有優惠，請洽業務部（02）22181417分機1124、1135

國家圖書館出版品預行編目資料

正念減壓自學全書：美國麻大正念中心 CFM 認證導師、華人正念減壓中心創始人「胡君梅」不藏私解惑書 / 胡君梅著 . -- 初版 . -- 新北市：野人文化出版：遠足文化發行 , 2018.04
面；　公分 . -- (野人家；178)
ISBN 978-986-384-269-9(平裝)

1. 抗壓 2. 壓力 3. 靈修

176.54　　107001149

野人文化官方網頁　野人文化讀者回函

正念減壓自學全書

線上讀者回函專用 QR CODE，你的寶貴意見，將是我們進步的最大動力。

野人文化
讀者回函卡

書 名

姓 名 □女 □男 年齡

地 址

電 話 手機

Email

□同意 □不同意 收到野人文化新書電子報

學 歷 □國中(含以下)□高中職 □大專 □研究所以上
職 業 □生產/製造 □金融/商業 □傳播/廣告 □軍警/公務員
□教育/文化 □旅遊/運輸 □醫療/保健 □仲介/服務
□學生 □自由/家管 □其他

◆你從何處知道此書？
□書店：名稱 ________ □網路：名稱 ________
□量販店：名稱 ________ □其他 ________

◆你以何種方式購買本書？
□誠品書店 □誠品網路書店 □金石堂書店 □金石堂網路書店
□博客來網路書店 □其他 ________

◆你的閱讀習慣：
□親子教養 □文學 □翻譯小說 □日文小說 □華文小說 □藝術設計
□人文社科 □自然科學 □商業理財 □宗教哲學 □心理勵志
□休閒生活（旅遊、瘦身、美容、園藝等） □手工藝／DIY □飲食／食譜
□健康養生 □兩性 □圖文書／漫畫 □其他 ____

◆你對本書的評價：（請填代號，1. 非常滿意 2. 滿意 3. 尚可 4. 待改進）
書名 ____ 封面設計 ____ 版面編排 ____ 印刷 ____ 內容 ____
整體評價 ____

◆你對本書的建議：

野人文化部落格 http://yeren.pixnet.net/blog
野人文化粉絲專頁 http://www.facebook.com/yerenpublish

廣　告　回　函
板橋郵政管理局登記證
板 橋 廣 字 第 143 號

郵資已付　免貼郵票

野人

23141
新北市新店區民權路108-2號9樓
野人文化股份有限公司 收

請沿線撕下對折寄回

野人

書號：0NFL0178